사회과교육의 도전과 전망

차경수 · 조대훈 공저

Social Studies Challenges and Prospects

동문사

머리말

'사회 교과' 그리고 '사회과교육'은 들여다볼수록 흥미롭고도 이해하기 어려운 대상입니다. 저자들이 사회과교육을 전공한 교과교육학자이기 때문에 이런 말씀을 드리는 것은 아닙니다. 사회 교과는 학생들이 사회 제 현상에 대한 이해, 반성, 문제해결을 직·간접적으로 경험할 수 있는 거의 유일한 교과 중 하나이지만, 이와 같은 시민교육적 중요성에도 불구하고 사회 교과 자체는 여전히 내부적으로 갈등과 혼란을 겪고 있는 모습입니다. 사회 교과의 특수성은 다학문적인 내용 지식, 해방 이후 교과 성립 과정에 영향을 미친 미국 교육계의 영향, 권위주의적 군사 정부의 강력한 교육과정 통제 등 다양한 내부적·외부적 요인들에 기인하고 있습니다. 한국에서 '사회과교육'이라는 용어는 이미 그 자체가 하나의 쟁점이라고 하겠습니다.

현장의 많은 교사교육자와 예비교사들은 이처럼 하나의 쟁점으로서의 사회 교과가 지니는 다양한 모습을 객관적으로 이해하는 데 도움을 줄 전공도서의 필요성에 공감하고 있습니다. 저자 중 한 명은 일찍이 사회과교육 입문자들(주로 학부생 및 교육대학원생)을 위해 사회과교육의 국내외 이론적·실천적 동향을 소개하는 책을 집필했지만, 이제 입문서의 수준을 넘어서 보다 심도 있고 살아 있는 교과 이야기를 담아낼 또 하나의 책을 구상하게 되었고, 이제 그 작은 결실을 어렵사리 맺게 되었습니다.

저자들은 이 책을 통해 독자들이 사회과교육을 하나의 교과교육 현상으로 이해하는데 도움을 주고자 합니다. 부연하자면, 사회과교육은 우리가 무조건적으로 수용해야 하는 절대불변의 객관적이고 가치중립적인 지식의 체계가 아니라, 교과의 개념에 영향을 미치는 다양한 변인들, 예컨대 해당 사회의 사회적·역사적 특수성, 정치권력, 교육과정 이론, 교사, 교과 내 이익집단 등의 상호작용으로 인해 만들어지는 가치함축적인 현상에 가깝습니다. 이 책을 통해 이러한 교과교육 현상으로써 사회과교육을 바라볼 수 있는 기회를 독자들에게 제공하고 싶습니다.

이러한 의도를 바탕으로 저자들은 이 책을 총 8개의 장으로 구성해 보았습니다.

1장 '사회과 교육과정 현상의 이해'는 이 책의 집필 의도를 가장 요약적으로 담고 있는 부분이며, 사회과 교육과정 현상을 크게 4가지의 서로 다른 관점에서 기술해 봄으로써 사회과 교육과정에 대한 다차원적인 이해의 필요성을 논하고 있습니다.

2장 '통합 교육과정의 이상과 현실'은 국가 교육과정 구성의 원리로써의 통합 교육과정에 대한 과거의 논의를 비판적으로 고찰합니다. 통합 교육과정의 방법적 · 기술적 측면보다는, 담론으로써 통합 교육과정이 지니는 의미를 비교교육적으로 분석하는 데 초점을 둡니다.

3장 '다문화 교육과정의 현황과 쟁점'에서는 사회과 교육과정의 새로운 패러다임으로 떠오른 다문화교육의 현황과 쟁점을 살피고, 바람직한 다문화 시민교육을 지향하기 위해 필요한 다문화 교육과정과 교수법의 특징 그리고, 다문화교육을 지향하는 교사의 역할은 무엇인지 탐색해 볼 것입니다.

4장 '수준별 교육과정 낯설게 보기'는 교육과정 분화(curriculum differentiation)의 한 형태인 한국의 수준별 교육과정을 외국의 대응 사례와 연결시켜 비교교육적 그리고 역사적으로 고찰합니다. 이를 통해 수준별 교육과정이 어떻게 교육 담론으로서 각 나라별로 다른 교육적 위치를 점유하게 되었는지를 설명하고자 합니다.

5장 '교실수업 현상에 대한 다층적 이해'에서는 20세기 후반 관심과 비판의 대상이었던 교실수업 현상을 질적으로 서로 다른 이론적 관점에서 다양하게 조명이 가능한 다층적인 현상으로 규정하고, 교실이라는 공간에 공존하는 교실수업의 다양한 의미들을 풀어낼 것이며, 이를 통해 교실수업 현상에 대한 총체적 접근의 필요성에 주목하고자 합니다.

6장 '소셜 미디어 시대의 사회과 미디어 교육'은 소셜 미디어의 확산에 크게 영향받고 있는 인간의 삶과 그에 따른 미디어 리터러시(media literacy) 교육의 중요성을 다룹니다. 미디어 리터러시의 개념에 입각하여 학생들이 새로운 미디어 환경에 능동적으로 대처하도록 도울 수 있는 교육적 접근법에 대해 알아보고, 미디어를 매개로 다른 사람들과 합리적 · 민주적인 방식으로 소통하는 시민적 역량을 기를 수 있는 방안을 탐색해 보고자 합니다.

7장 '성적 소수자와 시민교육'은 그동안 한국 사회과교육 공동체에서 침묵의 대상이자 영(null) 교육과정의 대상이었던 성적(性的) 소수자의 개념을 본격적으로 다루고 있습니다. 공식적-잠재적 교육과정 안에 나타난 성적 소수자의 개념과 인권문제를 비판적으로 검토하고, 사회과 시민교육의 목표에 비추어 성적 소수자의 개념이 교육과정, 교실수업, 그리고 교사교육의 차원에서 어떻게 다루어져야 하는지를 비판적으로 논의할 것입니다.

마지막 8장 '고부담시험 시대의 사회과교육'에서는 최근 한국에서 서서히 자리를 잡기 시작한 고부담시험(high-stakes testing) 체제가 학교 책무성의 개념과 학력, 그리고 사회과 교사 전문성에 대해 가져올 변화의 의미를 비판적으로 고찰합니다. 특히 고부담시험이 어느 정도 정착된 외국의 관련 연구 문헌을 중심으로 고부담시험이 한국의 학교 현장에 가져올 영향을 예측해 보고, 학업성취도평가시험체제의 활용 방안에 대한 정책적 제언을 제공하고자 합니다.

이 책이 나오기까지 여러 면에서 도움을 주신 많은 분들의 얼굴이 떠오릅니다. 무엇보다도 서울대학교 및 성신여자대학교 대학원 전공 세미나를 함께 했던 대학원생들과의 학문적·교육적 대화는 이 책의 가장 중요한 원천 중 하나였음을 분명히 짚고 넘어가야 하겠습니다. 또한 사회과교육 관련 전공학회의 학술대회와 세미나 등에서 동료 연구자들이 보내준 날카로운 조언과 격려 역시 이 책의 내용을 더욱 풍요롭고 심도 있게 발전시키는 데 도움을 주었습니다. 특히 미디어 리터러시 교육 관련 연구 자료의 인용을 너그럽게 허락해 주신 박선웅 교수님과 박길자 박사님께도 다시 한 번 감사의 인사를 전합니다. 이 분들 이외에도 이 책을 완성하기까지 크고 작은 도움을 준 많은 사람들의 도움이 있었으며, 이 지면을 통해 그분들의 존함을 일일이 거론하여 감사의 뜻을 표하지 못한 점을 양해해 주시기 바랍니다.

끝으로, 이 책의 출간을 위해 인내심을 가지고 지켜봐 주시고 책의 완성도를 높이기 위해 마지막까지 애를 써 주신 동문사 이중수 사장님과 유재영 부장님, 최석주 과장님 그리고 편집부 직원분들께 감사의 인사를 드립니다. 마지막으로 연구에 매진할 수 있도록 항상 저자들 곁에서 따뜻한 격려와 조언으로 힘을 불어넣어 준 사랑하는 아내와 자녀들에게 이 자리를 빌려 미안하고 사랑한다는 말을 전하고 싶습니다.

2012년 2월 1일

차경수·조대훈

목 차

국가 교육과정은 학생들이 배워야 하는 가치로운 학교 지식의 집합체이기도 하지만, 교과 이익집단들 간의 정치적인 투쟁의 장이기도 하다. 사진은 2009 개정 교육과정 공청회장의 모습.

제 1 장

사회과 교육과정 현상의 이해

사회 교과(social studies)는 학교 안에서 독특한 위치를 차지하고 있다. 사회 교과는 사회의 제 현상을 고찰하고 사회생활에 필요한 기초 지식과 문제해결 능력을 함양하는 중핵 교과이기도 하지만, 타 교과에 비해 교과의 정의와 목표에 관한 내부적 합의도가 상대적으로 낮은 교과이기도 하다. 이러한 사회 교과의 특성에는 분명 겉으로는 매력적이지만 실제적으로는 마치 '환영과도 같은 구심점(phantom core)'으로서의 시민성(citizenship) 개념 자체가 지니는 모호성 역시 한몫을 하고 있다고 볼 수 있다(Longstreet, 1985). 또한 사회 교과는 역사학, 정치학, 경제학, 지리학, 법학, 사회학, 문화인류학 등 여러 학문 영역의 지식을 반영하는 다학문적인 교과임과 동시에, 시대적인 흐름이나 정치·경제적 환경의 변화에 민감하게 반응해야 하는 교과이기도 하다. 사회 교과가 지닌 이러한 교과적 특수성들은 사회과 교육과정의 의미와 전개 과정에 역동성을 부여해 왔고(Barr, Barth, & Shermis, 1997; Hertzberg, 1981; Hursh & Ross, 2000; Nelson, 1990; Ross, 2001a; Saxe, 1997; Shaver, 1977; Stanley & Nelson, 1994; Stodolsky & Grossman, 1995), 적어도 한국에서 사회과 교육과정이라는 용어는 그 자체로 이미 하나의 쟁점이 되어버렸다(김왕근, 2010; 조영달, 2001).

사회과 교육과정이란 무엇인가? 저자들은 이 질문에 답하기 위해서는 '사회 교과'의 특성과 '교육과정'의 특성 각각에 대한 동시적인 이해가 필요하다는 점을 강조하고자 한다. 위에서 언급한 바와 같이 '사회 교과'는 다학문적이고, 시대적 흐름을 민감하게 반영하며, 교과에 대한 내부적인 합의도가 낮은 교과이다. 한편 '교육과정'은 객관적이고 가치중립적인 지식의 구성체라기보다는, 해당 교육과정이 속한 사회의 사회적 · 역사적 요인 및 맥락에 의해 크게 영향받는다. 이러한 특성들을 고려할 때 사회과 교육과정은 '학교에서 학생들에게 무엇을 가르칠 것인가?'라는 본질적 질문에 대한 '절대불변의 객관적인 답'으로서의 의미를 지니지 못하게 된다. 또한 이러한 특성들을 감안할 때 해방 이후의 한국 사회과 교육과정의 양상을 단순히 교육과정 개정 시기별 특징에 근거해 규정하는 기술 방식(예 제3차 교육과정 개정의 특징, 제7차 교육과정 개정의 특징)이 얼마나 교육 현실과 괴리된 공허한 이야기인지를 깨닫게 된다. 그리고 여기서 우리는 사회과 교육과정을 (마치 사회 · 문화 현상처럼) 하나의 교육 현상으로서 이해하고 접근할 필요성을 발견하게 된다.

이하에서 우리는 사회과 교육과정을 정치적 · 경제적 · 역사적 요인 등이 함께 만들어 가는 교육 현상으로 규정하고, 21세기 사회과 교육과정 현상을 이해하고 설명하는 특징적인 관점을 크게 다음과 같은 네 가지로 구분하여 살펴보고자 한다.

- 사회과교육의 이론적 정향에 따른 사회과 교육과정 분류
- 교과 관련 이익집단들 간의 투쟁의 장으로서의 사회과 교육과정
- 규율적 권력의 대상으로서의 사회과 교육과정
- 일상적 교실 수준에서 바라본 사회과 교육과정

사회과 교육과정 현상에 대한 이러한 설명 방식은 모든 가능한 설명 방식을 전적으로 포괄하고 있지 않으며, 또 이들이 서로 완전히 배타적인 성격의 것도 아니라는 점을 강조하고 싶다. 여기서 저자들의 의도는 이러한 다양한

설명 방식을 검토함으로써 사회과 교육과정 현상에 대한 다차원적이고 총체적인 이해와 연구 접근이 필요하다는 점을 보여주는 것에 있다.

I 사회과교육의 이론적 정향에 따른 사회과 교육과정의 이해

사회과 교육과정 현상을 설명하는 가장 손쉬운 방식 중 하나는 사회과교육의 본질에 대한 이론적 정향에 초점을 맞추는 것이다. 역사적으로 사회과교육의 본질(또는 시민교육의 핵심 목표)이 무엇이냐를 놓고 미국의 사회 교과 관계자들은 여러 가지 유형의 분류 방식을 제시해 왔다. 가장 영향력 있는 분류 방식으로서 우리는 바아, 바스 그리고 셔미스(Barr, Barth, & Shermis, 1977)의 시민성 전달(citizenship transmission) 모형, 사회과학(social science) 모형 및 반성적 탐구(reflective inquiry) 모형의 삼분법을 들 수 있다. 한편 스탠리와 넬슨(Stanley & Nelson, 1994)은 사회과 교육과정의 역사가 크게 교과 중심(subject-centered) 사회과, 시민성 중심(civics-centered) 사회과, 그리고 쟁점 중심(issues-centered) 사회과의 세 가지 유형 간의 경합으로 설명하고자 했다.[1)]

하지만 20세기 후반 이후 가장 많은 지지를 받고 있는 분류 방식은 아마도 바아, 바스, 그리고 셔미스의 분류와 넬슨과 마이클리스(Nelson & Michaelis, 1980)의 아이디어를 결합・정리한 마토렐라(Martorella, 1996)의 분류 방식일 것이다. 마토렐라는 사회과교육의 이론적 정향을 시민성 전달 모형, 사회과학 모형, 반성적 탐구 모형, 합리적 사회 비판(informed social criticism) 모형 및 개인 발달(personal development) 모형의 다섯 가지로 제시하였다. 이하에서는 마토렐라의 다섯 가지 모형을 중심으로 사회과교육의 이론적 정향이 지니는 특징을 간략히 살펴보도록 하겠다.

이론적 정향의 관점에서 바라본 사회과 교육과정

'시민성 전달 모형'은 가치로운 문화유산의 전승-발전, 그리고 그에 바탕을 두는 사회화의 중요성이 강조된다. 애국적 시민 또는 훌륭한 시민을 육성한다는 전제하에, 본 모형은 근본적으로 주류 사회의 질서를 옹호하고, 주류 사회의 다수에 의해서 인정되는 올바른 가치와 신념을 내면화할 것을 은연중에 강조한다. 따라서 시민성 전달 모형에 입각한 사회과 교육과정의 구성에는 고전(classics)의 중요성과 후대에 계승해야 할 가치·덕목의 리스트가 어우러진 훌륭한 시민의 개념이 우선적으로 요청된다(예 Hirsch, 1987; Ravitch, 2000; Ravitch & Finn, 1987).

이러한 특징으로 인해 시민성 전달 모형에 입각한 사회과 교육과정은 논쟁적인 주제나 문제를 다루는 데 특히 어려움을 겪게 된다. 비록 교사가 쟁점토론 교수법을 접목시켜 수업을 시도하는 경우에도, 그 수업의 종착점에는 이미 합의된 지식과 신념의 체계가 학생들을 어서 오라고 기다리고 있을 가능성이 높다.

반면 '사회과학 모형'에 입각한 교육과정은 교육과정 설계의 초점을 사회과학 제 분야의 지식이 도출되는 과정에 맞춘다.[2] 사회과 교실수업에서 탐구수업을 한다고 했을 때, 교사의 역할은 과학자와 같은 탐구의 과정 그 자체를 학생들이 경험하도록 충실히 안내하는 것, 보다 구체적으로 말하자면 '학생들 스스로 주어진 상황에서 원자료를 토대로 개념, 일반화와 법칙을 도출할 수 있도록 돕는 것'에 있다. 제롬 브루너(Jerome Bruner)의 표현을 빌자면, 교사는 '물리학에 대하여 가르치는 것(teaching about physics)'이 아니라 '물리학을 가르치는 것(teaching physics)'에 힘써야 하는 것이다(Bruner, 1977).

따라서 사회과학 모형에 충실한 사회과 교육과정은 경제학 시간에 학생들을 수동적인 방관자로 머물게 하지 않고, 학생들 스스로 개념, 일반화와 법칙 등의 지식을 발견-도출 하는 과정에 능동적으로 참여할 수 있도록 돕는 것을 중요시한다(Fenton, 1967; Massialas, 1992; Massialas & Cox, 1966). 이러한 목적으로 인해 사회과학 모형을 지향하는 사회과 교육과정은 다른 이론적 모형에 비해 탐구 과정에 대해 가장 정통한 해당 분야의 사회과학자(또는 교과 내용학 전문가)의 입김이 상대적으로 크게 작용하는 경향을 지닌다.

'반성적 탐구 모형'을 지지하는 교육과정은 20세기 전반기 미국에서 꽃을 피운 듀이(Dewey, 1916/1966, 1938/1997)의 실용주의 교육철학의 토양 위에서 성장하였다. 실제 자료에 근거하여 특정한 사회적·역사적 맥락에 위치한 사실문제와 가치문제가 결합된 사회 현상 또는 사회 문제에 대한 반성적 사고, 탐구 및 합리적인 의사결정을 중시한다(Hunt & Metcalf, 1968; Oliver & Shaver, 1966; Rugg, 1936).

반성적 탐구를 지향하는 사회과 교육과정에서 교과 지식의 위상은 사회과학 모형에 비해 낮아지게 된다. 이 모형에서 교과 지식은 어디까지나 한 사회의 시민으로서 개인과 집단이 부딪히는 문제들을 해결하고 의사결정을 내리는 목적에 이바지하는 도구로서의 위치를 차지한다. 그리고 탐구는 '일상생활 속에서 자신과 관련 있는 사회 문제를 인식하고, 이와 관련된 사실과 가치를 객관적으로 검토하는 것'을 의미하며, 이 점에서 학문적 개념과 일반화의 도출에 국한된 사회과학 모형의 탐구 개념과 차별화된다.

'합리적 사회비판 모형'의 전통은 20세기 전반기 학교 교육과정을 통한 사회의 개혁과 재건을 주창했던 미국의 사회 재건주의자(Social Reconstructionist), 그리고 프레이리(Freire, 1968), 애플(Apple, 1986, 1993, 1995), 지루(Giroux, 1981, 1988), 체리홈즈(Cherryholmes, 1982, 1988b) 등이 기여한 비판 교육 이론(critical pedagogy)의 영향을 크게 받았다. 이 모형에 입각한 사회과 교육과정은 공식적·잠재적 교육과정 모두에서 당연시했던 전통과 관습을 다시 돌아보고, 인종, 연령, 성, 계급, 외모 등에 관해 우리 사회 전반에 존재하는 암묵적 가정, 이데올로기적 편향성, 사회적 차별과 불평등, 권력관계 등을 비판적으로 학습하며, 반사회화(counter-socialization)를 경험하게 한다. 그리고 더 나아가 학생들로 하여금 배운 내용을 사회적-정치적 행동으로 옮겨 궁극적인 사회 변화를 이끌어 낼 수 있는 행동하는 시민이 되도록 권장한다.

마지막으로 '개인 발달 모형'은 반성적 탐구 모형과 같이 시민성 교육의 개념을 강조하지만, 그 무게 중심은 인간으로서의 학생 개개인의 자아정체성의 확인과 자아존중감의 고양에 놓여 있다고 할 수 있다. 이 같은 전통은 20세기 초의 아동중심 진보주의 교육운동 및 실존주의 철학의 영향을 받아 성장하였다. 개인 발달 모형에 입각한 사회과 교육과정은 학생들이 자신의 흥미, 요구, 적성 등을 바탕으로 교육과정의 내용을 스스로 선택하고 설계할 수 있는 자율성을 타 교육과정 모형에 비해 상대적으로 더 높게 보장해 준다.

사회과교육의 이론적 정향에 따른 교육과정 이해의 한계

이제까지 개괄적으로 살펴본 사회과 교육과정의 다섯 가지 이론적 정향(또는 전통)은 사회과 교육과정에 대한 여론의 동향을 살피는데 유용한 잣대로서의 역할을 수행한다. 예를 들어 위의 다섯 가지 이론적 정향에 대한 미국 사회 교사들의 선호도를 조사한 빈슨(Vinson, 1998)의 연구, 그리고 빈슨의 분석틀을 수정하여 한국 교사들에게 적용한 박형준(2005)의 연구 등은 현장 교사들 사이에서 반성적 탐구 모형이 가장 많은 지지를 받고 있는 교육과정 구성 모형이라는 사실을 확인해 주었다. 또한 이러한 사회과 교육과정의 이론적 정향들은 독립적으로 존재하기보다는, 여러 가지의 모형이 다양한 형태로 결합하는 방식으로 나타난다는 점도 아울러 확인할 수 있었다.

하지만 이와 같은 이론적 정향에 근거한 사회과 교육과정 현상의 이해 방식은 그러한 현상의 원인과 변화 과정에 대한 질문에 답하지 못하는 한계를 지닌다. 사회과 교육과정 현상의 원인과 변화 과정에 대한 보다 타당한 이해를 위해서는 교육과정 현상을 보다 다양한 관점에서 입체적으로 조명할 필요가 있다.

II 교과 내 이익집단 간의 투쟁의 장으로서의 사회과 교육과정

한국의 경우는 해방 이후, 그리고 미국의 경우 20세기 전반에 걸쳐 나타난 사회과 교육과정의 흐름을 우리는 어떻게 설명할 수 있을까? 교육사 연구자들에 의해 제시될 수 있는 한 가지 설명 방식은 해당 사회의 사회·역사적 맥락 속에서 사회 교과의 하위 이익집단들이 지속적으로 벌여온 경쟁과 갈등의 과정에 주목하는 방식이다. 일찍이 미국 교육사학자 클리바드(Kliebard, 1995)는 이러한 관점에서 20세기 미국 교육과정의 역사를 기술하였으며, 클리바드의 접근 방식에 착안하여 에반스(Evans, 2004) 역시 이론적 정향을 중심으로 결집한 사회 교과 안 이익집단들 간의 투쟁이 각 주요 시기별 주류 사회과 교육과정의 모델에 어떠한 영향을 미쳤는지를 상세히 분석하고 있다. 그리고 이익집단들 간의 경합과 투쟁, 승리와 패배의 과정을 분석하는 과정에서 클리바드와 에반스는 공통적으로 (교과) 이익집단을 에워싸고 있는 교과 외적인 사회·정치적 환경의 변화가 커다란 변수로 작용하고 있음을 강조한다. 한국의 사회과 교육과정 변천사 역시 이와 같은 접근 방식으로 부분적인 설명이 가능하다고 할 수 있으며, 이하에서는 미국과 한국에서 나타난 교과 이익집단들 간의 투쟁과 주류 사회과 교육과정의 형성이 어떠한 관계를 지니고 있는지 각각 살펴보기로 하겠다.

미국 사회과 교육과정사에 나타난 교과 내 이익집단들 간의 경쟁

20세기에 펼쳐진 미국 사회과 교육과정의 역사는 한 편의 드라마와도 같다. 사회 교과 내의 이익집단(또는 학파) 간 경합과 투쟁에 따른 헤게모니의 이동을 심도 있게 분석하고 있는 주요 문헌들은 사회과 교육과정의 변천이 교과 내부의 자생적인 변화의 노력과 교과 외부의 사회적·역사적 환경 변화가

만나 이루어 낸 결과라고 말한다(Hertzberg, 1981; Jenness, 1990; Thornton, 1994, 2008). 예를 들어 에반스(Evans, 2004)는 해방 후 한국 사회과의 초기 형성과정에서 자생적인 교육개혁의 움직임을 조명하고 있는 이진석(1992)의 연구와 유사하게 미국 사회과 교육과정의 형성 과정을 설명하면서 '전쟁(war)'이라는 메타포를 통해 사회 교과 내부 이익집단들 간의 관계가 지니는 역동성을 구체적으로 기술하고자 했다.[3] 에반스는 사회 교과 이익집단 진영 간의 경쟁 구도가 점차로 진화하여 '진보주의적 사회과' 개념에 대한 전쟁으로 발전하게 되었다는 주장을 제시한다. 또한 1990년대 미국 다문화 교육과정의 정치학을 집중 조명한 콘블레스와 워(Cornbleth & Waugh, 1995)는 캘리포니아와 뉴욕 주의 사회과 다문화 교육과정 결정 과정에서 정치인, 교사 단체, 교육과정 연구자, 종교 단체 등의 다양한 이익집단들이 자신들의 교육이념과 이익을 위해 벌인 정치적 투쟁과 언론의 역할을 설득력 있게 그려내고 있다.

그렇다면 미국 사회과 교육과정사를 다룬 연구 문헌들의 공통적인 연구 결과들을 중심으로 사회 교과의 주요 진영들 간의 세력 다툼이 주요 역사적 사건들과 결합하면서 어떻게 사회과 교육과정의 변화를 유도했는지를 간략히 살펴보기로 하겠다.

과학적 교육이라는 이름하에 다양한 교육 실험이 이루어졌던 1910년대부터 1930년대 사이 미국 사회과 교육과정의 주도권은 듀이의 실용주의 철학에 바탕을 둔 경험중심/생활적응 교육과정(Life-Adjustment Curriculum) 지지자들과 실증주의 철학에 바탕을 둔 사회적 효율성(social efficiency)의 지지자들 사이에 놓여 있었다. 그런데 1940년대 태평양 전쟁 발발 이후 1950년대 말까지 상대적으로 더 많은 타격을 입은 진영은 듀이 계열의 진보주의 교육 운동가들이었다. 학교 교육은 전쟁에서의 승리를 위한 전 국민의 단합과 선전・선동의 수단이 되었고, 여기서 자유로운 진보주의적 철학의 언어는 더 위축될 수밖에 없었다.

뒤이어 1957년 구(舊) 소련의 인공위성 스푸트니크(Sputnik)호의 발사는 교과 외적인 환경 변화에 따른 교과 교육과정의 즉각적인 변화를 가져오게 만들었다. 스푸트니크 발사 성공은 미국 사회에 우주 개척 시대의 첫발을 내딛게 만든 과학기술에 대한 경외감과 더불어, 우주 전쟁에서 패할지도 모른다는 (상당히 과대 포장된) 위기감을 고조시켰다. 사회과학 중심 사회과의 지지자들은 이 기회를 결코 놓치지 않았다. 이들은 우주 전쟁의 첫 라운드에서 미국이 패배하게 된 탓을 학문적인 무게감이라고는 찾아볼 수 없는 듀이 계열의 진보주의 교육과정의 무능함으로 돌리는 공세를 적극 강화하였다. 결국 1960년대는 우즈홀 회의(Woods Hole Conference)로 상징되는 학문중심 교육과정의 전성기가 되었으며, 신사회과 운동(the new social studies movement)을 통해 사회 교과 영역에서 사회과학 중심의 사회과교육 지지자들, 그리고 교육과정 전공자보다는 교과 내용학/사회과학 전공자들이 득세하게 되었다.

그런데 1960년대 말부터 1970년대 중반에 걸쳐 또 다른 변화의 기류가 사회과 교육과정 내에서 감지되기 시작했는데, 그것은 바로 쟁점 중심의 사회과(an issues-centered approach)의 깜짝 등장이었다. 쟁점 중심 사회과는 듀이 계열의 진보주의 진영과 사회 재건주의 진영의 부활을 의미했는데, 현실 문제에 대한 고민을 반영한 '현실 적합성(relevance)'과 '사회적 행동가(social activist)'의 개념들이 사회과교육의 새로운 화두로 떠올랐다. 쟁점 중심 사회과의 배경에는 베트남 참전 문제와 반핵 운동, 유색인종 차별 문제와 흑인민권운동의 성장과 같은 그 당시의 사회적 · 정치적 소용돌이가 자리하고 있었지만, 쟁점 중심 사회과 교육과정이 커다란 호응을 얻을 수 있었던 데에는 학교 울타리 밖에서 벌어진 현실 세계의 첨예한 사회 갈등과 논쟁 문제를 간과했던 학문중심 교육과정의 성향에 대한 반감이 크게 작용하고 있었다.

바야흐로 1980년대는 신보수주의 교육관을 가진 자들의 시대였고, 이러한 교육 이데올로기는 21세기 미국 교육과정 표준화 운동과 학교 책무성 운동 그리고 고부담시험 체제로 계승되었다. 70년대 말부터 조금씩 살아나기 시작한 신보수주의의 불씨는 80년대 미국 교육부의 「위기의 국가(A National at Risk)」 보고서를 기점으로 활활 타오르기 시작했다(National Commission on Excellence in Education, 1983). 이 보고서는 일본과의 무역 전쟁에서 패하고 있던 미국의 경제 상황이 학교 교육의 위기에 따른 직접적인 결과라고 주장하면서, 읽기와 수학 그리고 과학 등의 과목에서 경쟁 상대국 학생들과의 학력 격차가 심각하게 벌어졌다는 통계 자료를 주요 근거로 삼았다. 이에 대한 교육 대책으로 추진된 일명 '기초교육으로의 복귀운동(Back-to-Basics Movement)'은 학교 교육과정에서 읽기, 쓰기, 셈하기와 관련된 수업 시간의 증가를 가져왔다.

반면 사회 교과는 1950년대 말의 상황과 유사하게 기초 학문 지식과 기능의 배양에 힘쓰지 못했다는 신보수주의자들의 비난을 받았고, 그로 인해 사회과 교육과정에 대한 반성적 탐구와 사회 재건주의의 영향력은 상당 부분 감소하고, 표준화와 학력평가를 주도하는 사회적 효율성의 계승자들이 커다란 힘을 얻게 되었다. 1990년대 이후 다양성과 관용 그리고 배려(caring)의 가치를 강조하는 다문화 교육과정의 패러다임이 새롭게 부상했음에도 불구하고, 「낙오아동방지법안(No Child Left Behind Act)」의 가결에 따라 학교 책무성과 고부담시험 체제가 미국 모든 주에 적용되면서, 사회적 효율성 이데올로기의 계승자들이 학교 교육과정에 미치는 영향력은 더욱 커지게 되었다.

한국 사회과 교육과정에 나타난 교과 하위 이익집단 간의 경쟁

미국에 비해 짧은 역사를 가지고는 있지만, 한국의 사회과 교육과정 역시 1990년대 이후 교과 내 이익집단 간의 치열한 정치적 투쟁과 타협의 장으로 성장하였다. 하지만 안타깝게도 6차 교육과정 개정 이전의 국가 교육과정 결정 과정에 나타난 참여 주체들 간의 상호작용에 대한 연구는 실질적으로 거의 찾아보기 힘들다. 1997년 고시된 제7차 교육과정 이전의 교육과정 개정 과정에 대한 미시 정치학적 연구 자료가 드문 이유를 우리는 과거 수십 년 동안 교육부(또는 문교부)가 만들어 놓은 지극히 중앙통제적인 교육과정 개발 참여 구조에서 찾을 수 있다. 권위주의적 교육과정 개정 문화 속에서 연구자들은 쉽사리 내부적인 의사결정 과정에 대한 정보를 얻지 못했을 것이고, 교과 간 또는 교과 내부의 이익집단들 역시 (2007 및 2009 개정 교육과정에서 볼 수 있는 것처럼) 자신들의 목소리를 일반 대중이나 교육 당국에 적극적으로 전달하고 실력 행사를 할 수 있는 방법을 지니지 못했을 것이다. 권위주의적 사회에서 다양한 이익집단들의 정치 활동이 억압되는 것처럼, 1990년대 이전의 한국 교육계에서는 교육과정 개정 과정에 교과 이익집단들의 정당한 정치 활동을 기대하기는 어려웠을 것이다.

이러한 이유로 대부분의 국내 사회과교육 입문서에서 소개하고 있는 1990년대 이전의 사회과 교육과정 개정 시기별 내용과 특징은 교육 현실과 유리된 공허한 교육적 수사(修辭)에 그치고 만다. 마땅히 있어야 할 교육과정 결정 주체들의 참여가 배제된 채, 이미 교육과정 정책 결정자에 의해 밑그림이 그려진 도화지 위에 소수의 선택 받은 교육 전문가들은 애니메이션 영화의 하청업자처럼 채색의 일을 도맡고, 이로써 사회과 교육과정 문서는 마침표를 찍는다.

하지만 1990년대 이후 민주화의 진전과 함께 과거 교육 당국의 권위주의적인 교육과정 및 교과서 개발 문화에도 조금씩 변화가 일면서, 교육과정 개정 과정에 교과 이익집단들의 목소리가 본격적으로 반영되기 시작했다. 7차 교육과정 개정 이후 지금까지 사회과 교육과정의 단원 구성은 지리, 역사, 일반사회 영역 간 수업 시수 및 개설 교과목 숫자와 연동되면서 치열한 다툼의 대상이 되고 있다.

한국 사회과 교육과정 개정 과정의 정치학(politics)에 대한 연구 관심은 7차 교육과정 개정 과정을 대상으로 한 이혁규(2000, 2001)와 조영달(2000)의 연구를 시작으로 점차 고조되기 시작했다. 그런데 7차 교육과정 개정 이후 관찰되는 교과 내 이익집단들 간의 경쟁은 앞서 살펴본 미국 사회과 교육과정사의 내용과 비교할 때 크게 두 가지 측면에서 다른 양상을 보인다.

첫 번째의 차이점은 교과 이익집단들의 유형에서 발견된다. 미국 사회과 교육과정 연구 문헌에서 분석 대상이 된 교과 이익집단들은 사회 교과의 본질(또는 모형)에 관한 관점이 무엇이냐에 따라 나뉘었으며, 그로 인해 이익집단 간의 경계가 그리 명확한 것은 아니었다. 하지만 한국의 사회과 교육과정 결정 과정에 정치적 영향력을 행사하는 교과 내 주요 이익집단들은 교과의 본질에 대한 관점보다는 예비교사교육을 담당하는 대학의 전공분야(예 지리교육, 역사교육, 일반사회교육)에 의해 결정된다. 이익집단의 구분이 사회과교육의 본질이나 다문화교육 또는 통합 교육과정에 대한 입장 차이가 아닌 대학의 전공 분야에 따라 이루어질 때 교과 이익집단 간의 경계는 더욱 선명하게 드러나게 되며, 그 경계가 뚜렷할수록 각 이익집단 내부의 결속은 훨씬 강해질 수밖에 없다.

둘째로, 한국은 미국과 비교할 때 교과 이익집단들의 투쟁 목표에 있어서 근본적인 차이점을 보인다. 미국의 사회 교과 내 이익집단들의 정치적 투쟁은 주로 바람직한 사회과교육의 정의와 목표라는 추상적이고 철학적인 대상에 관한 헤게모니 싸움을 그리고 있는 반면, 한국의 사회 교과 내 이익집단들의 경합은 교과 내용 영역을 기반으로 하는 일종의 영토 확장 싸움에 해당한다고 말할 수 있다. 다시 말하자면, 미국 사회 교과 내부의 진영들 간의 투쟁은 보다 추상적이고 덜 가시적인 싸움인데 반해, 한국의 사회 교과 내부에서 관찰되는 지리, 역사, 일반사회 영역들 간의 투쟁은 훨씬 구체적이고 가시적인 싸움인 것이다. 미국의 경우 한국에서와 같이 지역 학교의 교육과정을 직접적으로 통제하는 국가 교육과정이 존재하지 않기 때문에, 국가 수준의 교육과정 표준의 제정을 놓고 교과 내용 영역 간의 물리적 충돌을 관찰하는 것은 쉽지 않은 일이라 하겠다. 반면 한국의 경우, 교육과정 문서라는 상징적인 영토 안에서 하위 내용 영역별로 차지하게 되는 공간의 크기는 궁극적으로 해당 하위 교과 영역의 수업 시수 및 그에 따른 교사 충원 숫자에 영향을 미치게 되며, 이로 인해 한국의 사회 교과 내부 이익집단 간의 경쟁은 그만큼 치열하게 전개될 수밖에 없다.4)

한국 사회과 교육과정 내부의 이러한 투쟁의 양상은 교육 당국의 비합리적인 교육과정 개정 및 운영 방식과 맞물리면서 교육과정에 대한 참된 대화와 숙의의 과정을 축소시켰고, 이는 결과적으로 사회과 교육과정의 체계적이고 교육적인 구성을 가로막았다. 이혁규(2001)와 조영달(2000), 그리고 강대현(2009)의 연구 등에서 지적되었듯이, 한국의 교육과정 개정을 둘러싼 교과 내부 이익집단 간의 정치적 논쟁과 투쟁은 사회과교육의 본질, 교과 교육과정 구성의 기본 원리 및 내용 선정 방식을 대상으로 진행되는 것이 아니라, 오로지 교육과정 문서상의 단원 수 및 교과목 수의 상대적인 우위를 점하기 위한 싸움으로 변질되는 경향이 짙었다. 이 같은 상황에서 교과 교육과정의 합리적·교육적 개정은 불가능한 목표로 전락하게 된다.

III 규율적 권력의 대상으로서의 사회과 교육과정

국내외 사회과 교육과정 현상을 이해하는 또 하나의 방법을 우리는 교육의 '위기(crisis)'와 이를 극복하기 위한 '개혁(reform)'의 담론을 분석하는 것에서 찾을 수 있다. 이미 여러 연구 문헌에서 주장된 바와 같이, 교육개혁은 단순히 교육적 위기 상황에 대한 문제해결책을 넘어서, 올바른 학교 지식과 교사상, 학력의 개념, 그리고 학교 현장에 대한 미시 권력의 문제들을 내포한다(Apple, 1995; Fullan, 1991; McNeil, 2000; Popkewitz, 1991; Tyack & Cuban, 1998). 사회과 교육과정의 변화를 위기에 대한 대응으로서의 개혁이라는 관점에서 설명하는 방식은 앞에서 살펴본 교과 내 이익집단 간의 정치적 투쟁과 타협의 관점에서 설명하는 방식과 일부 중첩되는 부분을 지니지만, 논의의 초점이 교과 내 이익집단 간의 경합이 아니라 '교육 당국이 사회과 교육과정을 어떻게 규율적 권력(disciplinary power)과 관료적 통제의 대상으로서 변모시키는지'를 분석하는데 있다는 점에서 분명 다르다고 하겠다.

'교육과정 표준화'와 '표준화 시험'의 담론

사회과 교육과정의 역사를 국가의 관리적 효율성과 통제라는 측면에서 접근할 때 발견하게 되는 한 가지 뚜렷한 경향은 바로 '교육과정 표준화(curriculum standardization)'와 '표준화 시험(standardized testing)'의 강화 현상이다. 앞서 언급된 것처럼, 다문화 교육과정과 다양성의 가치에 대한 관심의 고조에도 불구하고, 학교 현장의 교육과정에 더 강력한 영향력을 행사한 것은 표준화와 이를 바탕으로 하는 표준화 시험이다.

과거나 지금이나 표준화 시험의 지지자들은 크게 다음과 같은 믿음을 공유하고 있다.

1) 학생들의 학력은 현저히 낮은 수준이다.
2) 교육과정 표준화는 학력 신장 및 국가 경쟁력의 강화에 기여할 것이다.
3) 국가 주도의 표준화 시험은 진정한 교육적 변화를 이끌어 낼 수 있는 도구이다.

이러한 믿음을 전제로 표준화 시험의 지지자들은 학력의 위기를 부각시켜 국가가 지역 학교의 학업성취 관리 실태에 직접 개입할 필요가 있음을 강조한다. 미국의 경우 주 교육부와 사회 교과 관련 전문가 단체 등을 중심으로 하는 '표준 중심 개혁 운동(standards-based reform movement)'은 1970년대 이후 점차 강화되어 왔으며, 특히 고부담시험(high-stakes testing) 체제를 확산시켜 단위 학교에 대한 중앙 정부의 관리적 통제력을 극대화시켰다.[5)]

한편 한국의 교육과정 표준화는 일찍이 교과서 집필의 핵심 지침에 해당하는 국가 교육과정 형태로 출발하였다. 2007 개정 교육과정 이후 교과서 집필자의 자율성을 높이고 교수 학습 자료 선택의 폭을 넓히게 하기 위한 사회과 교육과정의 경우 '교육과정 대강화(大綱化)'의 원칙이 명시되었지만(교육인적자원부, 2007), 여전히 한국의 교육과정 표준화는 과거나 지금이나 교과서 개발의 핵심 지침으로서 전국의 학교 교실수업에서 다루어지는 학교 지식을 비슷한 수준으로 통제하는 역할을 담당하고 있다. 하지만 한국의 경우 교육과정 표준화에 대한 강한 의지에 비해 표준화 시험에 대한 관심은 지극히 낮았다고 볼 수 있다. 일제고사라는 별칭의 학업성취도 평가 및 대학수학능력시험 등이 전국 단위에서 실시되고는 있지만, 이 자료를 교육개혁의 목적으로 활용하기 시작한 것은 아주 최근의 일이다. 한국의 교육 당국도 미국과 마찬가지로 학업성취도 평가시험을 통해 학생들의 학력을 신장하고 학교 책무성을 실현하기 위한 도구로 활용하기 시작했다.

규율적 권력의 대상으로서의 사회과 교육과정

그렇다면 이와 같은 교육과정 표준화와 표준화 시험의 확산은 사회과 교육과정에 어떠한 영향을 미치고 있을까? 요약하면 표준 중심의 교육개혁 운동은 사회과 교육과정을 규율적 권력(disciplinary power)의 대상, 즉 대중의 감시와 구경거리의 대상으로 만듦과 동시에(Foucault, 1979, 1980), 사회과 교육과정을 축소시키고 있다.

표준 중심 교육개혁 운동의 강력한 규율적 힘을 우리는 표준화 시험의 활용 방안에서 발견하게 된다. 교육과정 표준화에 근거한 전국 단위의 표준화 시험의 의미는 단지 학생들의 학력을 진단하는 것에 국한되지 않는다. 빈슨과 로스(Vinson & Ross, 2001)는 푸코(Foucault)의 규율적 권력의 개념을 미국 사회과 교육과정의 표준화 현상에 적용하여 표준화 운동이 감시(surveillance)와 구경거리(spectacle)의 결합을 반영하는 현상이라고 지적한다. 즉 그들은 표준화

시험의 과정을 국가가 공식적으로 모니터링하는 일은 감시의 예에 해당하며, 표준화 시험 결과를 언론에 공개하는 과정에서 구경거리가 탄생된다고 보았다 (p. 57). 그리고 이러한 감시와 구경거리의 결합을 의미하는 표준 중심 개혁 운동은 대중들을 이미지로 현혹하여 교육 현상의 본질을 보지 못하게 만들고, 결과적으로 사회 통제와 지배의 도구로서 역할을 하게 된다고 주장한다.

빈슨과 로스의 이와 같은 해석은 교육과정 표준화와 표준화 시험이 학력에 대한 일반 대중의 호기심을 이용해, 교육을 국가의 정당한 감시와 통제의 대상이자 교육수요자들이 모두 접할 수 있는 정보 공개화의 대상으로 만드는 데 성공했다는 점을 시사한다. 아직까지 사회과 교실 안에서 학력은 무엇을 의미하는지, 그리고 사회과 학력이 과거에 비해 저하된 것은 사실인지에 관해 다양한 의견이 존재하지만, 이제 사회과 학력의 지표는 사회 과목 표준화 시험 관련 정보를 통해 정의되고 있는 상황이다. 매우 논쟁적일 수밖에 없는 학력의 개념은 교육 당국에 의해 쉽게 측정할 수 있고 계량화할 수 있는, 즉 표준화 시험을 통해 조작적으로 정의할 수 있는 학력의 개념으로 축소되는 경향을 보인다(교육과학기술부, 2011a; U. S. Department of Education, 1994, 2002). 그리고 표준화 시험 성적이 학력과 동일시되고, 일반 대중들에게 학교별 학생들의 학력이 공개될 때 비로소 표준화 운동의 규율적 권력은 그 위력을 발휘하기 시작한다.

예를 들면, 미국은 「낙오아동방지법안」을 통해 역사상 처음으로 초등학교와 중학교 수준인 3학년부터 8학년 학생들의 학력을 진단하기 위해 매년 주 단위에서 개발된 학업성취도 평가시험을 보도록 의무화하는데 성공했고, 고등학교 수준에서는 졸업 필수요건으로 과목별 졸업인증시험제도를 확산시켰다. 이러한 시험의 결과는 단위 학교별 '학교향상보고서(School Progress Report)'로 작성된 후, 주 또는 시 교육청 홈페이지에 탑재되어 모든 일반인들에게 공개된다. 그리고 최종적으로 단위 학교의 성적에 따라 주 정부는 지원액수를 차등화하고, 심지어 단위 학교의 경영권을 박탈할 수도 있게 된다. 그리고 이와 매우 유사한 변화의 조짐이 최근 한국에서도 똑같이 나타나고 있다(교육과학기술부, 2011a, 2011b).

많은 학자들은 낙오 학생 비율이 높은 학교가 그 학교에 근무하는 교사들의 능력이나 열정의 부족을 전적으로 반영하는 것이 아니며, 성공하는 자와 실패하는 자를 가르는 상대평가의 경쟁 문화와 자본주의 사회의 구조적 불평등을 부분적으로 반영하고 있다고 주장한다. 하지만 미국과 한국의 교육 당국은 이 같은 가능성을 일축한 채, 대부분의 사람들이 막연히 공감하는 '학력'과 '교육에 대한 책임'을 내세우며, (협소한 의미의) 학력에 대한 일반 대중의 감시와 교육 당국의 통제를 정당화하고 있는 것이다.

한편 교육과정 표준화 운동으로 인해 미국 사회 교과의 개념은 점차 원래의 통합지향적인 구심점을 잃기 시작했다(Evans, 2004, pp. 162-174). 이러한 변화는 1990년대 이후 공개된 국가 교육개혁 보고서에서 감지되기 시작했는데, 반성적 탐구, 쟁점 중심의 접근, 문제해결력 등의 민주시민의 역량을 함양하는 역사와 제 사회과학의 통합적 교과로서의 사회과 개념이 점차 사라지고, 그 대신 교육과정 표준화의 움직임에 적극적으로 대응해 온 역사, 지리학, 정치학, 경제학 영역의 하위 학문 영역별 과목명이 보다 강조되기 시작했다. 그리고 이는 곧바로 지역 학교에서 개설되는 역사, 지리, 정치, 경제 관련 과목의 이수 증가로 이어졌고, (교육과정 표준화에 소극적이었던) 나머지 사회과학 분야의 선택과목 이수 및 개설 비율들은 축소되었다. 교육과정 표준화 운동으로 인해 공식적 교육과정 수준에서 나타나는 미국 사회 교과의 개념은 통합 교과에서 개별 학문들의 연합 교과로의 변화를 보이기 시작한 것이다.

한편 한국에서는 2011년 이후 시험 부담을 완화시킨다는 목적으로 초·중등 수준 모두에서 사회 교과를 학업성취도 평가대상 과목에서 제외하였는데, 이 역시 학교 현장의 사회 교과 입지를 축소시키는 결과를 가져오고 있다. 특히 이는 초등학교의 사회 교과 운영에 적지 않은 변화를 가져올 것으로 예상된다. 미국의 경우 사회 교과가 시험 과목에서 제외된 주에서는 '읽기'와 '수학'을 우선적으로 강조하는 흐름 속에 사회과의 입지가 점차로 좁아지는 경향이 보고된 바 있다(Center on Educational Policy, February 2008; Howard, 2003; VanFossen, 2005). 대표적인 부수 현상으로 주당 사회 과목 수업 시수의 감소 현상이라든지, 기존 사회 수업이 '읽기'의 성취 수준을 높이기 위해 '읽기' 과목과 결합되는 경우 등이 있다.

이상에서 살펴본 교육개혁의 새로운 문화는 궁극적으로 올바른 학교 지식, 전문성을 갖춘 사회 교사의 모습, 그리고 성공적인 사회과 교실수업의 의미에 적지 않은 변화를 가져올 수 있다. 많은 사회과교육 연구자들은 이러한 변화가 사회 교과에서 주창해 온 시민 교육의 개념을 약화시킬 것이라고 예상하고 있다.

IV 일상적 교실 수준에서 바라본 사회과 교육과정

사회과 교육과정을 일상적 교실 수준에서 바라보게 되면 위에서 살펴본 두 가지 관점에서와는 전혀 다른 세계가 펼쳐진다. 일상적 교실 수준에서 바라본 사회과 교육과정을 이해하는 관점은 공식적 교육과정이 지역 학교 및 교사 수준에서 해석되고 교실 수준에서 교수-학습의 과정으로 구현되는 교육과정 현상에 초점을 맞춘다. 저자들은 이 과정을 그림 1-1로 간략히 표현해 보았다.

우선 국가 수준에서 제정된 공식적 교육과정은 교과서 집필자에 의한 1차적인 해석을 그리고 이 교과서를 채택한 단위 학교의 교사들에 의해 2차적인 해석의 과정을 거치며 각각 '의도된 교육과정(intended curriculum)'을 구성한다.

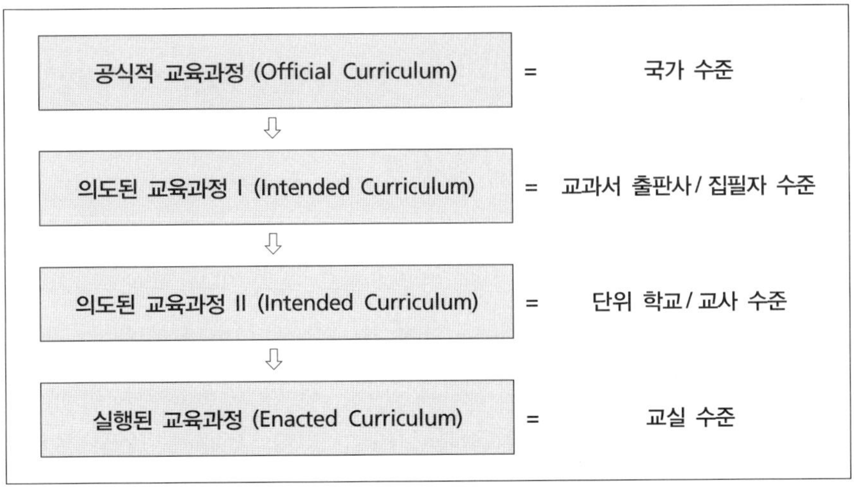

그림 1-1

그리고 이러한 의도된 교육과정이 교실 수준의 맥락에서 적용되면서 교수-학습의 실제 경험으로 나타나게 되며, 이것이 바로 실행된 교육과정(enacted curriculum)에 해당한다.

그림 1-1에서와 같이 교사들에게 사회과 교육과정은 다양한 의미를 지닌다. 일상적으로 교실수업을 구성해 나가는 교사와 학생들에게 공식적 교육과정으로서의 교육과정 문서는 종이 문서 그 이상도 그 이하도 아닌 존재일 수 있다. 웬만큼 특별한 경우가 아니고서는 사회 교사가 일상적 수업을 위해 교육과정 문서를 찬찬히 읽어야 하는 경우는 드물다고 볼 수 있다. 실제적으로 현장 교사들에게 있어 보다 중요한 의미를 지니는 교육과정의 형태는 의도된 교육과정 I · II와 실행된 교육과정의 형태라 할 수 있다.

위의 교육과정의 다양한 층위 구분에서 읽을 수 있는 한 가지 사실은 공식적 교육과정이 결코 지역 학교의 교실 수준에서 그대로 나타나는 것이 아니라, 교육과정 지식에 대한 여러 단계 해석의 과정을 거쳐 무척 다양한 양상으로 전개될 수 있다는 점이다. 일상적 교실 수준에서 이해되는 사회과 교육과정은 학교의 유형, 학교 교사의 교과적 관점, 학생 집단 및 지역사회의 특성, 학교장의 리더십 등과 같은 맥락적 요인들과의 상호작용에 의해 생성되는 복합적인 현상에 해당한다(Erickson, 1986; Ross, Cornett, & McCutcheon, 1992; Spindler, 1982; Woods, 1983).

그런데 한국과 미국의 사회과교육 연구자들은 국가 또는 주에서 고시한 공식적 교육과정 문서의 내용과 현장 교실 수준에서 나타난 실행된 교육과정 간의 간극이 상당하다는 점을 공통적으로 지적하고 있다(김혜숙, 2006; 박윤경, 2003; 이혁규, 1996; Jho, 2001; Thornton, 1988, 1992; Vinson, 1998; Wilson & Wineburg, 1988). 그리고 이러한 간극은 바로 지역 학교의 맥락적 변인과 교사 변인의 영향력에 의해 나타나는 것으로 설명된다. 교사들은 자신이 담당하는 교과의 본질은 무엇이며, 해당 지식을 어떻게 가르쳐야 하고, 내가 가르치는 학급의 학생들은 어떤 상황에 놓여 있는가에 대해 상당히 다른 관점과 신념을 보유하고 있다. 그리고 교사의 교과적 관점과 문화적 신념은 상대적으로 더 중요한 교육과정 주제와 내용의 선정, 교수 방법 등에 대한 의사결정의 방식에 차이를 가져온다.

이러한 교사의 모습을 손튼(Thornton, 1991)은 '교사의 조율 행위(teacher gate-keeping)'라는 용어로 개념화하였다. 교사의 조율적 역할에 주목하는 사람들은 교사가 교실수업의 본질을 결정하는 아주 결정적인 요인이라고 간주한다. 교사가 위로부터 주어진 사회과 교육과정을 그대로 여과하여 학생들에게 제공하는 '가치중립적 전달자'의 역할을 수행하는 것은 사실상 불가능한 일이다. 왜냐하면 프로그램화된 로봇이 아닌 이상, 살아 있는 교사는 어떠한 형태로든 교실수업에 대한 주관적인 판단을 내리게 마련이기 때문이다. 즉 손튼이 이야기한 것처럼, 교사는 언제나 적극적인 '교육과정 및 교수상의 의사결정자'인 것이다. 이는 또한 벤-페레즈(Ben-Peretz, 1989)가 제시한 교육과정 실행자로서의 세 가지 교사의 역할 중 '교육과정 사용자-개발자(curriculum user-developer)', 그리고 로스(Ross, 1994)의 교육과정 이론가(curriculum theorizer)의 개념과 유사하다.6)

한편 한국의 경우, 일상적 교실 수준에서 바라본 '공식적 교육과정'의 모습은 무척 혼란스럽고 단절적인 양상을 보였다. 사회과 교육과정 개정은 특정 단원이나 과목을 새로이 만들거나 폐지함으로써 학교 현장의 교과 교육과정 운영과 교원 수급에 적지 않은 영향을 미치지만, 그러한 개정은 2000년대에 들어 현장 교사들에게 너무 빈번하고 불필요한 개정으로, 그리고 현장 교육을 더 혼란스럽게만 만드는 전시행정 성향의 교육정책으로 폄하되는 경향이 짙다. 제1차 교육과정기부터 2009 개정 교육과정기까지 여러 차례 사회과 교육과정 개혁의 시도가 있었지만, 그러한 변화는 정부가 바뀔 때마다 학교 현장 교사들이 예측 불가능한 방향으로 불쑥 전개되곤 했다. 무엇보다도 교육과정 문서는 사회과 교육과정이 어떠한 교육과정 구성의 기본 원리를 통해 재편되고 있는지를 교사들에게 명쾌하게 설명해 주지 못하는 근본적인 문제를 안고 있다.

이로 인해 사회 교과 영역에서는 국가가 표방한 공식적 교육과정의 취지와 목표가 최근까지도 일상적 교실 수준과 유리되어 부유하는 양상을 띠게 되었다. 예를 들어 1973년에서 1982년까지 적용되었던 제3차 교육과정은 학문중심 교육과정을 표방하였고, 1997년부터 2007년까지 적용된 제7차 교육과정은 수준별 교육과정을 천명하였지만, 실제적으로 학교 현장에서 이러한 교육과정 정책의 기조 변화를 체감하기에는 많은 것이 부족했다고 볼 수 있다. 오히려 일상적 교실 수준에서 나타나는 사회과 교육과정은 외부로부터의 수많은 교육과정 개혁의 바람에 별다른 영향을 받지 않고 고유의 '안정성'을 유지해 왔다고 결론지을 수 있다.

V 사회과 교육과정 연구에 대한 시사점

이상에서 우리는 사회과 교육과정 현상을 이해하는 다양한 관점에 대해 살펴보았다. 각 접근 방식은 서로 완전히 배타적인 것은 아니지만, 사회과 교육과정 현상의 원인을 설명하는 독특한 인식론적 관점을 반영하고 있다. 본 장의 의도는 교과 교육과정 현상을 이해하는 데 있어 이러한 인식론적 관점의 차이를 존중하고, 나아가 다양한 방식들 간의 결합을 통해 교육과정 현상을 총체적으로 이해할 수 있도록 돕는 것이라 하겠다. 최근 미국과 한국에서 나타난 표준화 시험 중심의 교육개혁 흐름을 깊이 있게 이해하고자 한다면 이상에서 논의된 다양한 관점에 입각하여 관심 현상을 기술하고 문제점을 진단하는 것이 필요하다고 하겠다.

본 장의 논의는 향후 사회과 교육과정 연구에 몇 가지 중요한 시사점을 제공한다. 우선 본 연구는 사회과 교육과정 현상을 바라보는 다양한 관점들이 서로 교차하는 지점들에 대한 보다 깊이 있는 연구를 요청하고 있다. 또한 사회 교과를 구성하는 다양한 이익집단들 간의 경쟁과 사회과 교육과정의 합리적인 숙의의 과정이 공존할 수 있는 교육과정 개정 방법에 대한 지속적인 연구가 필요함을 시사한다. 마지막으로 본 장의 논의는 교육과정 정책 결정자들이 교육과정을 바라보는 관점이 다양하다는 점을 인식해야 하고, 교육과정의 변환과 실행 과정에 대한 이해를 바탕으로 교육과정 개혁을 추진할 필요가 있음을 지적하고 있다.

주

1) 스탠리와 넬슨이 명명한 '교과 중심(subject-centered) 사회과'는 바아, 바스 그리고 셔미스의 '사회과학 모형'과 거의 흡사한 모형에 해당한다. 하지만 교과 중심 사회과의 개념은 여성학, 섹슈얼리티, 소수민족 연구 등의 대안적이고 진보적이며 학제적인 교육과정 접근 방식을 포괄하고 있는 점에서 전통적인 사회과학 모형과 차별화된다. '시민성 중심(civics-centered) 사회과'의 개념은 교과 내용 지식보다는 민주시민의 능력(civic competence)과 밀접한 개인적 · 사회적 태도 및 실천 능력의 함양에 초점을 둔다. 마지막으로 '쟁점 중심(issues-centered) 사회과'는 개인적 · 사회적 문제와 쟁점을 교육과정의 구심점으로 삼는다(Ross(2006)에서 재인용, pp. 22-23)

2) 사회과교육 전문가들 사이에서 회자되는 사회과학 모형은 엄밀히 따지면 두 가지의 서로 다른 의미로 해석될 수 있다. 그 첫 번째는 웨슬리(Wesley, 1937)가 정의한 '수업 목적에 따라 단순화된 사회과학 모형(social studies as the social sciences simplified for pedagogical purposes)'의 의미이며, 나머지 하나는 제롬 브루너의 학문중심 교육과정의 직접적인 영향을 받은 '신사회과 운동(the new social studies movement)으로서의 사회과학 모형'이다. 전자가 제 사회과학 학문 영역에서 도출된 지식, 개념, 일반화 등을 학생들에게 일방적으로 전달하는 것에 초점을 둔다면, 후자는 과학자의 태도와 탐구의 과정을 중시한다. 대부분의 한국과 미국 중등학교에서는 수업 목적에 따라 단순화된 사회과학 모형이 압도적으로 많이 관찰되고 있다는 점은 주지의 사실이다.

3) 에반스는 미국 사회 교과 내부의 이익집단 진영을 크게 1) 역사 중심의 사회과교육 지지자(traditional historians), 2) 사회과학 중심의 사회과교육 지지자(mandarins), 3) 사회적 효율성 이데올로기의 지지자(social efficiency educators), 4) 듀이 계열의 반성적 사고와 실생활 경험 중심의 사회과교육 지지자(social meliorists), 5) 사회 변혁의 중심축으로서의 사회과교육 지지자(social reconstructionists), 그리고 6) 이 다섯 가지 관점의 절충 입장으로서의 사회과교육 지지자(the consensus and eclectic)의 진영으로 분류하였다.

4) 콘블레스와 워(Cornbleth & Waugh, 1995)의 연구에서 엿볼 수 있듯이, 미국 역시 주 단위의 사회과 교육과정 표준(social studies curriculum standards)의 제정을 놓고 다양한 교과 내 이익집단들은 자신의 가치와 이익을 지키기 위한 공식적-비공식적 투쟁을 전개해 왔다. 하지만 이러한 투쟁의 명분은 표면적으로는 상당히 '교육적'인 것이었다. 즉, 미국 사회가 추구해야 하는 바람직한 가치와 교육의 방법에 대한 논쟁을 중심으로 이익집단들 간의 정치적 투쟁이 이루어졌다. 그런데 이러한 싸움이 한국에서처럼 (종종 밥그릇 싸움으로 치부되는) 지리, 역사, 일반사회 영역 간의 영토 전쟁으로까지는 확대되지 않는 까닭은 한국에 비해 지역 학교 교육과정 운영에 대한 통제력이 상대적으로 약한 미국 교육 시스템의 특성 때문이라 볼 수 있다. 한국에서처럼 국가/주 교육과정 문서상의 대단원 수가 학교 현장에서의 과목별 수업 시수에 직접적인 영향을 미치지 않는 상황하에서 한국과 같은 대단원 수를 놓고 벌이는 교과 내용 영역 간의 싸움은 좀처럼 나타나지 않는다고 하겠다.

5) 미국의 표준화 개혁 운동은 1970년대 수학능력시험(SAT)의 성적 하락에 대한 대응으로 나타난 최소능력시험운동(minimum competency test movement), 1980년대 대일무역적자의 경제 위기를 학력의 위기로 규정하면서 수월성 교육을 강조했던 '기초교육으로의 복귀운동', 정보화 시대의 리터러시를 강조한 1990년대 클린턴 행정부의 「교육목표 2000: 미국교육개혁법안(The Goals 2000: Educate America Act)」, 그리고 학교 책무성을 화두로 내건 2001년 부시 행정부의 「낙오아동방지법안」 등을 거치며 강화되어 왔다. 특히 고부담시험의 교육적 의미와 영향에 대한 보다 구체적인 논의는 8장을 참고하기 바란다.

6) 벤-페레즈(Ben-Peretz, 1989)는 교육과정 실행 과정에서 나타나는 교사의 유형을 1) 교사의 주관적인

영향을 최대한 배제하도록 개발된 교육과정의 사용자(the user of teacher-proof materials), 2) 외부 전문가에 의해 개발된 교육과정의 의도를 충실히 이행하기 위해 노력하는 교육과정 실행자(active implementor), 그리고 3) 공식적 교육과정을 자신의 교과적 관점과 반성적 탐구의 태도를 바탕으로 재해석하고 창의적인 대안을 만드는 '교육과정 사용자-개발자(curriculum user-developer)'의 유형으로 구분하고 있다. 또한 로스(Ross, 1994)는 이와 유사하게 교사 유형을 교육과정 전달자(curriculum conduit), 교육과정 조정자(curriculum mediator), 그리고 교육과정 이론가(curriculum theorizer)로 구분하였다.

통합-융합-통섭은 여전히 매력적인 교육의 화두이다. 이미 고인이 된 애플사의 스티브 잡스가 자사 제품 시연회에서 인문학과 테크놀로지의 만남을 표현한 슬라이드를 배경으로 미래 사회에서 통합적-융합적 사고의 중요성을 강조하고 있다.

제 2 장

통합 교육과정의 이상과 현실

교육과정 통합(curriculum integration) 또는 통합적 접근(an integrative approach)은 적어도 해방 이후 한국 사회과교육의 종사자들에게 오랜 연민의 대상임과 동시에 교과 내부적 갈등을 유발하는 뜨거운 감자와도 같았다. 미군정 기간에 미국 사회과교육의 영향을 받기 시작한 이후로 줄곧 한국 사회과교육은 표면적으로는 역사 및 제 사회과학 영역 간의 '통합 교과'로서 정의되어 왔지만 정작 공식적 교육과정을 통해 드러난 실제 모습은 이와는 상당한 거리감을 보여주었다. 국내에서 사회과 교육과정에 대한 통합적 접근을 지향하는 다양한 시도들이 끊임없이 있어 왔지만, 그 결과는 실패에 가깝다는 주장에 이의를 제기할 사람은 아마 거의 없을 것이다. 오히려 2000년대에 들어서 '통합 사회과'의 위상은 역사 영역을 중심으로 제기된 강력한 분과적 시도에 의해 최대의 위기 국면을 맞이하고 있다.

이 장에서 우리는 국가 교육과정 구성의 원리로서 그리고 교과의 본질을 구현하는 방법으로서 작용하는 통합 교육과정의 교육적 의미를 논하려고 한다. 특히 이 장에서 우리는 통합 교육과정의 방법적 · 기술적 측면보다는, 담론으로서 통합 교육과정이 지니는 의미를 비교교육적으로 분석하는데 초점을 둘 것이다. 우리는 사회 교과의 쟁점 중 하나인 통합적 접근의 시도가 단순히 통합 교육과정 구성의 방법론의 의미를 뛰어넘어, 한국 교육계에 독특하게 나타나는 교과의 개념 그리고 하위 교과 영역들 간의 정치적 갈등을 잘 반영해 주는 흥미로운 연구의 대상이라고 간주한다. 이하에서는 먼저 통합의 의미와 통합 교육과정의 역사를 한국과 미국의 사례를 중심으로 살펴보고, 통합 교육과정의 주요 쟁점과 유형들을 정리할 것이다. 마지막으로 사회 교과의 범주 안에서 바람직한 통합 교육과정의 방안은 무엇인지 논함으로써 글을 마무리하고자 한다.

I 통합 교육과정의 의미와 역사

통합의 의미와 근거

'Integrated curriculum' 또는 'interdisciplinary curriculum'이라고 불리는 통합 교육과정은 통합의 구심점을 이루는 핵심 주제, 이슈, 사회 문제 또는 개념을 학습하기 위해 두 가지 이상의 학문 분야의 언어와 방법론을 결합하는 교육과정 구성 방식을 의미한다. 이상적인 의미의 통합은 서로 다른 이질적인 여러 가지 요소들이 일정한 원리에 의해서 질서 있게 결합하여 새로운 하나의 통일체를 형성하는 것을 지칭하지만, 실제로 학교 교육과정의 차원에서 통합 교육과정은 그 통합의 정도에 따라 매우 약한 상태의 통합에서부터 매우 강한 상태의 통합에 이르기까지 여러 가지 수준으로 존재할 수 있다.

그렇다면 사회 교과에 대한 통합적 접근의 주된 근거는 무엇일까? 통합 교육과정의 지지자들은 왜 학교 지식 및 교육과정이 통합적으로 구성되어야 한다고 주장하는 것일까? 통합이라는 용어에 내포된 긍정적 뉘앙스를 떠나서, 통합 교육과정의 주창자들은 크게 다음의 두 가지 이유에 근거하여 여러 학문을 결합시킨 간학문적 · 통합적 접근(예 수학 이론을 통해 바라본 미술사)이 언어, 수학, 역사, 사회학, 미술, 생물학과 같은 개별 학문적 접근보다 교육적으로 더 우월한 결과를 낳는다고 판단한다.

첫째, 통합 교육과정의 주창자들은 사회 현상과 사회 문제들을 바라보는 기존의 협소한 단일 학문적 관점의 한계를 간학문적 관점으로 대체하여, 학생들이 주어진 사회 현상과 사회 문제를 한층 더 객관적이고 올바르게 인식하고 대처하게 만든다고 믿는다. 오늘날 지식의 폭발적 증가와 더불어, 개별 학문들 간의 지식의 경계가 무너지면서 생성되는 간학문적-융합적 지식의 중요성에 학자들은 주목하고 있다. 개별 모학문을 기초로 구성된 기존의 교과별 교육과정은 이와 같은 학문적 변화의 흐름에 적절히 대처할 수 없으며, 통합 교육과정은 이와 같은 새로운 흐름에 적합한 교육과정적 접근이라고 평가받는다. 실제로 대부분의 사회 문제들은 어느 단일 학문의 관점에서보다는 여러 학문 분야의 지식들을 총체적으로 결합시켜 적용해야만 타당한 설명이나 해결 방안이 도출될 수 있으며, 따라서 통합 교육과정은 다양한 사회 현상과 사회 문제들에 대한 총체적인 접근을 가능하게 하는 효과적인 방법이 된다.

통합 교육과정의 또 다른 교육학적 근거는 'Less is more!'라는 구호로 쉽게 요약될 수 있다. 즉, 지식 확장성이 높은 소수의 주제들에 관한 심층적 교수-학습(in-depth teaching & learning)이 훨씬 더 교육적으로 효과적인 결과를 가져온다는 믿음이 그것이다. 지식의 양이 그 어느 때보다도 폭발적으로 증가하고 있는 현대 사회에서 무수히 많은 파편적인 형태의 정보 · 지식을 습득하게 하는 것보다는, 소수의 핵심 개념 · 주제들을 구심점으로 만들어진 학제적 · 통합적 교육과정을 통한 학습이 고급사고력과 문제해결력을 강조하는 시민교육의 차원에서 더 매력적인 접근 방식일 수 있다.

사회과 교육과정에 대한 통합적 접근의 역사

한국과 미국의 사회과교육에서 통합 교육과정 구성은 바람직한 교과교육의 이상으로 묘사되는 경향이 있다. 사회과 교육과정에 대한 통합 지향성은 무엇보다도 미국식 사회 교과의 정의가 기본적으로 역사와 제 사회과학 지식을 바탕으로 민주시민 양성을 최종 목표로 삼는 '통합 사회과'를 표방하고 있다는 데에서 유래한다. 한국의 경우, 미군정 기간에 미국 사회과교육의 영향을 받기 시작한 이후로 줄곧 사회과교육은 '통합 교과'로서 정의되어 왔고, 2009 개정 교육과정 문서에도 통합적 교육과정 구성은 바람직한 사회과의 이상으로 언급되고 있다.

미국 사회과 교육과정사를 살펴볼 때 본격적인 통합 교육과정의 실험은 1920년대로 거슬러 올라간다. 1916년 보고서(1916 Report)에서 역사와 지리를 주축으로 한 '사회 교과(social studies)'라는 명칭이 첫선을 보였고, 1920년대부터 존 듀이(John Dewey) 계열의 진보주의 교육관을 바탕으로 하는 학자들을 중심으로 통합 교육과정 프로젝트가 추진되었다. 1930년대 전국적으로 100만 부 이상이 팔린 전무후무한 베스트셀러 교과서였던 '러그 교육과정(Rugg Materials)'의 대표 저자인 해럴드 러그(Harold Rugg)는 미국이 당면한 사회 문제를 중심으로 역사학, 정치학, 경제학, 사회학, 예술 등을 아우르는 명실상부한 간학문적 통합 교육과정의 전형을 보여주었다(오연주, 2006).

미국 사회과에서 러그 교육과정에 견줄만한 또 하나의 거대한 통합 교육과정의 시도는 1980년대 후반 현장 학교를 중심으로 교실수업의 내적 변화를 추구하는 상향식 교육개혁 운동이었던 학교구조조정 운동(school restructuring movement)을 통해 나타났다(Elmore, Peterson, & McCarthey, 1996; Fullan, 1991, 1993; Newmann, 1993; Wehlage, Smith, & Lipman, 1992). Coalition of Essential Schools (CES)와 같은 교육개혁 연합단체들은 오랫동안 지속되어 온 기존의 학교 문법의 틀에 변화를 주고자 하였고, 통합 교육과정은 이러한 변화를 위한 중요한 실험적 도구였다. 일률적으로 적용되던 45분 또는 50분 수업 시간을 탄력적으로 운영하고, 교과 간 교사들의 협력을 통해 교과 간 공통 주제를 발굴하고 이를 새로운 통합 교과목의 주제와 단원 계획으로 구성하는 프로젝트가 다양한 형태로 시도되었다.

하지만, 이와 같은 미국과 한국의 통합 교육과정 실험이 결국 학교 현장에서 뿌리를 제대로 내리지 못했다는 점은 주지의 사실이다. 미국의 러그 교육과정도 10년을 넘기지 못하고 단명을 하고 말았으며, 학교구조조정 운동의 통합 교육과정 프로젝트 역시 현재 극소수의 학교에서만 그 결실을 보고 있는 중이다. 한국의 경우, 1945년에 공민, 역사, 지리 등을 통합하는 사회과의 개념이 초등학교에서 등장한 이래로, 국가 수준의 통합 교육과정 구성 시도가 이루어졌지만, 한국의 통합 교육과정 시도 역시 그 출발 단계에서부터 번번이 무산되는 모습을 최근까지 보이고 있다. 특히 2009 개정 교육과정 이후 미완의 통합적 시도를 담고 있던 『고1 사회』 과목마저 폐지되는 상황에 이르렀고, 사회 교과 내부에는 '통합'보다는 '분과'의 바람이 더 강하게 불고 있다. 통합의 시도는 이제 정치교육, 경제교육, 사회·문화교육, 법교육으로 구성되는 일반사회 영역에 국한되는 분위기이다. 분과적 접근, 즉 개별 학문 분야에 기초한 교육과정 구성의 전통은 통합적 시도에 막강한 장애물로 그 위력을 떨치고 있다.

II 통합 교육과정의 접근 방식

일반적으로 통합 교육과정의 유형은 다음의 몇 가지 질문에 상응하는 형태로 다양하게 분류될 수 있다.

- 통합 교육과정에 참여하는 학문/내용 영역들 간의 위계 관계는 어떠한가?
- 통합 교육과정의 촉매 역할을 하는 통합의 구심점은 무엇인가?

- 통합 교육과정에 참여하는 여러 내용 영역들 간의 결합 정도는 어떠한가?

이하에서는 이 세 가지 질문을 중심으로 통합 교육과정의 접근 방식 및 유형을 분류해 보도록 하겠다.

참여 학문 영역 간의 위계에 따른 분류

교육과정 통합에 참여하는 복수의 교과 내용 또는 학문 영역 간의 위계 관계에 주목하면서 파커(Parker, 2004)는 통합 교육과정의 유형을 주입적 통합(infusion approach)과 융합적 통합(fusion approach)의 방식으로 분류하고 있다.

주입적 통합 모형은 두 개 또는 그 이상의 교과나 학문 영역이 서로 결합하여 수업 내용을 구성하되, '주된' 교과/학문 영역과 '보조적인' 교과/학문 영역이 분명히 드러나는 경우를 지칭한다. 예를 들어, 고등학교 세계사(World History) 시간에 서양 근대사의 프랑스 혁명 단원을 가르치는 교사가 '미술사'나 '영화학'의 관점을 접목시켜 학생들에게 프랑스 혁명과 관련된 역사적 사건을 다양한 관점에서 재해석해 보도록 하는 경우가 주입적 통합 모형을 따르는 사례에 해당한다. 여기서 서양 근대사는 주된 교과/학문 영역이 되고, 미술사나 영화학은 보조적인 교과/학문 영역이 된다.

반면, 융합적 통합 모형의 경우 주된 교과/학문 영역과 보조 교과/학문 영역의 구분 없이 서로 동등한 입장에서 복수의 학문적 내용이 결합하여 학문적 경계를 뛰어넘어 융합적 수업 주제를 구성하게 된다. 예를 들어 역사학, 정치학, 과학철학, 미술사 등의 내용을 결합하여 「인간과 인문학적 사고」라는 강좌를 개발하는 경우, 또는 사회 교사와 과학 교사가 공동으로 개발한 팀티칭 과목인 「과학적 연구 방법의 의미와 특성」을 개설하는 경우가 이에 해당한다.

이와 같은 파커의 분류는 특히 미국 초·중·고등학교에서 종종 관찰되는 교육과정 통합의 방식을 반영하고 있다. 한국에 비해 상대적으로 교과목 개설의 자율성이 높은 미국 학교의 경우, 국가 또는 주에서 정해 놓은 교육과정 활동 지침을 벗어나지 않는 범위 안에서 특히 주입형 통합을 의도한 과목을 개발·적용한 사례를 어렵지 않게 발견할 수 있다.

통합의 구심점 유형에 따른 분류

통합의 구심점으로 사용된 도구가 무엇인지에 따라 통합 교육과정의 접근 방식은 특히 사회과 교육과정 연구자들 사이에서 개념/주제 중심, 쟁점/문제 중심, 그리고 스트랜드(strand) 중심의 통합으로 나뉜다. 이는 통합 교육과정 구성의 기술적 측면을 반영하며, 일반적으로 통합 교육과정 개발 시 가장 많이 활용되는 분류 방식이라고 볼 수 있다.

첫째, 개념(concept) 또는 주제(theme) 중심의 통합 교육과정은 여러 가지 학문을 기초로 하여 통합 교육과정을 구성할 때 그 중심이 되는 초점으로서 개념 또는 주제를 이용하는 방법이다. 민족주의나 혁명이라는 개념이나 주제는 정치학과 역사학에서 공통적으로 발견할 수 있으며, 근대화 역시 정치학, 경제학, 사회학 등 여러 학문적인 관점에서 다룰 수 있어 통합적 지식 구성의 촉매제로 활용될 수 있다.

둘째, 쟁점(issue) 또는 문제(problem) 중심의 통합은 여러 가지 학문을 배경으로 하여 통합 교육과정을 만들 때 그 구심점으로 사회적으로 중요시되는 쟁점이나 문제를 이용하는 방법이다. 환경오염, 도시문제, 집단따돌림, 교내폭력 등은 사회 문제로서의 성격이 강하고, 4대강 사업, 동성애자 인권, 학생인권조례, 무상급식 등은 대표적인 사회적 쟁점에 해당한다.

셋째, 스트랜드(strand) 중심의 통합을 생각해 볼 수 있다. 스트랜드는 미국사회과협회(NCSS)에서 제정한 교육과정 표준에 등장하는 개념으로서, 사회과 교육과정에서 가르쳐야 할 개념, 주제, 문제, 이슈, 일반화, 법칙, 가치 등을 종합한 핵심 키워드라 할 수 있다(National Council for the Social Studies, 2010). 이들

스트랜드는 사회과교육의 철학, 목적과 목표, 기본 방향 등에서 궁극적으로 추출되어 나오는 것이다. 미국사회과협회가 2010년 개정한 교육과정 표준에 따르면 총 10가지 스트랜드가 모든 학교급의 사회과 교육과정 구성의 핵심 요소로서 공통 적용되고 있다: (1) 문화 (2) 시간 · 연속성 · 변화 (3) 사람 · 장소 · 환경 (4) 개인 발달과 정체성, (5) 개인 · 집단 · 제도, (6) 권력 · 권위 · 통치, (7) 생산 · 분배 · 소비, (8) 과학 · 기술 · 사회, (9) 전지구적 연계성, (10) 시민적 이상과 실천.

그런데 통합의 구심점에 따른 통합 모형의 분류는 사회 교과 안에서 또 다른 갈등을 야기할 수 있다. 어떠한 개념, 주제, 쟁점 등을 구심점으로 통합 교육과정을 구성하느냐에 따라 특정 학문-교과 내용 영역의 비중이 더 높아지거나 낮아질 수 있기 때문이다. 따라서 통합에 참여하는 교과-학문 영역 전문가들 사이의 합의를 얻어내지 못한다면, 특정 개념-주제-쟁점을 출발점으로 하는 통합 교육과정은 국가 또는 주 수준이 아닌 단위 학교 교실 수준에서만 실현가능한 접근 방안이라는 점을 예상할 수 있다.

참여 학문 영역들 간 결합 관계의 특성에 따른 분류

미국의 통합 교육과정 전문가 중 한 사람인 드레이크(Drake, 1993)는 여러 학교의 현장 교사들과 함께 통합 교육과정의 다양한 가능성을 실험해 보는 과정에서 다학문적 접근(multi-disciplinary approach), 간학문적 접근(inter-disciplinary approach), 초학문적 접근(trans-disciplinary approach)이라는 세 가지 실천 가능한 통합 교육과정 구성 방안을 체계화하였다(pp. 33-48).

첫째, 다학문적 접근 방식은 통합 교육과정 개발의 첫 단추를 단일 학문(discipline)의 관점에서부터 찾는 것으로 표현할 수 있다. 대학의 전공학과로 대변되는 학문의 개별 단위는 전통적으로 우리에게 가장 익숙한 지식의 원천이기 때문에, 이를 출발점으로 하여 교육과정 주제에 대한 각 학문별 관련 지식을 추출하고, 추출된 학문 영역별 지식들 간의 연계를 추구하는 방식은 가장 손쉬운 통합 교육과정의 설계 방법일 것이다. 예를 들어 '현대 사회의 자동차'라는 통합 교육과정 주제에 대하여 교사는 환경오염, 도로 발달, 자동차 보험, 대체 연료 개발, 가족의 여가 문화, 쇼핑, 디자인, 음주운전 등 다양한 연관 개념들의 측면에서 접근하게 만들 수 있다. 이를 위해 교사는 시맨틱 웹(semantic web)과 같이 연관 개념들 간의 관계망을 시각적으로 그려본 후, 유사 개념-주제들을 하나의 하위 범주로 묶어 교육과정을 설계할 수 있다.

하지만 통합 교육과정에 대한 다학문적 접근은 이후 소개될 두 접근 방식에 비해 학문 간 지식의 결합 정도가 아주 낮으며, 통합에 참여하는 각 학문 영역별 지식은 서로 독립성을 뚜렷하게 유지하게 된다. 학생들은 하나의 학습 주제 또는 문제를 다양한 학문-교과의 관점에서 바라보고 참여 학문 지식들 간의 연결을 추구할 수 있지만, 이와 같은 학습 활동은 각 학문 영역별 지식의 특성을 그대로 유지한 채로 이루어지게 된다.

둘째, 간학문적 접근은 통합 교육과정에 참여하는 여러 학문 영역들 간의 공통분모에 초점을 두는 접근 방식이다. 다학문적 접근이 특정 교육과정 주제(예 자동차)를 여러 학문(또는 교과) 영역에 적용하고 관련 지식을 추출하여 연결시키는 방식을 취했다면, 간학문적 접근은 협동적 문제해결능력, 의사결정 능력, 스토리텔링(story-telling) 능력, 미디어 리터러시(media literacy) 등과 같은 여러 학문·교과 영역들을 관통하는 공통적인 교육의 목표로부터 출발하고자 한다. 예를 들어, 미디어 홍수 시대에 요청되는 능동적이고 비판적인 미디어 리터러시의 능력은 과학, 역사, 지리, 사회학, 언론학 등의 지식을 결합시키는 조직 원리로서의 역할을 담당하게 된다.

그런데 이러한 접근 방식을 통한 통합 교육과정의 구성은 (다학문적인 접근에 기초한 통합 교육과정과 비교하여) 학생 평가 측면에서 교사에게 더 많은 업무를 부과할 가능성이 높다. 왜냐하면 간학문적 접근이 구체적인 개념과 지식의 습득보다는 사고 및 탐구 능력을 중시하기 때문에, 지필고사보다는 수행평가의 방식이 더욱 권장되기 때문이다. 이러한 사정으로 인해 간학문적 통합을 시도하는 미국의 학교에서 종종 밀도 있는 수행평가 정책이 아울러 실시되고 있는 점을 발견할 수 있다.

마지막으로 초학문적 접근은 여러 학문-교과 지식으로부터 출발하지만, 교육과정 개발 과정에서 개별 학문-교과 지식의 경계, 교육과정 주제, 사고 능력, 수업 전략 등이 하나로 융화되어 분리될 수 없는 상태에 이르는 것을 지칭한다. 이러한 초학문적 통합의 한 사례로서 드레이크는 현실 세계의 맥락에 가장 깊숙하게 녹아든 교육과정의 형태를 언급하고 있다. 초학문적 통합 교육과정을 배우는 학생들은 학교 지식과 실생활의 지식이 분리되지 않고 하나로 융합되는 것을 경험하게 된다. 학습하게 되는 개념이나 주제를 중심으로 모든 관련 지식의 학문적 경계가 희미해지고, 궁극적으로 모든 학교 지식들은 우리가 일상적인 생활공간인 현실 세계 그리고 지구촌 맥락(global context) 안에 포섭되고 상호 긴밀하게 연결되고 있음을 깨닫게 된다. 이러한 이유에서 드레이크는 초학문적 접근을 '현실 세계적 접근(real-world approach)'이라고도 불렀다. 물론 이와 같은 초학문적 접근 방식은 야심찬 시도임에 틀림없으며, (드레이크의 교육 실험에 함께 참여했던) 대부분의 교사들은 이와 같은 초학문적 접근이 미국 전역의 학교에서 일반적으로 관찰되는 학교 교육의 관행과 상당히 거리가 있음을 깨달은 후, 보다 덜 야심찬 통합적 접근 방식으로 후퇴하는 모습을 보였다고 드레이크는 보고하고 있다.

우리는 이상에서 살펴본 교육과정 통합의 세 가지 방식이 "(통합 교육과정의 구성에 있어) 학생들이 배워야 할 가치로운 지식은 무엇인가?"라는 인식론적 질문에 대해 근본적으로 다른 입장을 취한다는 드레이크의 주장을 귀담아 들을 필요가 있다. 다학문적 접근의 경우, 학생들이 배워야 할 가치로운 지식은 개별 학문의 단위에서 결정되며, 교사는 개별 학문이 정당화하는 가치로운 지식의 리스트를 수용하게 된다. 한편, 간학문적 접근 방식을 취할 경우 교사는 더 이상 개별 학문의 범주에서 결정된 내용(content) 지식에 매이지 않고, 문제 해결 능력이나 반성적 탐구 능력과 같은 고차원적인 사고 능력에 초점을 맞추게 된다. 마지막으로 초학문적 접근 방식을 취하는 교사는 학교 지식과 실생활에 있어 지식의 경계를 허물고, 인류 사회에 기여하는 생산적인 시민의 능력을 학생들이 기르도록 돕는 것을 최우선의 교수-학습 목표로 삼게 된다. 교육과정 지식은 철저하게 실제 생활 세계의 맥락에 정초해야 하며, 사회적·정치적·경제적·역사적 맥락과 긴밀히 연결되는 과정에서 비로소 그 의미를 지니게 된다.

III 통합 교육과정 구성의 쟁점들

통합 교육과정을 구성하는 과정에는 다양한 요인들이 영향을 미치게 된다. 통합에 대한 기본적인 정의에서부터 통합 교육과정의 평가 방식에 이르기까지, 통합 교육과정 구성 각각의 단계에는 여러 가지 철학적-기술적 문제들이 발생되게 마련이다. 이하에서는 사회 교과 영역에서 통합 교육과정을 구성하려는 교육과정 결정자 또는 현장 교사가 직면하게 되는 주요 문제점-장애물들을 살펴보도록 하자.

교육과정 통합 시 해결해야 하는 딜레마

통합 교육과정의 난제 중 하나는 '통합의 수준'에 대한 정의에서 처음 발생된다. 각 학문 영역은 질적으로 상이한 학문의 언어와 구조 및 방법론을 지니고 있으며, 통합은 단순히 특정 학문 지식들 간의 피상적인 접목이 아니라 다양한 학문적 관점을 교차시키고 결합시키는 방식으로 달성될 수 있다. 하지만, 다양한 학문적 관점 간의 통합은 말처럼 쉬운 일이 결코 아니다. 그렇다면, 상이한 학문적 관점을 서로 비교-대조하는 것 그 자체를 통합으로 간주할 것인가? 아니면 학문적 관점 또는 지식의 구조들 간의 결합을 통합으로 이해할 것인가? 아예 넉넉하게 기준을 더 완화시켜, 학문 분야별 지식들 간의 피상적인 접목을 통합으로 간주할 것인가? 등등 통합이 성공했느냐 실패했느냐의 판단에는 이러한 통합의 수준에 대한 논의와 선택이 선행되어야 한다.

두 번째의 변수는 통합 교육과정 구성의 기술적 문제들과 관련이 있다. 복수 학문 분야의 내용을 특정 주제나 문제들을 매개로 통합할 경우, 통합에 용이한 지식들을 위주로 교육과정을 구성할 가능성이 높아질 수 있다. 그런데 이러한 통합의 용이성에 따른 교육과정 구성은 종종 각 학문 분야 전문가들의 눈에는 무척 불만스럽고 심지어 비교육적으로 비춰질 수 있다. 각 학문 분야에서 일반적으로 '최소한 반드시 알아야 하는 가치로운 지식'이 존재한다고 할 때, 이러한 지식들이 통합에서 배제되는 것은 용납할 수 없는 심각한 교육과정상의 오류로 간주될 수 있는 것이다. 통합 교육과정 구성에 관한 정치적 갈등의 불씨는 대부분 여기서부터 시작된다.

세 번째의 문제점은 학자들이 '잡동사니 또는 잡탕식 통합의 문제점(potpourri problem)'이라고 부르는 현상이다(Jacobs, 1989, p. 2). 이는 통합 교육과정을 시도하려던 대부분의 미국 학교에서 관찰된 현상이었는데, 통합의 구심점을 결여한 채 여러 학문 영역에서 조금씩 이것저것 모아서 섞는 방법으로 통합 교육과정을 구성하는 방식이 보편적이었다. 이와 같은 통합의 접근 방식은 한마디로 어설픈 통합에 그쳐 심도 없는 피상적인 학습을 유발하게 되고, 결국 어떠한 것도 제대로 배우지 못하는 결과를 가져온다.

통합 교육과정 구성상 발생 가능한 네 번째의 문제점은 정책 실행 과정에서 발생하게 된다. 통합 교육과정 실행 연구들이 일관되게 지적하고 있는 문제점 중 하나는 바로 대부분의 학교 관계자들이 통합 교육과정의 시도에 관하여 일종의 '무언가 새로운 것을 시도하고 있다'는 상징적 의미만을 부여한다는 경향이었다. 즉, 여러 학문 분야로부터 도출된 지식들과 학습 활동들을 피상적으로 접목시키고, 표면적으로 관찰 가능한 구조적-조직적 차원의 통합의 증거들(예 블록타임 수업시간제, 교과 영역 간 교사 협의 시간 배정)에만 집착하면서, 이를 '우리 학교에서는 통합 교육과정을 성공적으로 운영하고 있다'는 증거로 삼는 경향을 말한다. 외부 평가자의 눈에 쉽게 관찰 가능하고 객관화될 수 있는 지표가 통합 교육과정 성패의 잣대로 적용될 때, 해당 학교에서 운영되는 통합 교육과정의 본질은 훼손될 가능성이 크다.

통합의 의미에 관한 맥락적 이해의 중요성

한국 사회 교과 영역에서 통합 교육과정을 언급할 때 그동안 간과되었던 문제점 중 하나는 바로 통합 교육과정 개념의 맥락적 차이에 대한 근본적인 몰이해라 할 수 있다. 통합 교육과정의 개념적-유형적 구분과는 별도로, 사회과 통합 교육과정은 1) 통합 교육과정의 실행 수준과 2) 통합 교육과정에 참여하는 교과의 범위에 따라 다른 차원으로 나뉠 수 있다.

먼저 통합 교육과정의 실행 수준은 크게 a) 지역 · 단위 학교 수준에서 시도되는 통합과 b) 주 · 국가 단위에서 시도되는 통합으로 구분할 수 있다. 한편, 통합 교육과정에 참여하는 교과의 범위는 c) 사회 교과 내의 하위 내용 영역 간의 통합(예 역사와 지리, 정치와 문화인류학)과 d) 사회 교과와 타 교과 간의 통합(예 사회와 미술, 사회와 국어)으로 구분된다. 표 2-1은 이러한 분류 방식에 따라 네 가지의 다른 차원이 발생한다는 점과 함께, 사회과 영역에서 이야기되는 통합적 접근의 의미가 한국과 미국에서 상당히 다른 의미를 지니게 됨을 보여준다.

표 2-1 사회과 교육과정 통합 개념의 맥락적 차이

	교과 내 하위 영역 간의 통합	교과 간 통합
지역-단위 학교 수준의 통합		미국
주 · 국가 수준의 통합	한국	

미국의 사회과 통합 교육과정의 형태는 '교과 간 통합'과 '지역 단위 학교 중심의 통합'을 전제로 하는 경향이 있다. 즉, 각급 학교 수준에서 교과 교사들의 재량하에 일반적으로 두 개 이상의 교과 영역(예 사회와 과학, 사회와 영어 등) 간의 통합을 시도하는 경향이 지배적이다. 반면, 한국의 사회 교과의 경우 통합 교육과정은 국가 교육과정 수준에서 주로 논의되며, 교과 간 통합보다는 사회 교과의 하위 내용 영역 간 통합을 전제로 한다. 이 같은 차이로 인해 '통합'이라는 용어는 위의 표에서처럼 한국과 미국에서 상당히 다른 의미를 지니게 되는 것이다.

또한 통합 교육과정의 수준 또는 차원이 다르다는 사실은 통합 교육과정 계획 및 실행 과정에 적지 않은 시사점을 제공한다. 지역 단위 학교 수준에서 벌어지는 다양한 교과 간 통합의 시도는 국가 교육과정 수준에서 그리고 첨예하게 대립하는 교과 내 하위 영역들 간의 통합보다 훨씬 수월하고 유연한 접근을 가능하게 할 것이다. 반면 국가 수준에서 통합 교육과정을 논의해 왔고, 지리-역사-일반사회의 교과 이익집단 간의 정치적 갈등이 첨예한 한국의 경우, 미국에 비해 통합 교육과정의 논의의 진전은 그만큼 험난할 수밖에 없다.

통합 교육과정 개념의 맥락적 차이에 대한 인식 못지않게 통합의 진정한 의미를 깨닫는 데 필요한 또 하나는 바로 통합 교육과정의 목표를 달성하기 위해 요구되는 '변화'의 의미를 깨닫는 것이라 하겠다. 참된 통합 교육과정의

작업은 단순히 교육과정의 기술적 구성에 국한되는 것이 아니라, 학교 전반에 걸친 구조적 변화를 수반하게 만든다(Beane, 1997; Drake, 1993; Pate, Homestead, & McGinnis, 1997). 통합 교육과정에 참여하는 교과 교사들 간의 협력 관계를 출발점으로 하여, 학교 안의 일상적 수업 스케줄과 교수-학습 집단의 구성 방식, 그리고 학습 평가 방식의 변화를 유도한다. 달리 표현하자면, 통합 교육과정의 존재 목적은 통합 교육과정 개발 그 자체에 있는 것이 아니라, 통합 교육과정을 통해 학교 구조와 문화 속에 깊게 자리하고 있는 학교의 문법(the grammar of schooling)에 점진적인 변화를 가져오는 데 있는 것이다.

하지만 안타깝게도 이제까지 한국의 통합 교육과정에 관한 연구문헌들은 통합 교육과정의 정당성에 대한 규범적 논의 그리고 통합 교육과정의 유형 분류에 치우친 경향이 있고, 그로 인해 통합 교육과정의 추구가 학교 현장에 어떠한 변화를 요구하는지에 관한 통찰이 상대적으로 부족했다고 볼 수 있다. 즉 통합 교육과정이 의도하는 참된 변화의 의미를 이해하는 일은 통합 교육과정 논의에서 놓쳐서는 안 될 필수적인 고려사항이다.

IV 사회과 통합 교육과정에 대한 제언

다학문적인 지식 체계를 가지는 사회 교과에서 통합 교육과정을 구성하는 것은 어려운 과제임에 틀림없다. 지리, 역사, 일반사회로 뚜렷하게 구분되고 있는 현행 교사교육체제의 분과적 성향 역시 통합 교육과정이 구성된다고 하더라도 이를 제대로 이해하고 가르칠 수 있는 교사를 제대로 공급하지 못하는 또 다른 문제를 낳을 수 있다. 사회 교과 내부에서의 통합적 시도는 사회과 하위 내용 영역들 간의 갈등만을 증폭시키는 불안 요인이라는 지적은 그 어느 때보다도 설득력 있어 보인다.

과연 한국의 사회 교과는 통합 그 자체를 목적으로 추구해야 하는가? 아니면 통합적 접근을 특정한 교과교육적 이상을 추구하는 도구로서 이해해야 하는가? 한국 교육계는 통합 교육과정 그 자체가 바람직한 시민교육을 이끌어 내는 교육선(敎育善)이라는 합의에 아직 도달하지 못한 것 같다. 맹목적인 통합의 추구는 경계해야 하겠지만, 저자들은 통합 교육과정이 과거 수십 년 동안 우리나라 학교를 지배해 온 강력한 분과주의적 성향의 교육과정 관행에 변화를 줄 수 있는 여러 매력적인 대안 중 하나라는 점을 주장하고 싶다. 통합적 접근을 기존의 분과적 성격의 교육과정, 교과서, 교수-학습 자료를 완전 대체하는 것이 아니라, 그것에 대한 하나의 선택적 대안으로 이해할 필요가 있으며, 이 점에서 통합적 접근은 분과적 접근과 양립할 수 있게 된다.

비교교육적인 관점에서 볼 때 통합 교육과정이 학교 교실수업에 긍정적인 변화를 가져올 수 있는 정책이 되기 위해서는 무엇보다도 통합적 구성을 시도할 수 있는 가능성을 제도적으로 보장해 주는 일이 필요하다. 통합 교육과정의 시도가 지역 학교에서 가시적인 성과를 얻기 위해서는 통합 교육과정이 뿌리내리는데 필수적인 교육과정 및 교과목 운영상의 재량권을 보장해 줌과 동시에, 교육과정 통합을 통한 교육 혁신의 시도에 대한 인센티브가 제공되어야 할 것이다. 국가 수준에서 이루어지는 하향식의 교과 통합 정책보다는, 지역 및 단위 학교 수준에서 이루어지는 통합 교과목 개발 중심의 상향식 · 자율적 통합이 보다 권장될 필요가 있다.

한국 사회는 바야흐로 인종적·민족적으로 다양한 다문화 사회가 되어가고 있으며, 이러한 사회 인구학적 변화를 긍정적인 사회 발전의 원동력으로 삼으려는 정책과 프로그램이 개발되고 있다. 사진은 다양한 문화가 섞여 한 가족으로 승화하라는 의미의 2009인분 비빔밥 만들기 행사가 열리고 있는 2009년 어느 다문화 축제의 모습.

제 3 장

다문화교육의 현황과 쟁점

최근 우리 사회가 다인종·다문화 사회로 변모해 가면서, 이에 대한 사회적·교육적 차원의 대응이 절실해지고 있다. '다문화가정'이라는 단어는 더 이상 우리에게 낯선 용어가 아니다. 이제 다문화교육(multicultural education)은 일선 학교와 교육 연구 공동체의 새로운 화두로 떠올랐다. 인종적·문화적 차이와 다양성의 가치를 존중하면서도 더불어 살 수 있는 사회를 만들어 가는 일은 한국이 직면하고 있는 또 하나의 중요 과제가 되고 있다.

다문화교육의 개념에 대해 학자들 간의 일치된 정의를 찾기는 무척 어렵다. 또한 다문화교육의 목표, 내용 및 방법은 다민족교육(multiethnic education), 지구촌교육(global education), 국제이해교육(education for international understanding), 반편견교육(anti-bias education)과 서로 유사한 부분이 많다. 하지만 다문화교육이 그것이 가지는 메타 학문적(meta-discipline) 성격, 즉 모든 학생들에게 교육 형평성을 극대화함을 궁극적인 목표로, 역사·사회과학·소수민족연구·여성 연구 분야의 개념·내용·법칙·이론·패러다임 등을 모두 포괄하는 학문 분야라는 점에서 다른 유사 개념들과 차이를 보인다(Banks & Banks, 2007a: p. xii). 정리해 보면 다문화교육은 좁게는 문화에 대한 편견과 고정관념을 극복하여 다양한 문화를 객관적으로 이해하고 이를 바탕으로 상호문화에 대한 존중과 태도를 기르는 교육이며, 넓게는 인종, 민족, 문화, 언어, 계급, 외모, 성, 사회적 소수자 현상 등에서 나타나는 불평등과 인권의 문제를 비판적으로 인식하고 이를 실천하는 시민교육의 한 형태로 정의할 수 있다.

이 장에서 우리는 사회과 교육과정의 새로운 패러다임으로 떠오른 다문화교육의 현황과 쟁점 그리고 과제를 구체적으로 살펴보고, 이를 통해 한국의 다문화교육이 나아가야 할 방향을 탐색해 보기로 하겠다.

I 다문화교육의 배경과 현황

다문화 사회와 다문화 정책: 현황과 문제점

다문화 사회란 다양한 인종과 민족으로 이루어진 사회를 지칭하는 용어이지만, 최근에는 인종과 민족, 성, 연령, 계층, 종교 등의 차이에서 발생하는 문화적 다양성을 사회 발전의 원동력으로 삼는 사회를 의미하게 되었다. 다문화 사회가 지니는 강점 중 하나는 우리 모두가 서로 다르다는 사실을 긍정적으로 이해하는 바탕 위에서 '나' 또는 '우리'와 구별되는 '타인'에 대한 편견과 차별을 바로잡고, 타인의 가치와 권리를 동등하게 존중해 준다는 점이다.

1990년대 이후 우리나라의 인구 구성에 있어 고령 인구 비율의 증가와 더불어 또 하나의 두드러진 변화 중 하나는 바로 다인종·다문화 사회로의 이동이라 할 수 있다. 이러한 변화에는 세계 여러 나라와의 인적·물적 교류가 더 활발해짐에 따라 국내 체류 외국인 수와 국제결혼가정의 수가 크게 증가한 점이 직접적인 원인으로 작용하였다. 법무부와 통계청의 발표에 따르면, 국내에 체류 중인 외국인 규모는 최근 10년간 지속적으로 증가하여 2009년 이후 이미 110만 명을 돌파하였다. 국제결혼가정의 비율도 마찬가지로 증가하여 2009년 우리나라 결혼 부부 10쌍 중 1쌍이, 특히 농촌 지역의 경우 10쌍 중 4쌍이 국제결혼을 하고 있다. 2009년 미국의 뉴욕타임스는 한국의 혼혈 인구가 2020년경에는 160만 명을 초과할 것이며, 적어도 신생아 9명 중 1명은 혼혈아일 것으로 전망한 바 있다.

그런데 이 같은 다문화 사회화는 한국의 시민들이 그동안 깨닫지 못했던 새로운 유형의 변화와 갈등을 가져다주었다. 다문화 사회로의 진입은 특히 자주 국가 건설과 국민 통합을 위해 강조되었던 단일민족주의의 국가정체성을 근본적으로 뒤흔들어 놓았다는 점에서 커다란 의의를 지닌다. 단일민족주의를 강조한 교과서 내용을 전면 수정하고 다문화·다인종에 대한 관용 교육을 강화하기로 한 2006년 교육인적자원부의 발표는 해방 이후 단군 신화와 홍익인간의 이념을 바탕으로 한 민족주의적 교육사관을 신봉해 오던 한국인들에게 충격적인 사건이었다. 뒤이어 2007년 8월 유엔의 인종차별철폐위원회는 다문화 사회로 진입하고 있는 한국 사회가 단일민족주의와 순혈주의의 강박관념에서 벗어나 인종차별의 관행을 극복하고, 영토 안의 모든 인종·민족 집단 간의 이해와 관용을 증진시키기 위해 노력해야 한다고 권고하였다.

또한, 한국 사람들은 자신들의 뿌리 깊은 인종 및 문화에 대한 편견과 차별의 관행에 눈을 뜨게 되었다. 민족주의와 인종차별주의는 정비례의 관계를 지닌다. 한국인들은 동양인으로서 서구 사회에서 종종 인종차별의 피해자로서의 설움을 표현하지만, 동시에 국내에서는 인종차별의 가해자로 변모하는 이중적인 모습을 보일 수 있다. 특히 결혼이민자 여성들과 외국인 이주노동자들의 인권문제는 새로운 사회 문제로 급부상했다. 국제결혼가정의 이혼율 증가 현상은 무허가 국제결혼 중개입소의 문제점과 함께 다문화가정 안의 가족 구성원들 사이의 문화 갈등이 심각하다는 점을 보여준다. 또한, 외국인 이주노동자들은 열악한 근무 환경 속에서 낮은 임금을 받으며 일하면서 다양한 형태의 인권 침해 위험에 노출되고 있다.

이러한 변화와 갈등에 대해 한국 정부는 그동안 다양한 정책을 개발하고 적극적으로 대처하였다. 다문화가정에 대한 한국어 교육 및 상담 서비스 제공, 주요 행정기관의 이중 언어 서비스 제공, 다문화가정의 취학 아동에 대한 교육 지원, 다문화 축제 및 모국어 방송 프로그램 지원 등 다문화 사회에 대비하기 위한 다양한 정책들을 개발하고 관련 다문화가정 관련 시민 단체들을 후원하고 있다.

하지만, 이와 같은 한국의 다문화주의가 구체적인 정책 내용 면에서 몇 가지 뚜렷한 한계를 지닌다는데 학자들은 의견을 같이 한다(오경석, 2007). 첫째, 한국 정부의 다문화 정책은 소수자 통합 정책의 성격이 강한 국가 주도의 다문화주의 특성을 보인다는 점이 지적된다. 한국의 다문화 정책은 기본적으로 저출산·고령화의 흐름과 다문화가정의 급증에 대비하여 국가가 주도하고 있는 인구 정책에 가깝다는 것이다. 또한 한국의 다문화 정책은 가부장적 순혈주의를 바탕으로 인종과 문화가 다른 결혼이민자들과 그 자녀들을 한국인으로 만들기 위한 전형적인 동화주의 정책의 사례로 평가 받는다.

둘째, 아직 소수자 집단인 이주자들의 목소리가 다문화 정책 결정 과정에 제대로 반영되지 못하는 문제점도 지적된다. 결혼이민자와 외국인 이주노동자가 자신의 모국어와 문화적 관습을 드러내는 일은 학교와 일터에서 그리 환영받지 못한다. 이러한 현실 속에서 다문화가정에 대한 이미지는 대중매체를 통해 부정적으로 왜곡되기 쉽고, 다문화가정의 존재는 우리 사회 안에서 '주변화'되고 '타자화'되기 쉽다.

셋째, 한국의 다문화 정책은 결혼이민자 가정에 대한 지원에 중점을 두고 있고, 장기체류 중인 외국인 이주노동자와 화교 그리고 기타 사회적 소수자 집단의 사회적·정치적 지위의 보장에는 소홀한 경향이 짙다. 이는 소수민족과 소수자 집단 모두를 대상으로 하는 다문화주의의 기본 정신에 위배되는 상황이다.

한국 다문화교육의 현황과 문제점

그렇다면 한국의 다문화교육은 어떠한 모습을 하고 있을까? 우리 학교에서 학생과 교사, 교육행정가 그리고 학부모들은 다문화교육을 어떻게 바라보고 있는가? 학교와 교실 현장에서 다문화교육이 실제로 어떻게 이루어지고 있으며, 그 결과는 어떠한가? 이에 대한 객관적 정보는 아직 많이 부족한 것이 현실이다. 최근 수행된 다문화교육 실태의 기초 조사 연구들은 학교 현장의 다문화교육 여건과 교사의 인식이 어떠한지를 가늠하게 해 주는 중요한 정보를 제공해 주고 있다.

2006년 발간된「다문화가정의 자녀 교육 실태 조사」보고서(조영달, 2006)는 다문화가정을 국제결혼자 가정, 외국인 근로자 가정, 새터민 가정으로 범주화한 후, 각 다문화가정의 자녀들에게서 나타나는 교육 격차와 그에 따른 문제점을 분석하고 있다. 학교생활 적응과 학업성취의 측면에서 종합적으로 평가해 볼 때 국제결혼자 가정의 자녀들은 '뒤처지는 아이들', 외국인 근로자가정의 자녀들은 '방치되는 아이들', 그리고 새터민 가정의 자녀들은 '탈락하는 아이들'로 형상화되었다. 이 보고서는 다문화가정의 자녀들이 한국 사회에서 새로운 교육 소외의 계층으로 부상하고 있다고 결론지으면서 이에 대한 교육 대책이 절실함을 지적하였다.

다문화교육에 대한 교사의 인식 및 교사교육 프로그램 분석 연구는 교사교육 차원의 변화가 시급함을 말해준다(김아영, 2006; 모경환, 2007; 허창수 · 장인실 · 박철희, 2010). 이 중 수도권 중 · 고등학교 사회과 교사의 다문화교육에 대한 인식을 다룬 모경환(2007)의 연구는 약 79%의 교사가 다문화교육이라는 말을 접하였지만, 다문화교육에 대해 잘 알고 있다고 답한 교사는 약 28.4%에 불과하다고 보고하고 있다. 여기에는 직전 · 현직 교사교육 프로그램에서 다문화교육 관련 내용이 거의 포함되지 않았다는 점이 주된 원인으로 작용하였다. 한편, 93.3%의 교사가 다문화가정의 자녀들에게 적합한 수업방법을 개발할 필요성에 동의하였지만, 72%의 교사는 이로 인해 교사 업무가 더욱 증가할 것으로 염려하고 있었다.

또한 다문화교육 연구학교 및 일반학교를 포함한 총 38개 초·중등학교의 다문화교육 프로그램을 분석한 최근의 한 연구에서는 학교 현장에서 동화주의 관점에 입각한 제한적인 형태의 다문화교육 프로그램이 주를 이룬다는 점을 보고하고 있다(조영달·박윤경·성경희·이소연·박하나, 2010). 프로그램의 내용은 주로 한국어교육과 한국문화교육에 편중되고 있었고, 교사와 학부모를 대상으로 하는 프로그램이 상대적으로 희소하였으며, 다문화교육 연구학교가 아닌 일반학교의 경우 대다수의 일반학생들을 대상으로 하는 프로그램이 적었다. 특히 교사들은 다문화교육을 '외국문화이해교육'이나 '한국사회적응교육'으로 이해하는 경향이 높았고, 다문화교육 전문성의 부족으로 인한 프로그램 운영의 어려움을 토로하고 있었다.

사회적 소수자에 대해 교사가 가지는 인종적·민족적 편견과 고정관념이 다문화교육의 실천에 있어서 중요한 변수로 작용한다는 연구 결과 역시 주목할 필요가 있다(박윤경, 2007; 이정우, 2007; 조대훈, 2011). 사회과 예비교사들을 대상으로 한 이정우(2007)의 연구는 예비교사들이 인종적·민족적 고정관념에 따른 '문화적 편견'을 강하게 보유하고 있고, 특히 백인이나 일본인에 비해, 흑인 또는 중국인과 동남아인에 대해서는 상대적으로 부정적인 고정관념을 가지고 있음을 보여주었다. 동성애 개념에 대한 고등학교 사회과 교사의 교수적 태도를 분석한 조대훈(2011)의 연구는 동성애에 대한 사회과 교사의 교수적 태도에는 개인의 성별, 권위주의적 성향, 종교적 성향, 그리고 동성애 지인의 보유 여부 등이 유의미한 영향을 미친다는 점을 밝혀내었다. 조대훈의 연구는 박윤경(2007)의 연구와 더불어 알포트(Allport, 1954)가 제시한 접촉(contact) 경험이 타인에 대한 편견과 고정관념의 완화에 기여할 수 있음을 밝혀내고 있지만, 다른 한편으로 사회적 소수자에 대한 교사의 편견과 고정관념이 우리 사회의 남성 중심적 문화와 개인의 사회심리적 성향 등과 밀접히 연결되고 있어, 직무 연수와 같은 단기적인 교사교육만으로는 쉽게 개선되지 않을 수 있다는 점을 아울러 시사하고 있다.

II 다문화교육의 주요 쟁점

다문화교육을 반대하는 사람들뿐만 아니라, 다문화교육을 연구하고 실천하는 사람들 사이에도 다문화교육의 목표와 내용 및 방법에 있어 서로 다른 생각을 보인다. 다문화교육의 패러다임 내부에서도 다문화교육의 철학적 입장, 범위와 대상, 및 교수 전략 등의 측면에서 다양한 쟁점들이 존재한다. 다문화교육에 대한 요구가 고조되고 있는 한국 사회에서도 다문화교육이 기존의 공식적-잠재적 학교 교육과정과 어떻게 조화를 이루어야 하며, 다문화가정의 자녀들의 학업성취도 문제를 어떻게 이해해야 하는지에 관한 논쟁이 진행 중에 있다.

본 절에서는 다문화교육의 대표 쟁점을 크게 1) 문화적 다양성과 정체성을 놓고 벌어지는 '용광로 이데올로기'와 '샐러드볼 이데올로기'의 대립 구도와 2) 소수민족(또는 다문화가정) 학생들의 낮은 학력 문제를 중심으로 전개되는 '결핍 지향적 관점'과 '차이 지향적 관점'의 대립 구도로 구분하여 살펴볼 것이다.

용광로 이데올로기 vs. 샐러드볼 이데올로기

다문화교육에 대한 용광로(Melting Pot) 이데올로기는 사회 구성원이 다양한 인종·민족으로 구성될 경우, 어느 특정 집단의 문화적 가치나 생활방식을 일방적으로 강요함이 없이 마치 다양한 원재료가 용광로에서 화학적으로 결합하여 전혀 다른 새로운 물질이 탄생되듯, 새로운 유형의 통합 문화를 만들자는 입장을 취한다. 이는 소수민족에게 자신의 문화적 정체성을 버리고 특정 기득권 집단의 주류 문화를 일방적으로 수용하게 했던 동화주의(assimilation)보다 진일보한 입장이다.

하지만 모든 인종과 민족을 아우를 수 있는 통합적 가치를 구현하는 것은 거의 불가능하기 때문에, 현실 사회에서 용광로 이데올로기는 '용광로 이데올로기라는 가면을 쓴 동화주의'로 나타나기 쉽다. 미국의 경우 최초의 흑인 대통령이 등장하고 소수민족과 사회적 소수자 집단의 권리가 과거 그 어느 때보다도 제도적으로 잘 보장되고 있지만, 백인 앵글로색슨 계열의 신교도(White Anglo-Saxon Protestant, WASP) 문화가 다른 소수 집단의 문화보다 여전히 사회적으로 우월한 가치를 지니는 모습에서 미국의 다문화주의가 동화주의와 전적으로 결별하지 못했음을 엿볼 수 있다.

용광로 이데올로기의 지지자들은 동화주의와 마찬가지로 문화적 다양성의 추구가 사회 통합의 구심점을 약화시키고 궁극적으로 사회 해체를 유도할 수 있다고 주장한다(Hirsch, 1987; Schlesinger, Jr., 1992). 따라서 이들은 학교 교육과정이 모든 시민들이 반드시 알아야 할 기초 지식 또는 표준 지식을 담아내야 한다고 강조한다. 문화적 다양성은 이러한 기본 틀이 유지되는 전제하에서 부분적으로 허용된다.

이에 비해 샐러드볼(Salad Bowl) 이데올로기는 문화적 다원주의를 기본 원리로 삼는다. 샐러드볼 이데올로기는 동화주의 정책이 가지는 문제점을 직접적으로 비판하면서, 마치 다양한 재료가 뒤섞여 오묘한 맛의 조화를 이루어 내는 샐러드볼처럼 다양한 문화가 자신의 고유한 문화적 장점을 유지해 나가면서 상호 존중과 상호 공존을 유도해 내려는 입장을 취한다. 문화적 다양성과 문화적 상대성 및 민주주의의 원리에 입각하여, 타인의 문화를 상호 존중함과 동시에, 자신의 문화도 비판과 성찰의 대상으로 삼는 것을 중시한다.

샐러드볼 이데올로기를 지지하는 사람들은 다문화교육이 소수 인종·민족 학생들에게 자신들의 문화적 정체성을 자랑스럽게 여기게 해야 하고, '우리'와 다른 '타인'의 문화에 대한 편견과 차별을 비판적으로 인식하는 교육 활동에 초점을 두어야 한다고 주장한다(Banks, 2006, 2007a; Sleeter & Grant, 2009).

종합해 보면, 용광로 이데올로기와 샐러드볼 이데올로기는 문화적 다양성과 문화적 정체성에 대한 입장에서 뚜렷한 차이를 보인다. 전자는 문화적 다양성을 지양하고, 사회 통합의 구심점을 흐리지 않는 범위 안에서 소수민족의 문화적 정체성을 제한적으로 인정한다. 반면 후자는 문화적 다양성을 공생의 기본 가치로 인정하면서, 자신이 속한 집단의 문화적 정체성을 존중하도록 하고, 그것이 전체 사회의 발전에 기여할 수 있는 방법을 찾도록 권장한다.

결핍 지향적 관점 vs. 차이 지향적 관점

미국의 영향력 있는 다문화교육 연구자인 슬리터와 그랜트(Sleeter & Grant, 2009)는 다문화교육의 주요 목적 또는 방법 중 하나로서 '상대적으로 학업성취도가 아주 낮은 소수민족 학생들이 학교 교육에 성공적으로 적응하여 주류 사회에 편입할 수 있도록 하려는 접근 방식'을 기술하였다. 그리고 이러한 접근 방식에는 '결핍 지향적 관점(deficiency orientation)'과 '차이 지향적 관점(difference oricntation)'의 두 가지의 관점이 대립하고 있다는 점에 주목하였다(pp. 67-90). 우리는 슬리터와 그랜트가 제시한 이 두 가지 관점을 한국 다문화가정 학생들의 학력 문제와 연결시켜 설명해 보고자 한다.

결핍 지향적 관점은 어느 학생이 낮은 학업 성취를 보이는 현상을 우리 사회에서 성공에 필수적인 어떤 가치 규범, 능력, 환경적 요인들이 부족하거나 결여되어 나타나는 문제로 이해하려는 입장이다. 예를 들어 철수라는 다문화가정 학생이 학교생활에 잘 적응하지 못하고 아주 낮은 성적을 보일 경우 결핍 지향적 관점을 지지하는 교사는 철수의 문제를 철수의 가정환경(예 부모의 언어 능력, 교육 수준) 또는 철수 개인의 심리적 문제(예 산만함, 학습장애, 낮은 지적 능력) 중 하나로 설명하고자 할 것이다. "철수 엄마가 한국에 온 지 얼마 안 돼서 한국말이 어눌해.", "철수네 부모님이 맞벌이를 하셔서 철수가 마음 잡고 공부하도록 뒷받침을 해 주지 못해." 등의 설명이 그 대표적 예이다. 특히 문화 결핍 또는 문화 박탈 개념은 비백인계 학생 또는 소수민족 학생들의 학력 문제를 설명할 때 단골손님으로 등장한다.

하지만 이 같은 결핍 지향적 관점은 소수민족 학생들이 지니는 문화적 자원의 장점을 제대로 활용하지 못하는 문제점을 지닌다. 또한 결핍 지향적 관점은 교사들에게 소수민족 학생들에 대해 낮은 기대감을 갖게 하고, 학생들이 낮은 점수를 받았을 때 이를 다른 여러 가지 가능한 원인들보다는, 학생 개인의 문화 결핍이나 학습 능력의 탓으로 쉽게 돌리도록 한다.

반면 차이 지향적 관점은 학교와 가정 간의 '문화적 연속성(cultural continuity)'을 중시한다. 다문화가정 학생들이 무엇이 부족한지를 묻지 않고, '어떠한 문화적 가치 · 언어 · 자원 등을 학교 현장에 가지고 들어오는지'에 먼저 관심을 가진다. 차이 지향적 관점을 지지하는 교사는 다문화가정의 학생들이 어떤 점에서 대다수의 일반 학생들과 차이가 나는지 면밀히 검토하고, 이를 교수-학습 과정에 반영할 것이다. 그 한 예로서 쉐이드(Shade, 1997)의 연구는 백인 학생들이 경쟁적이고 독립적인 개인 학습에 더 적응을 잘 하는 반면, 흑인 학생들은 협동적이고 감각적인 학습 과제 수행을 선호하는 경향이 있다는 점을 발견하였다(Sleeter & Grant(2009)에서 재인용, p. 80). 차이 지향적 관점의 다문화교육은 소수민족 또는 다문화가정 학생들에게서 독특하게 나타나는 의사소통 방식, 몸짓 언어 및 학습 유형 등에 주목하면서 이에 관한 정보를 학습의 촉매제로 활용한다.

결론적으로 차이 지향적 관점은 성공적인 학습자에 대한 고정관념을 거부하면서, 문화적 차이에 따라 성공적인 학습에 대한 다양한 정의가 가능함을 강조한다. 다문화교육 학자들은 이와 같은 접근법을 일반적으로 '문화적 적합성의 교수법(culturally relevant pedagogy)'이라고 명명하는데, 이에 관하여 V장에서 더 구체적으로 살펴보기로 하겠다.

III 다문화 교육과정의 접근 방식

이제 본격적으로 다문화 교육과정 접근 모형과 구성 원리에 대해 이야기해 보자. 서구의 다문화교육 연구자들은 다문화교육의 교육과정 구성은 기존의 교육과정과 근본적으로 다른 관점에서 출발해야 한다고 주장한다. 대체적으로 다문화 교육과정은 타 문화에 대한 상호 이해와 존중, 인종적·문화적 편견 감소, 교육적 형평성의 보장 등을 중요한 목표로 삼고 있다는 점을 어렵지 않게 발견할 수 있다. 교실 안에 학업성취, 인종·문화적 배경 및 계급 수준 등에서 상당히 다양한 모습을 하고 있는 40명의 학생들이 김 교사를 기다리고 있다고 상상해 보자. 김 교사는 교육과정 계획 단계에서부터 이전과는 다른 많은 고민에 빠지게 될 것이다. 교실의 거의 모든 학생들이 교육적으로 소외되지 않고 학업성취의 기쁨을 맛보게 하려면 사회 교사는 과연 어떠한 관점에서 교육과정을 구성해 나가야 할까? 이하에서 우리는 뱅크스(Banks, 2007a)와 메리필드(Merryfield, 2001)가 제시한 다문화 교육과정 접근 방식을 중심으로 이 질문에 대한 답을 탐색해 볼 것이다.

뱅크스의 다문화 교육과정 접근 방식

1970년대부터 다문화 교육과정 분야에서 선구적 업적을 남긴 뱅크스는 다문화교육의 핵심 구성 요소를 내용적 통합(content integration), 지식의 구성(knowledge construction), 편견의 감소(prejudice reduction), 평등 교수법(equity pedagogy), 그리고 민주적으로 권한을 부여하는 학교 문화(an empowering school culture)의 5가지 차원으로 분류하면서, 다문화교육을 실천하는 교사가 이를 학교 개혁의 안내자로 활용할 것을 권고하고 있다. 이 내용을 요약적으로 소개하면 다음과 같다(Banks, 2007a, pp. 20-23).

첫째, '내용적 통합'은 교사가 해당 과목의 주요 개념과 원리, 일반화, 이론을 설명하기 위해 다양한 문화와 집단에 관한 내용을 활용하는 것과 관련된다. 특히 사회 교과, 언어 및 예술 교과가 타 교과에 비해서 민족적·문화적 내용을 통합하는데 더 용이한 교과라고 뱅크스는 간주하고 있다. 하지만 여기서 유의할 점은 다양한 문화 집단의 이야기가 '부가적 접근' 또는 '관광식 접근'의 관점을 보여서는 안 된다는 것이다. 즉 마치 여행자가 이국적인 타문화권의 풍물을 둘러보듯이 피상적으로 그리고 흥미 위주로 다양한 문화의 사례를 접하는 것을 다문화교육의 실천으로 오해해서는 안 된다.

둘째로 '지식의 구성'은 우리의 일상적인 삶 속에서 작용하는 문화적 가정, 준거 체계, 관점, 편견 등이 어떻게 학교 교육과정에서 절대적 진리라고 배우는 내용에 암묵적으로 영향을 미치고 있는지를 비판적으로 이해할 것을 강조하고 있다. 예를 들어, 학생들은 과학 시간에 사회적 다윈주의나 지능 이론에 어떻게 인종주의적 편견이 영향을 미쳤는지를 분석해 보고, 사회 시간에는 유럽인의 미국 대륙 발견이라는 역사적 주제를 공부하면서, 지식이라는 것이 특정 관점에 의해 형성되고 정당화된다는 점을 깨달을 수 있다.

셋째, '편견의 감소'는 학생들이 타인종·타민족·타문화 집단에 대한 긍정적인 태도를 기를 수 있도록 돕는 것을 의미한다. 교사는 다양한 인종과 민족에 대한 긍정적인 이미지를 수업자료에 담아내고, 적절한 조건에서 이루어지는 집단 간의 접촉-만남의 기회를 학생들에게 제공함으로써 서로 다른 인종·민족 간에 긍정적인 가치와 태도를 생성해 낼 수 있다고 보았다.

넷째, '평등 교수법'은 교사가 다양한 인종, 민족, 성, 계층 출신 학생들의 학업성취를 향상시킬 수 있도록 수업의 내용과 방법에 변화를 유도하는 것을 의미한다. 예를 들어 교사는 다양한 인종・민족 집단 출신의 학생들이 보유하는 문화적 지식, 언어적 특징, 대화 유형, 및 학습 유형 등을 고려하여 이에 부합하는 교수 방식을 취함으로써 학업성취를 보다 촉진할 수 있다.

다섯째, '민주적 권한 부여의 학교 문화'는 다양한 계급적・성별・인종적 배경을 지닌 학생들이 학교 안에서 교육적 평등을 경험하도록 학교의 조직과 문화가 모든 학교 구성원들에 의해 검토되고 변화되어야 함을 의미한다. 단순히 교육과정의 내용을 뛰어넘어, 학교생활 각 영역(예 학교 행정, 학생 동아리 활동, 수준별 교육과정 운영)에서 관찰되는 다양한 교육 행위들이 보다 민주적이고 보다 형평성 있는 방향으로 나아갈 수 있는 학교 문화를 만들어가야 한다.

특히 뱅크스(2007b)는 다문화 교육과정의 발달단계를 표 3-1에서와 같이 제시하였다. 1단계에 해당하는 '기여적 접근법(The Contribution Approach)'은 특정 문화권의 국가적 영웅, 유적지, 전통 음식 등이 산발적으로 교육과정에 포함되는 접근 방식을 의미한다. 2단계 '부가적 접근법(The Additive Approach)'은 문화적 내용, 개념, 주제들이 교육과정의 기본 구조, 목적, 성격의 변화 없이 부가적으로 삽입된다. 예를 들어, 교육과정이나 교과서의 기본 구조의 변화 없이 다문화교육과 관련된 특정 단원을 추가하는 방식이 이에 해당한다. 초등학교 저학년 수준의 사회과 교육과정이나 최근 고시된 2009 개정 사회과 교육과정은 바로 수준 1과 수준 2의 접근 방식을 택하고 있다.

그러나 3단계 '변혁적 접근법(The Transformational Approach)'과 4단계 '사회적 행동 접근법(The Social Action Approach)'은 교육과정의 기본 구조 자체의 변화를 전제로 한다. 3단계 접근법은 교육과정의 구조를 변화시켜서 학생들이 다양한 인종적, 문화적 집단들의 관점에서 개념, 이슈, 사건, 주제들을 조망할 수 있도록 유도한다. 이 접근법은 학습자들이 기득권 집단과 소외받는 집단, 주류 집단과 비주류 집단의 다양한 목소리들을 듣고 읽을 수 있도록 하고, 사건과 상황에 대한 교사의 견해들을 분석할 뿐 아니라 학습자 자신의 관점을 형성하

표 3-1 뱅크스의 다문화 교육과정의 4가지 접근법(Banks, 2007b)

Level	접근법	내용
Level 4	사회적 행동 접근법 (The Social Action Approach)	학생들은 중요한 사회적 이슈에 관한 문제해결 과정에 참여하고 의사결정을 내린다.
Level 3	변혁적 접근법 (The Transformation Approach)	학생들이 인종적·문화적 집단의 관점에서 개념, 쟁점, 사건, 주제들을 볼 수 있도록 교육과정의 구조가 변한다.
Level 2	부가적 접근법 (The Additive Approach)	내용, 개념, 주제, 인식들이 구조의 변화 없이 교육과정에 첨가된다.
Level 1	기여적 접근법 (The Contributions Approach)	영웅, 휴일, 분절된 문화적 요소들에 중점을 둔다.

고 정당화할 수 있도록 돕는다. 이 접근법의 중요한 목적은 학습자들이 비판적으로 사고할 수 있는 능력을 갖도록 하고, 자신의 결론과 일반화를 형성하고 기록하고 정당화할 수 있는 기능을 개발하는 데 있다. 더 나아가 4단계 접근법은 학생들이 학습한 내용과 긴밀히 연관된 사회 문제들의 해결 과정에 직·간접적으로 참여하고 의사결정을 내리는 기회를 가질 수 있도록 내용을 구성한다. 지방자치행정의 개념 및 관련 문제들을 배운 학생들이 올바른 예산 집행을 위한 효과적인 주민들의 감시 체제에 대한 아이디어를 개진하고 이를 지방의회에 건의하는 활동은 사회적 행동 접근법의 한 사례라 볼 수 있다.

종합해 보면, 1단계 기여적 접근과 2단계 부가적 접근은 공통적으로 다른 문화를 가진 사람들의 행동을 지엽적으로 설명하는 태도를 보이고, 해당 사회 주류 문화의 규범 및 가치를 고수하는 입장을 취하는 반면, 3단계 변혁적 접근과 4단계 사회적 행동 접근은 교육과정에 있어 주류 문화의 규정과 가치를 벗어나서 각자의 문화를 존중하는 보다 높은 수준의 개혁을 의미하는 특징을 갖는다.

메리필드(Merryfield)의 다문화 교육과정 접근 방식

메리필드(Merryfield, 2001)가 제안한 3단계 다문화 교육과정 접근법은 지구촌 교육(global education)과 다문화교육을 독특하게 결합시키고 있는 점에서 다른 모형들과 차별화된다.

메리필드는 그 첫 번째 단계로 '제국주의 유산과 주류 지식 형성 간의 관계'를 제시하였다. 21세기 비서구 사회에 아직도 존재하는 제국주의 교육의 요소가 오늘날 주류 지식의 구성과 개개인의 삶에 어떻게 영향을 미쳤는지를 분석하는 단계이다.

메리필드의 두 번째 단계는 '주류 사회에서 주변화된 사회적 소수자의 삶과 목소리'에 대한 비판적인 인식을 다룬다. 메리필드는 특히 식민지 경험의 비서구 사회에서 흔히 나타나는 이중의식(double-consciousness)의 발달, 즉 의식적·무의식적인 차별과 억압의 문화 속에서 성장 가능한 '중심과 주변의 관점에서 세상을 보는 능력'에 주목한다. 그리고 더 나아가 식민화된 마음 자세를 탈식민화(decolonizing)하는 변혁적인 다문화교육을 강조한다.

마지막 세 번째 교수과정은 '지속적이고 반성적인 간문화적인 경험학습(cross-cultural experiential learning)'이다. 이 단계에서는 간문화적 생활체험이 중시되며, 특히 체험적이고 반성적인 글쓰기 작업은 교사와 학생 모두에게 자신과 타인의 삶과 관련된 문화적 배경과 경험을 이해하도록 돕고, 자신의 주관성을 구체적으로 표현하는 데 있어 효과적이라고 평가된다. 간문화적 경험은 다문화교육을 지지하는 교사에게 필수적으로 요청되는 요건에 해당한다.

이러한 메리필드의 다문화교육 교수전략은 기존의 미국의 역사적 맥락과 사회적 필요에 의해 등장한 다문화교육의 접근법과 비교할 때, 식민지 경험과 함께 독특한 문화와 국가 이데올로기에 의해 권력관계가 역사적으로 형성된 아시아와 제3세계 국가의 다문화교육에 보다 유익한 이론적 틀을 제공하고 있다고 판단된다. 제국주의적 시선에서 볼 때 대외적으로 한국이 차지하는 지위는 동양의 나라, 구 열강의 식민지, 개발도상국, 비영어권 국가, 황인종 등의 주변국으로서의 특징과 결부된다고 볼 수 있지만, 이와 더불어 국내적으로는 계급과 인종 등의 요인들에 의해 주류 집단과 비주류 집단, 또는 중심과 주변의 또 다른 구별이 이루어지고 있다. 메리필드가 제공하는 다문화교육의 관점은 이러한 이중적인 위치에 놓인 한국의 사회적 상황에 적합한 다문화교육의 방법론을 만드는데 유용한 시사점을 제공하고 있다.

IV 다문화교육을 지향하는 교사

교사는 교육적 변화를 이루어 내는 과정에서 가장 중요한 핵심 동인이며, 따라서 다문화교육을 담당하는 교사는 다문화교육의 성공을 위한 필요조건에 해당한다. 다문화교육의 실천에 있어 교사는 절대불변의 지식을 전수하기보다는, (특히 인문·사회과학 영역에서) 어떻게 지식이 구성되는지를 학생들에게 깨닫게 해 줄 필요가 있다. 학생들은 수동적으로 지식을 수용하는 자가 아니라, 사회적, 역사적, 정치적 지식을 구성하는 자가 되어야 한다. 교사는 지식이 정치적, 규범적인 가정 하에 사회적으로 구성되어진다는 점을 이해하도록 도와야 한다. 그러나 사회과 교재의 내용은 알게 모르게 특정 지식을 학습자에게 일방적으로 주입하고 있으며, 교사 역시 자신의 가치관을 교육과정에 반영하기도 한다. 이 과정에서 학습자는 교사의 방관 또는 개인적인 가치관의 주입으로 인해 편견과 고정관념이나 편견을 형성하게 되는 위험에 처할 수 있다.

다문화 교실수업에는 교사의 전공 배경, 담당 교과 영역의 특성뿐만 아니라, 교사가 보유한 다문화적 인식과 태도 변인 역시 커다란 영향을 미친다. 최근의 다문화교육 교사 연구 문헌은 다문화교육의 취지와 내용은 일선 학교 현장의 실무자들 관점에서 재해석 되며, 학교 현장의 교사와 교육청 관계자, 그리고 교육정책 결정자들이 이해하고 있는 다문화교육의 모습은 은연중 특정 관점을 수용하고 있다는 점을 보고하고 있다(박윤경 · 성경희 · 조영달, 2008; 이정우, 2007; 모경환 · 황혜원, 2007; 조영달 외, 2010).

다이아몬드와 무어(Diamond & Moore)의 다문화 교사 유형

다이아몬드와 무어(Diamond & Moore, 1995)는 다문화교육을 실천하는 교사의 역할을 문화 조직자(cultural organizers), 문화 매개자(cultural mediators) 및 사회적 맥락의 지휘자(orchestrators of social contexts)로 분류하였다(Gay(2000)에서 재인용, pp. 42–43).

첫째, 문화 조직자로서의 교사는 학생들이 보이는 문화적 · 민족적 다양성이 이점으로 작용하는 교실 분위기를 구축하고, 모든 학생들이 학업의 성취감을 맛볼 수 있게 노력한다. 교사는 학생들의 인지-사고의 방식, 대화 및 행동양식이 문화적으로 다양함을 숙지하고, 이를 교수-학습 과정의 설계에 적극적으로 반영한다.

둘째, 문화 매개자로서의 교사는 문화 간의 갈등에 초점을 둔 비판적 토론학습의 기회를 학생들에게 제공하고 주류 문화와 비주류 문화의 가치 체계 간의 차이를 깨닫게 한다. 이를 위해 교사는 나만이 아닌 우리 모두의 동반적 성공에 대한 믿음을 가지는 문화적으로 다양한 학습 공동체를 구성한다.

셋째, 사회적 맥락의 지휘자로서의 교사는 문화가 학습에 대해 가지는 영향력을 인지하고, 학생들이 보유한 다양한 사회·문화적 맥락을 충분히 고려한 수업이 되도록 노력한다. 이를 위해 교사는 소수민족 집단의 학생들이 보이는 문화적 능력을 학습 자원으로 적극 활용한다.

팽(Pang)의 다문화 교사 유형

팽(Pang)은 철학적 관점의 차이에 따라 그리고 다문화교육에 대한 교사의 믿음과 실천 방식에 따라 다문화 교사 유형을 동화주의적 교사(Assimilationist Teacher), 인간관계를 강조하는 교사(Human Relations Teacher), 사회적 행동을 중시하는 교사(Social Action Multiculturalist Teacher), 그리고 배려 중심의 교사(Caring-centered Multiculturalist Teacher)로 분류하고 있다(Pang, 2005, pp. 232-246).

표 3-2 Pang의 다문화 교사의 네 가지 유형

교사 유형	특 징	공통점
동화주의 교사 (Assimilationist Teacher)	교사의 목적은 지식을 전수하여 학생들이 기존의 사회·정치적 체제에 순응하도록 하는 것.	현상 유지의 관점을 공유
인간관계를 강조하는 교사 (Human Relation Teacher)	타인에 대한 존중과 협동을 바탕으로 편견과 고정관념을 극복하지만, 반드시 전수해야 할 필수 지식이 있다고 믿음.	
사회적 행동을 강조하는 교사 (Social Action Teacher)	교육적 평등을 중시하고, 권력과 제도의 문제점과 사회적 불평등에 도전하여 변화의 주체가 되는 것을 목적으로 삼음.	학교 교육과정 및 사회의 변화를 실천하는 교사
배려 중심 교사 (Caring-centered Teacher)	서로 존중하고 배려하는 교실 문화 형성을 통해, 공정과 평등의 가치를 공유·실현하는 것을 수업의 핵심 목표로 삼음.	

첫째, 동화주의 교사(Assimilationist Teacher)는 학교에서 가르치는 지식은 보편적인 진리이며 학생들에게 가장 필요한 것이라고 믿는다. 교사의 목적은 지식을 전수하여 학생들이 기존의 사회정치적 체제에 순응하도록 하는 것이다. 이는 종종 학생들이 출신 가정의 언어와 문화를 버리고 주류 사회의 문화를 습득함으로써 주류 사회에서 생존해야 한다는 관점을 의미한다.

둘째, 인간관계를 강조하는 교사(Human Relations Teacher)는 모든 학생들이 서로 존중하는 것을 목적으로 삼는다. 다양한 집단의 학생들이 서로 협력하는 경험을 제공하여 편견을 극복하도록 하는 데 초점을 둔다. 그러나 학생들에게 반드시 전수해야 할 필수적 지식이 있다고 믿는다. 이들은 다른 나라의 음식, 의상 등을 전시하고 체험하게 함으로써 다양성을 인식하는 프로그램을 운영하기도 한다.

셋째, 사회적 행동을 강조하는 교사(Social Action Teacher)는 학생들에게 비판적으로 사고하고 사회적 불평등에 도전하여 변화의 주체가 되도록 돕는 것을 다문화교육의 목적으로 삼는다. 이들은 학교가 현상 유지의 도구라고 파악하며, 교육 내용으로는 노동자 계층, 유색 인종, 여성과 같은 다양한 사회 집단의 불평등과 인권문제 등을 다룬다.

넷째, 배려 중심 교사(Caring-centered Teacher)는 정의, 자유에 기초한 다문화사회 건설을 목적으로 한다. 이들은 학생들이 상호 존경하고 배려하는 분위기 속에서 공정과 평등의 가치를 내면화하는데 수업의 초점을 맞춘다. 수업에서는 인간이 편견을 가지고 있는 존재임을 인식하게 하고, 사회에 존재하는 다양한 형태의 차별과 편견을 분석하도록 한다.

팽은 첫째와 둘째 유형의 교사들을 현상 유지의 관점을 공유한다고 보며, 셋째와 넷째 유형의 교사만이 진정한 의미의 다문화교육을 실천하는 교사라고 간주한다. 국내에서 실시된 모경환・황혜원(2007)의 연구는 한국의 중등학교 사회 교사들이 팽의 네 가지 교사 유형 중 '배려 중심의 교사' 유형을 가장 지지하고 있다고 보고하였고, 그 다음으로 인간관계를 강조하는 교사, 사회적 행동을 강조하는 교사, 동화주의 교사의 유형 순으로 선호하는 것으로 나타났다. 그리고 동화주의 관점의 경우 교사의 연령대가 높을수록 동화주의 관점을 더 강하게 지니는 것으로 조사되었다.

V 문화적 적합성의 교수법

미국의 다문화 교육과정 이론가들은 다문화 교육과정의 성공을 위해서는 거시적인 교육과정 정책의 변화와 프로그램 지원이 요청되지만, 가장 핵심적인 변화는 교실수업이라는 소우주 안에서 이루어져야 한다고 역설한다. 교실 담론 형태의 변화와 더불어 교사는 학생들이 교실 안으로 가지고 들어오는 다양한 문화적 배경 지식에도 관심을 가지고 이를 수업 내용에 반영할 수 있도록 준비해야 한다고 주장한다. '문화적 적합성의 교수법(culturally relevant pedagogy)'은 이러한 주장을 핵심적으로 담고 있는 개념이다.

'문화적 적합성의 교수법' 개념은 학자에 따라 'culturally congruent' 또는 'culturally responsive'로 표현되기도 한다. 문화적 적합성의 교수법은 "인종적·문화적으로 다양한 학생들이 보유하는 독특한 문화적 지식, 과거의 경험, 준거 체계, 관점, 그리고 학습 유형 등을 적극적으로 활용하여 그들의 학습 경험을 보다 효과적으로 구성하려는 입장"으로 정의할 수 있다(Banks, 2007a, 2007b; Delpit, 1995; Erickson & Mohatt, 1982; Gay, 2000; Ladson-Billings, 2007; Pang, 2005).

그렇다면 이 같은 정의를 취하는 문화적 적합성의 교수법은 어떠한 특징을 나타내고 있는가? 기존의 연구에서 기술되고 있는 문화적 적합성의 교수법이 지니는 주요 특징은 다음의 몇 가지로 간략히 정리해 볼 수 있다.

첫째로, 문화적 적합성의 교수법은 학교와 가정 간의 ‘문화적 일치’ 또는 ‘문화적 연속성’을 추구한다. 다문화교육 연구자들이 일관되게 제시하는 공통적인 주장 중 하나는 “교실수업과 가정에서 사용하는 언어 및 대화 유형이 서로 같은지 다른지의 문제가 학생들의 학업성취와 학업태도의 측면에서 상당히 중요한 변수로 작용한다”는 점이다. 즉, 교사는 ‘학교와 가정의 문화적 불연속성(school-home discontinuity)’의 문제에 민감하게 반응하는 모습을 보인다. 그리고 이 과정에서 교사는 소수민족·문화적 배경의 학생에게 익숙한 ‘지식의 보고(funds of knowledge)’, 다시 말해 학생들이 보유하는 언어적-문화적 경험과 지식을 적극적으로 수업에 적절히 결합시킴으로써 교육적 평등을 실현하고자 노력한다.

이러한 첫 번째 특징과 관련되는 문화적 적합성의 교수법의 두 번째 특징은 ‘학생들의 학업성취도 차이를 바라보는 관점’에서 찾을 수 있다. 문화적 적합성의 교수법은 특히 앞 장에서 소개했던 문화 결핍(cultural deficit) 이론에 대하여 강한 경계의 시선을 보낸다. 특히 미국 내에서 학자들이 가지는 강한 인종적·문화적 편견 중 하나로 간주되는 문화결핍 이론은 하층계급 출신의 흑인과 라틴계 학생들이 보이는 전반적으로 낮은 학업성취를 상대적으로 불우한 가정환경과 열등한 문화적 환경에 노출된 결과로 해석하는 입장이다. 예를 들어 초등학교 4학년 흑인 학생 제프리의 낙제점수는 그 아이 및 그 아이의 가정, 그리고 그 아이의 가정이 보유한 흑인 문화의 특성에 기인하는 것으로 설명된다. 하지만 문화적 적합성의 교수법은 이 같은 입장을 비판하면서, 학업성취의 차이가 근본적으로 교실수업과 가정에서 나타나는 대화 유형 및 문화적 배경 지식 차이 간의 불일치 정도에 의하여 발생된다는 점에 무게를 둔다.

문화적 적합성의 교수법이 가지는 세 번째 특징으로 ‘배려의 윤리(ethics of caring)’를 중시하는 점을 들 수 있다(Gay, 2000; Ladson-Billings, 2007; Pang, 2005).

다문화교육은 문화적 적합성과 동시에 배려 중심적 가치를 핵심 키워드로 설정하고 있다. 배려의 윤리는 단순히 모성애적이거나 감각적인 개념을 지칭하는 것이 아니며, 교육철학자 노딩스(Noddings, 1984, 1992)의 말을 빌자면, 관계중심적인(relation-centered) 성향을 지니게 된다. 즉 교사가 배려의 윤리를 바탕으로 움직일 때, 의식적으로 자신의 학생들을 배려하고 가르치며 호혜적인 관계를 발전시키기 위해 도덕적으로 헌신하게 된다고 말한다(Pang(2005)에서 재인용, p. 218). 이러한 측면에서 다문화교육은 나 자신과 타인 모두에 대한 배려가 사회 정의로 우리를 이끌며, 불평등한 관행과 억압의 의미를 검토하도록 유도하며, 타인의 관점에서 세상을 느끼고 바라볼 수 있는 능력을 함양하도록 도와준다.

문화적 적합성의 교수법이 가지는 네 번째 특징으로 우리는 '의식장애적 인종차별주의(dysconscious racism)'의 개념에 대한 비판적 인식을 꼽을 수 있다. 킹(King, 1991)은 의식장애적 인종차별주의(dysconscious racism)라는 개념을 통해 미국의 교실에서 백인 교사가 스스로의 문화적-특권적 지위를 제대로 인식하지 못하는 상황에서 발생가능한 차별 현상을 날카롭게 지적하고 있다(Santora(2000)에 재인용, pp. 253–254). 이는 미국 사회에서 유색인종에게 자주 목격되는 '이중의식(double consciousness)의 발달'과 전혀 상반되는 상황을 말해주고 있다. 즉 흑인은 자신의 사회적 위치를 인식할 때 미국 시민으로서의 위치와 유색인종으로서의 위치를 동시에 깨달으며 이중의식을 개발하는데 반해, 백인은 자신의 '백인성'을 깨닫지 못한 채 그냥 미국 시민으로서만 자신의 정체성을 인식하는 경향이 짙다.

그런데 이와 같은 의식장애적 인종차별주의는 다른 사회의 맥락으로 확대 적용이 가능하다. 다문화 사회로 이행하고 있지만 인종적·문화적 편견이 강한 한국 사회에서, 대다수의 한국인들은 자신이 보유하는 '한국인'의 문화적·특권적 지위를 객관적으로 인식하지 못하는 반면, 다문화가정 출신의 피부색이 다른 한국인은 한국 시민이면서 동시에 이방인이라는 이중의식을 발달시키게 된다. 문화적 적합성의 교수법은 다문화교육의 목표가 이와 같은 의식장애적 인종차별주의를 비판적으로 바라보고 극복할 수 있도록 주류 사회의 구성원들에게 간문화적인 체험의 중요성을 강조한다(Merryfield, 2005).

뱅크스(2007b)는 문화적 적합성의 교수법을 지향하는 다문화 수업의 교수지침을 제안하고 있는데, 이는 한국의 다문화 교실수업 운영에 있어 유용한 참고 자료가 되어줄 수 있다(pp. 262–265).[1]

1. 교사는 다문화 내용의 교수과정에서 아주 중요한 변인임을 인식해야 한다. 만약 교사가 개인이나 집단에 관한 인종적–문화적 차별이 담긴 자료를 접하거나 또는 그러한 장면을 목격했을 때, 이를 인종 · 민족 · 문화 집단의 경험에 관한 수업에 적극 활용할 필요가 있다.
2. 사회적 소수자나 특정 민족 집단에 관한 주제를 효과적으로 가르치기 위해서는 그에 관한 적절한 지식이 먼저 교사에게 요청된다. 관련 민족 집단의 역사나 문화를 개괄적으로 소개한 주요 텍스트를 적어도 하나 정도 미리 읽을 필요가 있다.
3. 교사 자신이 특정 집단에 내해 가지는 인종적–문화적 편견, 행동이나 말에 관하여 반성적인 태도를 견지해야 한다. 예를 들어 피부가 더 까맣거나 이국적인 얼굴을 가진 학급의 학생에게 "인도인", "베트남 아가씨", "양키" 등의 별명을 부르는 행위에 대해 다시 생각해 보자.
4. 교실수업에서는 항상 다양한 인종 · 문화 집단이 가지는 긍정적 · 복합적 이미지를 전달할 수 있도록 노력한다. 이를 위해 게시판, 포스터, 문화 달력 등의 전시활동을 활용할 수 있다.
5. 학생들은 비교적 어린 나이 때부터 인종적 차이를 인식하고, 사회에서 어른들이 내리는 특정 인종 · 민족 집단에 대한 평가를 그대로 내면화하는 경향이 있으므로, 교사는 교실 안의 학생들이 가지고 있는 인종 · 민족적 태도를 항상 예의 주시해야 한다.
6. 간혹 많이 사용되고 인용되는 교재/자료라고 할지라도 아주 미묘한 수준에서 인종 · 문화적 편견이 자리하고 있을 수 있으므로, 교사는 보다 신중하게 다문화 관련 수업자료를 선택해야 한다. 특정 집단에 대한 고정관념이 생성되거나, 또는 단일 민족주의적 또

는 서구 유럽 중심적 관점에서 일방적으로 그 집단의 모습이 기술될 때 교사는 이를 지적하고 함께 이야기 나눌 필요가 있다.

7. 책, 영화, 비디오 자료, CD 자료 등 다문화 관련 내용에 대한 다양한 이미지나 이야기를 담고 있는 보조 자료를 활용하여 학생들이 특정 인종 · 민족 집단의 경험을 풍부하게 이해하는데 도움을 주도록 한다.

8. 교사 자신의 문화적-민족적 전통에 대해 이해하고, 이를 학생들과 공유하도록 한다. 이러한 교사의 태도는 서로 대화하고 공유하는 분위기를 형성해 주고, 학생들이 자신의 민족적 · 문화적 전통에 관심을 가지도록 유도한다.

9. 인종 · 민족 문제를 다루는 수업자료가 지나치게 논쟁적이거나 (학생들의 수준에 비추어) 과격한 내용을 담고 있지는 않은지 주의를 기울이면서 보조자료 선택에 신중할 필요가 있다.

10. 특정 인종-민족 문화에 관한 개념, 내용 및 활동을 선정할 때 교사는 학생들의 발달단계를 적절히 고려해야 한다. 저학년일수록(예 유치원 및 1~2학년) 학생들의 학습 개념 및 활동은 보다 구체적이고 직접적이어야 한다. 예를 들어 저학년의 경우, '인종차별주의'와 '억압' 등과 같은 고도로 추상적인 개념보다는, '비슷한 점', '차이점', '편견', '차별' 등의 개념을 소설-동화나 인물의 전기에 접목시켜 학습하는 것이 더 적절하다.

11. 교육 소외를 경험하는 다문화가정의 자녀들에 대해 교사는 높은 학업성취 기대를 가지고 격려해야 한다. 그 학생들은 자신이 학교에서 성공할 수 있다고 믿고 도와주는 교사를 항상 원하며, 교사는 이러한 학생들의 기대에 부응해야 한다.

12. 다문화가정의 부모는 (비록 자신은 과거에 교육적 소외를 경험했을지라도) 자녀의 교육에만은 많은 관심을 가지고 있고 자녀가 학교 공부를 잘하기를 원하고 있다는 점을 교사는 명심할 필요가 있다. 교사는 학부모에 대한 지원을 아끼지 말아야 하며, 학생의 성취를 이끌어 내는 협력적 동반자로 인식해야 한다.

13. 교실수업에서 인종적-민족적 통합을 촉진하는데 도움을 주는 협동학습 기법을 교사는 활용할 수 있다. 많은 연구 결과는 학생들이 인종적 · 문화적으로 통합된 학습 집단을 구성하여 교실수업에 임할 때, 서로 다른 인종과 문화를 가진 학생들과 긍정적인 관계를 형성해 나간다는 점을 지적하고 있다.

14. 교실 밖 학교에서 이루어지는 다양한 학생 활동(예 운동회, 선발대회, 문화제, 출판부 활동, 각종 공식-비공식적 학생 활동들)은 기본적으로 인종적-민족적으로 통합될 수

있도록 배려하고, 각각의 활동에서 모든 학생들이 주도적인 리더 역할을 담당하는 기회를 교사는 공평하게 제공하도록 노력해야 한다.

이상에서 살펴본 다문화 교육과정과 문화적 적합성의 교수법에 관한 특징을 검토함으로써 한국의 다문화교육 교실수업에 대하여 다음과 같은 시사점을 얻을 수 있다.

첫째, 한국의 다문화교육을 위해 앞으로 개발-적용될 다문화교육 프로그램은 단순히 문화적 차이를 인식하고 수용하는 개인적 정체성의 단계를 뛰어넘고, 타문화에 관한 정보를 백과사전식으로 나열하는 수준에서 탈피해야 한다. 이를 위해 자문화에 대한 객관적인 인식 능력을 중시하고 타문화에 대한 관용과 배려의 가치를 수호하도록 돕는 다문화교육의 관점을 채택할 필요가 있다. 하지만, 우리나라가 추구해야 할 다문화교육의 개념은 단순히 인종적 편견의 극복을 뛰어넘어 그보다 포섭적인 의미로 확대 적용될 필요가 있을 것이다. 다문화교육은 단순히 인종 문제뿐만이 아니라 분단, 언어, 계급, 젠더, 장애, 이데올로기 등의 여러 하위 변인들을 포괄적으로 다루어 낼 수 있어야 한다. 이와 같은 포섭적인 다문화교육의 정의는 다문화교육의 문제를 인종적-문화적 다양성의 문제에 국한시키지 않으면서, 인종적-문화적 다양성의 문제 이면에 깊숙하게 자리하고 있는 보다 근본적인 문제점들을 이울리 비판적으로 바라볼 수 있도록 해 줄 것이다.

둘째, 한국의 교실수준에서 적용 가능한 다문화교육의 교수법(multicultural pedagogy) 모형에 대한 개발이 더욱 요청된다. 미국의 다문화교육 연구자들이 제시한 '문화적 적합성의 교육' 또는 '배려 중심의 다문화교육(a caring-centered multicultural education)'은 다문화교육을 실천하는 한국의 교사들에게 시사하는 바가 실로 크다고 할 수 있다. 하지만 우리나라 학교 교실의 문화적-인종적 다양성이 미국의 수준에 비하여 무척 낮고, 아직까지 문화적으로 상당히 동질적이라는 점을 감안할 때, 미국학자들이 제시하는 다문화교육의 이론적 모형은 한국적 상황에서 아직 낯설 수 있다. 한국의 경우 다른 나라에서는 발견되지 않는 단일민족주의의 신화와 유교 문화, 분단 이데올로기라는 역사적 특수성이 작용하고 있고, 이를 고려한 다문화교육의 접근 방식이 구상되어야 한다. 한국적 교실 맥락에 적합한 다문화 교수법의 연구 및 개발이 절실하다고 하겠다.

VI 참된 다문화 시민교육을 지향하며

과거 수십 년 동안 한국의 학교 교육은 타인종·타문화권의 내용을 다루는 방법에 대해 제대로 고민해 보지 못했으며, 특히 인종적·문화적 소수자가 겪을 수 있는 교육 소외 현상을 비판적으로 인식하지 못했다. 이제 우리나라는 다문화가정의 자녀들을 둘러싼 교육의 위기를 통해 다문화교육과 시민교육에 참된 눈을 뜨기 시작한 셈이다. 이상에서 논의한 내용들은 '참된 다문화교육'을 지향하는 현장 교사, 교육행정가, 연구자 및 정책 결정자들에게 다음과 같은 시사점을 제공한다.

첫째, 다문화교육의 성공적인 정착을 위해서는 우선적으로 학교 교육과정의 기조에 있어서 근본적인 변화가 요청된다. 한국의 국가 교육과정에서 그려지는 '바람직한 시민'의 모습은 무엇일까? 단일민족주의에 기초한 국가 이데올로기가 아직까지도 강력하게 작용하고 있는 국가 교육과정의 틀 안에서 다문화교육의 이념을 실천한다는 것은 무척 어려운 일이 아닐 수 없다. 다문화교육을 실천하는 사람들은 이러한 교육과정의 문제점을 비판적으로 바라볼 수 있어야 한다. 다문화 사회를 대비한 다문화교육은 다문화가정의 증가에 따른 사회 통합적 인구 정책의 수단으로서뿐만 아니라, 자문화와 타문화에 대한 객관적 이해, 젠더와 계급, 소수자 집단의 사회적·교육적 불평등의 주제로 그 범위를 넓혀가야 할 것이다. 또한 국가의 다문화교육 정책은 다문화가정 자녀들에 대한 교육에 국한되지 않고, 대다수의 주류 집단 출신의 교사 및 학생들의 다문화 감수성(multicultural sensitivity)을 변화시키는 방향으로 추진되어야 한다.

둘째, 교육과정을 실행하는 과정에서 교사 변인이 가지는 중요성을 고려할 때, 다문화교육의 성공은 교사의 손끝에 달려 있다고 해도 과언이 아닐 것이다. 예비 · 현직 교사가 가질 수 있는 인종적 · 문화적 편견을 감소시키기 위한 노력이 요청되며, 이를 위해서는 현재 대다수 대학이 보유하는 교사교육 프로그램상의 변화가 필요하다. 학교 안에서 교사들 스스로 인종적 · 문화적 고정관념과 편견을 교육의 과정에서 제거할 수 있고, 다문화 사회 속에서 조화롭게 살아가는 시민의 능력을 보여줄 때 다문화교육을 지향하는 교실수업은 자연스럽게 이루어지게 될 것이다.

셋째, 다문화 교실수업에 관한 경험적 · 실천적 연구를 통해 학교 현장에서 필요한 다문화 수업 전략이 더욱 풍부하게 논의될 필요가 있다. 다문화교육을 교실 수준에서 실천하고 그에 따른 학생들의 다문화적 태도-능력의 변화를 살펴보는 연구는 주로 유아교육 및 초등교육 수준에 집중되어 있으며(예 장인실 · 김명희, 2011; 최안복 · 이윤옥, 2010), 중등학교 교실에서의 다문화교육 현황조사 및 실행 연구는 극히 저조한 수준에 머물고 있다(송륜진 · 노선숙 · 주미경, 2011; 조대훈 · 이주영, 2011). 다문화교육의 개념이 2007 개정 교육과정기에 들어서야 처음 국가 교육과정에 언급되기 시작했다는 사실은 다문화교육 실천 연구가 희소한 이유를 어느 정도 설명해 준다. 학교 현장에서 다문화교육을 시도하는 실천적 노력의 사례가 축적되고, 이를 토대로 다문화적 역량을 강화할 수 있는 다양한 다문화교육 수업 전략이 개발될 필요가 있다. 학교 안에서 이루어지는 다문화교육의 과정을 심층적으로 기술하고 그 안에서 교사와 학생들이 함께 구성하는 다문화교육의 의미를 탐색하는 것이야말로 다문화 시민교육 연구자들의 주요 연구과제가 되어야 할 것이다.

❖ 주

1) 여기에 소개하는 Banks의 14가지 지침은 한국의 사회 · 문화적 맥락에 맞게 필자에 의해 부분적으로 수정되었음을 밝힌다.

학생들이 과목별 교사가 상주하는 개별 교과 전용 교실을 찾아다니며 수준별 수업을 받는 교과교실제는 2009년부터 시범/연구학교들을 중심으로 확산되기 시작했으며, 교육 당국은 2014년까지 90% 이상의 중등학교에서 교과교실제가 시행되는 것을 목표로 삼고 있다.

제 4 장

수준별 교육과정 낯설게 보기

1990년대 이후 한국 교육계에서 회자되기 시작한 수준별 교육과정의 개념은 20세기 미국과 영국 등지의 학교 교육에서 보편적으로 관찰되는 교육과정 분화(curriculum differentiation)의 한 갈래라고 볼 수 있다. 7차 교육과정의 가장 특징적인 기본 원리 중 하나였던 수준별 교육과정은 우리나라 국가 교육과정의 패러다임 전환을 잘 드러내주는 중요한 사례에 해당한다. “모든 학생들이 하나의 공통된 교육과정으로 배운다”는 기존의 원칙을 버리고, “능력-적성-흥미가 다른 학생들에게 차별적으로 교육과정을 제공한다”는 원칙을 채택한 것은 교육과정 정책에 있어서의 변화 그 이상의 의미를 지니고 있다. 그리고 이와 같은 수준별 교육의 이념은 2009년 이후 전국 중등학교에 확대 실시되고 있는 ‘교과교실제’로 계승되었다.

하지만, 수준별 교육과정에 대한 또 하나의 이야기는 한국의 교육자들을 혼란에 빠트릴 수 있다. 그 이야기는 바로 수준별 교육과정에 대한 미국 교육과정 전문가들과 사회과 교사 단체의 상반된 태도에 관한 것이다. 한 마디로 수준별 교육과정과 같은 교육과정 분화의 관행은 바람직한 교육을 저해하는 학교 교육의 요인이라고 주장한다.

본 장에서 우리는 한국과 미국 두 나라에서 나타나고 있는 교육과정 분화가 어떠한 모습을 하고 있는지 간략히 살펴보고, 더 나아가 교육과정 분화의 형성 과정을 각 나라의 역사적-교육적 맥락 안에서 접근해 볼 것이다. 그리고 이를 통해 수준별 교육과정이 어떻게 교육 담론으로서 한국과 미국에 다른 교육적 위치를 점유하게 되었는지를 설명하고자 한다.

I 동상이몽: 수준별 교육과정에 대한 상반된 이해

90년대 초 국가 교육 연구 기관들을 중심으로 이루어진 교육과정 논의의 결과로서 탄생한 수준별 교육과정은 국내 여러 교원단체들이 지적하고 있는 실행상의 여러 가지 현실적 문제점들에도 불구하고, 학교 교육에서 반드시 추구해야 할 교육선(教育善)으로서 각인되었다. 그리고 사회과교육 공동체 안에서도 마찬가지로 이러한 수준별 교육과정의 정당화는 명시적인 형태로든 암묵적인 형태로든 나타나고 있다. 비록 몇몇 국내 사회과 관련 연구들이 수준별 교육과정의 현장 적용에 관한 문제점을 지적하고 해결 방안들을 탐색하거나(예 강운선, 1998; 박윤경, 2003; 이혁규, 1999), 또는 국가 수준의 교육과정 개발 과정에 대한 면밀한 관찰을 시도해 보았지만(예 이혁규, 2001), 수준별 교육과정의 담론 자체에 대한 비판적 분석은 제대로 이루어지지 못했다.

그런데 이와 거의 비슷한 시기, 학교구조조정운동(School Restructuring Movement)을[1] 필두로 미국의 주 교육부 정책가들과 미국 사회과교육 교사 단체가 일반적으로 인식하고 있는 수준별 교육과정의 이미지는 한국의 그것과 무척 대조적인 모습을 하고 있었다. 1990년대 이후 캘리포니아, 매사추세츠, 그리고 뉴욕 등에서는 미국 공립학교의 능력집단별 수업의 관행을 제거하기 위한 정책들(일명 untracking policies)을 추진하면서, 이에 동참하는 학교들에 대한 지원책을 마련하고 있었다(Wheelock, 1992). 또한 미국 사회과 교사 단체들은 학교 내의 '동질적 능력집단별 수업(ability grouping, 이하 능력집단별 수업)'의 교육과정 분화 현상을 사회과교육이 추구해야 하는 교육선이 아니라, 오히려 극복되고 개혁되어야 할 학교 교육의 관행으로 인식하고 있다. 예를 들면 미국 사회과교육을 대표하는 거대 단체인 '미국사회과협회'(National Council for the Social Studies, 이하 NCSS)는 1992년 내놓은 능력집단별 수업에 대한 성명서에서 능력집단별 수업에 대한 다음과 같은 공식 입장을 밝히고 있다.

> …… NCSS는 사회과교육에서의 능력집단별 수업에 반대한다. 능력집단별 수업에 대한 연구들은 일반적으로 다음과 같은 사실을 지적하고 있다: 능력집단별 수업이라는 보편적인 교육 행위는 민주적-평등주의적 규범을 거스름과 동시에, 하위 능력집단에 인종적 비율의 불균형을 가져오고, 열악한 교육 여건의 제공으로 하위 능력집단의 학업 향상을 가로막으며, 학생들의 자아존중감(self-esteem)에 부정적 영향을 끼치고, 그 결과 능력집단별 수업의 부정적 효과들을 상쇄할 만한 가치로운 교육적 혜택을 학생들에게 제공하지 못하게 된다…… 그러므로 NCSS는 교사들에게 사회과 교실에서 이질적 능력집단화(heterogeneous grouping) 수업을 지향하고, 그러한 수업 집단의 효과적 교수에 적절한 전략을 배양토록 노력할 것을 촉구하는 바이다……(NCSS Ad hoc committee on Ability Grouping, 1992).

우리나라와 미국에서 관찰되는 교육과정 분화에 대한 상반된 해석을 우리는 어떻게 받아들여야 할까? 한 나라에서는 학교 개혁에 걸림돌이 되는 교육적 행위로 묘사되는 교육과정 분화가 왜 또 다른 나라에서는 학교 교육개혁을 위한 유용한 도구로 받아들여지는 것일까? 도대체 이러한 견해의 차이는 어떠한 이유들에 근거하고 있는 것일까? 교육과정 분화의 의미 해석에 대한 이러한 차이는 단순히 두 나라 간의 문화적 맥락 차이로 환원시켜 넘겨버리기에는 너무나 중대한 교육적 관점의 차이임에 틀림없다. 이러한 관점의 차이를 설명하는 일은 향후 수준별 교육과정의 실행과 사회과 교실수업에 대한 보다 유익한 관점을 가져다줄 것이다.

II 한국의 교육과정 분화에 대한 맥락적 이해

수준별 교육과정의 양상

7차 교육과정기에 교육 당국에 의해 일선 중등학교에 제시된 수준별 교육과정 운영 방안은 교실에서의 구체적 적용을 위한 일종의 청사진의 역할을 지닌다. 시도 교육청의 수준별 교육과정 관련 지침은 상당히 구체적임에도 불구하고, 이러한 지침들은 해당 학교 및 교과, 그리고 교사의 자율적 준거와 판단에 따른 수준별 교육과정의 운영을 십분 인정하고 있다. 이러한 특성으로 인해, 사회 교과에 있어서의 수준별 교육과정은 해당 학교의 특성에 따라 다양한 방식으로 운영될 수 있는 가능성을 지니고 있다.

애초에 중등학교 수준에 있어서 수준별 교육과정은 크게 단계형, 심화보충형, 그리고 과목선택형의 세 가지 유형으로 구성되며, 각각의 유형은 교과의 특성을 고려해 특정 교과 또는 학년에 권장되었다. 국민 공통 기본교육과정에서 배우는 사회 과목의 경우는 교실에서 학생 개개인의 학업 능력차가 다른 교과에 비해 그다지 심각하게 벌어지지 않는 것으로 간주되었고, 그러한 이유로 학급 내 능력집단별 수업(within-class ability grouping)의 형태를 유도하는 심화보충형 수준별 교육과정이 권장된 것이다:

> 국민공통기본교육기간 중 영어, 수학 이외의 교과에 대해서는 심화보충형 수준별 교육과정을 도입한다. 예컨대, 사회과의 경우 각 학년별로 중간 수준의 학생에게 맞는 **기본 학습 내용**을 중심으로 교육과정을 구성하되, 상위 수준 학생을 위한 **심화 학습 내용**과 하위 수준 학생을 위한 보충 학습 내용을 포함하여 구성한다(대통령자문교육개혁위원회, 1996, p. 45).

서울시교육청의 지침에 의하면, 사회 교과의 심화보충형 수준별 교육과정의 내용 구성에 있어, 심화 과정은 기본 과정에서 습득한 지식을 깊이 있게 다루는 자기 주도적 학습 내지 탐구 활동 위주로 구성되며, 보충 과정은 기본 과정의 내용 중 반드시 알아야 하는 최소 필수적 개념-지식들의 복습 내지는 기본 과정 내용의 수준을 더 낮춘 내용으로 구성된다(서울특별시교육청, 2000, p. 87). 그리고 기본 과정과 심화-보충 과정 간의 시간 배분의 문제에 있어서 기준 시간의 80퍼센트는 기본 과정에, 나머지 20퍼센트는 심화-보충 과정에 배분하도록 했다.

하지만 이러한 비율은 어디까지나 참고 사항이며, 교육 당국은 이를 각 학교별로 나타나는 학생들의 개인차와 교과 내용 특성들을 감안하여 탄력적으로 적용하라고 당부하고 있다. 또한 단원별로 심화-보충 수업을 실시하는 횟수와 적정 시점, 그리고 심화-보충 집단을 구분해 주는 '수준'의 정의에 있어서도 해당 학교 및 교과 교사들의 재량에 의해 결정될 수 있도록 했다(교육부, 2001; 서울특별시교육청, 2000, 2001a, 2001b). 결론적으로, 7차 교육과정기 중등학교 사회과 교실의 수준별 수업은 교육 당국이 정의한 심화-보충형 모델에 근거하고 있지만, 실행된 교육과정 즉, 교실 안에서 실제로 나타난 교육과정은 지역사회와 학교의 특성, 그리고 교사의 자율적 결정에 따라 다양한 형태로 전개될 가능성을 지녔다.

그런데 이명박 정부에 들어서 7차 교육과정기의 수준별 교육과정은 '교과교실제'의 형태로 탈바꿈하게 되었다. 2009년 이후 교육과학기술부의 중점지원을 받은 선도학교들을 중심으로 시작된 교과교실제는 여러 선진국의 학교에서 엿볼 수 있는 것처럼 각 교과별 특성에 맞게 설계된 교과별 전용 교실을 전제로 하는 학생 이동식 수업을 의미함과 동시에, 그에 따른 학교 구조와 일상의 변화도 함께 내포한다(김혜숙 · 박선미, 2011). 학생 이동식의 교과교실제는 수준별 수업의 실시에 한층 더 용이한 교육 환경을 조성하였으며, 사회 교과에 대해서도 (심화보충형 수업이 아닌) 학생들의 관심과 수준별로 차별화 되는

과목을 개설할 수 있는 길을 열어주었다.[2)]

수준별 교육과정의 성립 배경

교육과정 분화의 한 방편으로서의 수준별 교육과정은 7차 교육과정을 통해 본격적으로 실시되었지만, 사실 돌이켜 보면 이보다 훨씬 이전부터 교육과정 분화를 실시해 왔었다고 볼 수 있다. 학교 간 계열화(between-school tracking)와 학교 내 계열화 및 능력집단화(within-school tracking and ability grouping)의 형태가 바로 그것이다.

먼저 학교 간 계열화는 일반계(또는 인문계)와 실업계 고등학교의 구분을 통한 교육과정 분화를 의미한다. 이러한 계열 구분의 효과는 강력하였다. 즉, 어느 계열의 고등학교에 진학하느냐의 여부는 개개인에게 차별화된 교육과정 경험을 제공할 뿐만 아니라, 그 사람의 장래 직업 기회에도 상당한 영향을 미치게 된다.

두 번째의 교육과정 분화의 형태인 학교 내 계열화 및 학교 내 능력집단화는 주로 대학 진학을 목표로 하는 일반계 고등학교에서 발견된다. 학교 내 계열화는 소위 문과-이과의 구분으로서, 고등학교 1학년 때 모든 학생들은 공통의 국가 교육과정을 이수한 후, 2학년 수준에서 문과(인문-사회과학) 계열과 이과(자연과학) 계열 중 하나를 선택하게 되었다. 반면, 학교 내 능력집단화는 주로 영어와 수학 등 교과목별로 행해진 우열반 편성이라 할 수 있다. 그런데, 7차 교육과정기에 들어 문과-이과의 구분이 폐지되었고, 대학 전형에서 교차지원을 허용하였으며, 특히 2005학년도 대학 수능시험에서부터 계열별 구분을 완전히 없애기로 함에 따라, 학교 내 계열 구분을 통한 교육과정 분화는 공식적으로 사라지게 되었다. 하지만 학교 내 능력집단화의 방식은 수준별 교육과정의 모델로 탈바꿈하여 국가적 차원에서 정당화되고 있다.

이 같은 나름대로의 교육과정 분화의 전통 속에서, 1990년대 대통령자문교육개혁위원회(이하 교육개혁위원회)에 의해서 주도된 신교육체제 수립 운동은 기존의 국가 교육과정 정책에서 고수해오던 '온 국민을 위한 하나의 공통 교육과정'의 원칙을 버리고, 제7차 교육과정 적용 시기인 2000년부터 학생들의 학업 능력-적성-흥미에 적절한 교육과정의 차별적 적용 원칙을 내세웠다. 수준별 교육과정이라고 명명된 이 교육과정 분화의 정책은 기본적으로 개별화 교육의 이상을 지향하고 있다고 할 수 있다. 즉 "학생의 능력, 적성, 필요, 흥미에 대한 개인차를 최대로 고려한 수업을 통해 학생 개개인의 성장 잠재력과 교육의 효율성을 극대화할 수 있도록" 하는 교육과정의 세분화를 통해 맞춤식 교육을 하는 것을 그 이념으로 한다(교육개혁위원회, 1996, p. 43). 이러한 수준별 교육과정 정책을 정당화하는데 교육 당국이 제시하고 있는 핵심 근거들은 일반적으로 교육심리학적 근거와 교육 이념적 근거로 나누어질 수 있다.

첫째로, 수준별 교육과정에 기반한 수준별 수업은 개별 학생들의 학업 성취 및 학업 능력을 향상시키는데 더욱 효과적이라는 교육심리학적 근거를 내세운다. 수준별 교육과정의 가장 핵심적인 특징은 무엇보다도 '학생 개인의 능력 수준에 맞는 교수-학습을 지향한다'는 것이며, 수준별 교육과정의 지지자들은 이러한 특징이 '잠재적 학습 능력의 최대화', 더 나아가 '교육의 효과성'을 극대화시킨다고 주장한다.

하지만, 이러한 교수-학습 이론적 근거보다도, 수준별 교육과정 정책의 정당화에 공헌한 보다 매력적인 주장은 두 번째인 교육 이념적 근거로부터 나왔다: "수준별 교육과정은 수요자-학습자 중심의 교육이념에 더 적절하게 부합한다.", 이는 7차 교육과정 개정의 기본 이념을 그대로 반영하고 있다. 신교육체제의 비전을 실현하기 위한 방식으로서 교육개혁위원회(1996)는 보고서에서 '교육 공급자 중심에서 학습자 중심 교육으로', 그리고 '획일적인 교육에서 다양하고 특성화된 교육으로'의 전환을 강조하였다. 여기서 수준별 교육과정은 기존의 동일한 교육과정의 수업 형태에서 지나치게 간과되었던 학생들의 능력, 적성, 필요 등의 요인들을 더 많이 고려할 수 있고, 그 결과 학생들의 학습권을 더욱 존중하게 된다는 뜻으로 풀이된다. 특히, '동일한 사이즈의 옷을 모든 학생들에게 강요하는(one size fits all)' 것으로 종종 비유되는 획일적이고 불합리하며 근대적인 학교 교실수업의 모습을 변화시켜야 한다는 대중적 요구에 부응하고 있다는 점은 수준별 교육과정의 가장 막강한 논리 중 하나이다.

그리고 위와 같은 교실수업의 모습이 나타나게 된 배경에는 입시 과열을 해소하기 위한 목적으로 출발한 평준화 정책의 문제점들이 자리하고 있다. 평준화 정책은 여러 가지 차원(예 교육과정, 교원, 학생, 학교 시설)에서 학교 간의 격차를 줄이는 강력한 효과를 가져왔지만, 그로 인해 발생한 부정적인 결과는 바로 학교 간 학생 격차에 비해 학교 내 학생들의 학업 능력 격차가 상대적으로 심화되는 현상이었다(김재춘, 1999; 한국교육개발원, 1998). 별다른 제도적 보완 수단이 결여된 채, 중상위권 수준에 맞추어져 행해지는 교실수업은 분명 효과적인 교수-학습을 저해하는 상황을 야기한다. 이러한 맥락에서, 수준별 교육과정이라는 교육과정 분화 형태는 두 마리의 토끼를 잡으려는, 즉 평준화 제도하의 '학교 간 격차의 최소화'라는 목적을 유지함과 동시에, 교실수업과 관련한 '학교 내 학생들의 학업 능력 격차'의 문제까지도 해결하려는 한국적인 교육 해법이었던 것이다.

이상에서 살펴본 수준별 교육과정은 우리나라 학교 교육과정 정책의 패러다임적 전환이라는 분명한 의의를 내포하고 있다. 특히 교육적 형평성을 정의하는 관점의 변화가 무엇보다 우리의 관심을 끈다. 수준별 교육과정의 찬성론자들의 입장에서 바라보았을 때, 기존의 '모든 학생을 위한 하나의 교육과정' 원칙에 내재하던 평등의 개념은 '기계적 평등'으로 특징지어질 수 있을 것이다. 수준별 교육과정의 지지자들은 이러한 평등의 개념이 차별적 교육과정 원칙을 통한 '실질적 평등'의 개념으로 대체되어야 함을 강조한다고 바라본다.

여기서 실질적 평등의 의미란 다름 아닌 개인의 능력과 적성 그리고 흥미 등의 차이가 존재함을 인정하고, 그러한 차이를 고려하여 각 수준에 적절한 차별적인 교육 경험을 제공할 때 진정한 교육적 평등이 달성된다는 믿음이라고 할 수 있다. 그리고 실질적 평등의 논리에 근거한 수준별 교육과정은 바람직한 교육적 결과를 가져오는 행위로 묘사되며 정당화되고 있다.

III 미국의 교육과정 분화에 대한 맥락적 이해

교육과정 분화의 양상: Tracking과 Ability Grouping

교육개혁의 도구로서 등장한 한국의 수준별 교육과정과는 달리, 미국의 교육과정 분화 현상은 20세기에 걸쳐 지역 학교에서 자리 잡은 일종의 뿌리 깊은 교육 관행이었다(Oakes, 1985; Oakes, Gamoran, & Page, 1992). 1993년에 실시된 미국 교육 통계국(National Center for Education Statistics)의 조사에 따르면, 공립 중등학교의 약 86%가 학생들의 학업 능력의 차이를 반영하여 차별적인 교육과정을 제공하고 있는 것으로 나타났다(Carey, Farris, & Carpenter, 1994). 학생들의 학업 능력과 교육적 필요를 수용하려는 교육적 이상을 표방하며, 비슷한 수준의 학생들을 하나의 학습 집단으로 묶어서 수업을 전개하는 '동질적 능력집단화(homogeneous grouping)'는 미국의 초·중등학교에 널리 퍼져 있는 학교 교육의 특징적 모습 중 하나이다.[3] 그런데 이 같은 오랜 교육과정 분화의 관행은 지역별-학교별로 아주 다양한 형태로 전개되어 왔으며, 이로 인해 이 용어에 대한 일치된 정의를 찾아보기는 무척 힘들다. 즉, 미국에서 관찰되는 교육과정 분화는 표준화된 개념이라기보다는, 오랫동안 지속되어 온 학교 문화의 일부인 셈이다.

미국의 교육과정 분화는 일반적으로 '능력집단별 수업(ability grouping)'과 '계열화(tracking)'의 형태를 지니고 있다. 이 두 가지 현상들의 공통적 특징은 개별 수업 집단의 구성원들이 나타내는 (주로 학업 능력상의) 이질성을 최소화시키기 위한 교실 구성에 있다. 먼저, 능력집단별 수업의 개념은 포괄적인 의미로 쓰일 경우 교육과정 분화라는 개념과 동의어로 흔히 사용되고 있다. 이러한 광의의 개념으로서의 능력집단별 구성에는 소위 초등학교 교실에서 많이 나타나는 '교실 내(within-class) 능력집단별 구성'이라는 의미와, 중등학교에서 교과별-과목별로 주로 발생하는 '교실 간(between-class) 능력집단별 구성'이라는 의미가 모두 포함될 수 있다(Slavin, 1990).[4)]

반면 계열화는 보통 이보다 좁은 의미를 지니며, 주로 중등학교 수준에서의 '교실 간 능력집단별 수업'과 비슷한 의미를 지니는 것으로 사용된다. 한국 고등학교에서 나타나는 엄격한 인문계 및 실업계의 구분, 또는 단위 학교에서 자체적으로 설계한 우등생/심화 과정, 보통 과정, 기초 과정 등의 교육과정 구분을 의미한다(Oakes, Gamoran, & Page, 1992). 미국 고등학교의 경우 대학 진학 트랙 또는 우등생 트랙에 속한 학생들은 대학 진학 필수 과목 및 대학 수준의 교과목을 미리 듣고 학점을 선행 이수할 수 있도록 하는 AP(Advanced Placement) 과목을 수강한다. 반면 실업계 트랙 또는 보통 교육과정을 이수하는 학생들은 졸업 후 취업에 도움이 되는 직업 과목 또는 사회생활을 해 나가는데 필요하다고 판단되는 기초 능력 배양 목적의 쉬운 과목들로 졸업 학점을 채운다.

미국 중등학교에서 한 학생이 특정 학년에서 특정 능력집단에 배치되는 경우, 대개 교사들은 학생의 학업 능력과 관련된 요인들뿐만 아니라 비학업적 요인들도 함께 고려하게 된다. 학생 배치에 사용되는 학업 관련 요인들로서는 정규 고사 성적, 표준화 시험 결과, 이전에 속했던 능력집단, 또는 필수 선행 이수과목의 이수 여부 등이다. 비학업적 요인들로서 학교는 학생에 대한 학교 전문 상담원의 추천서, 교과 시간표, 방과후 활동, 그리고 교과목 운영에 필요한 교사 및 교육과정적 자원들을 고려하게 된다. 따라서 능력집단별 학생 배치는 해당 학교의 여건에 따라 많은 차이를 보이게 되며, 이 과정은 대부분 학교-교사의 자율적 결정에 맡겨지게 된다. 이러한 상황으로 인해 교육과정 분화의 관행은 지역 학교마다 차이를 보이고 있다.

이 같은 미국의 교육과정 분화의 관행은 유급(또는 재이수) 및 속진 제도에 의해 뒷받침된다. 해가 바뀌면 거의 모든 학생이 상급 학년으로 자동 진급하는 한국과는 달리, 대부분의 미국 초・중등학교에서는 일정한 학업 성취 수준에 도달하지 못한 학생들은 낙제를 하게 되고, 그 결과 일 년 심지어는 수년에 걸쳐 유급을 하면서 동일 학년 교육과정을 재이수하게 된다. 또한 뛰어난 학업 능력을 보이는 소수의 학생들은 교사들의 판단과 학부모의 동의 아래 상위 학년 과정으로 편입되어 수업을 듣게 된다. 미국 학교 교육의 교육과정 분화는 전통적으로 이 같은 유급 및 월반 제도와 긴밀하게 연결되어 있다.

교육과정 분화의 성립에 관한 역사적 고찰

그렇다면 미국의 교육과정 분화의 전통은 어떻게 등장하게 되었고, 어떻게 20세기 대다수 학교의 일상 속으로 파고들게 되었을까? 대체적으로 미국의 근대 공교육 제도 안에서 교육과정 분화의 맹아가 형성된 시점은 사회적으로 급격한 변화가 일어나고 있던 20세기 초라고 할 수 있다. 요약하면, 20세기 미국의 학교 교육 안에 교육과정 분화의 관행이 자리 잡게 된 배경에는 크게 다음 몇 가지의 사회-역사적 조건들이 함께 복합적으로 작용하고 있다: 1) 이민자들의 급증에 따른 인구 사회적 변화, 2) 사회적 다윈주의(Social Darwinism)와 사회적 효율성(Social Efficiency)의 전통, 3) 생활적응 교육과정(Life-Adjustment Curriculum). 이 세 가지 요인들은 (내용적 차원으로서의) 교육과정 영역과, 이를 교실 현장에 적용 가능하게 만든 (기술적 차원으로서의) 학교 관리 영역에서 세

분화-전문화를 진전시켰다.

첫째, 19세기 후반부에 두드러진 미국의 인구적 변화는 공교육 제도의 목표에 커다란 영향을 미쳤다. 취학 연령 아동의 증가와 더불어, 가난하고 직업적으로 미숙련된 이민자들의 급증은 새로운 공교육의 역할을 요구하게 되었고, 19세기 당시 미국의 보편주의 교육의 목표만으로는 급격한 사회인구적 변화에 대처할 수 없었다(Cremin, 1964; Kliebard, 1995; Tyack, 1974). 따라서 20세기 초 미국의 학교 교육은 다양한 인종적-문화적 배경의 사람들을 미국의 시민으로 사회화시키고 통제하는 사회적 필요성에 부응해야만 했다. 그리고 이러한 분위기 속에 자연스럽게 학교의 교육과정은 동일한 내용을 모든 학생들에게 가르치는 접근 방식에서 탈피하여 다양화-차별화를 꾀하게 되었던 것이다.

두 번째로, 19세기 후반 학문 영역에서의 사회적 다윈주의의 등장과 사회적 효율성의 교육사조는 교육과정 분화의 강력한 이론적 근거를 제공했다(Kliebard, 1995; Oakes, 1985; Tyack, 1974). 허버트 스펜서(Herbert Spencer)로 대표되는 사회적 다윈주의는 동시대를 살아가는 개인 간에 선천적 능력의 차이가 존재하고, 이는 장래의 사회적 지위 또는 직업에서의 차이로 이어진다는 학설이었는데, 이 같은 주장은 그 당시 미국의 많은 교육자들의 열띤 호응을 얻었다. 특히 이러한 호응은 클리바드(Kliebard, 1995)가 명명한 '사회적 효율성의 신봉자들' 사이에서 가장 뜨거웠다. 20세기 전반 미국 진보주의 교육사조의 한 축을 구성하는 사회적 효율성의 전통은 교육행정, 교육과정, 교수-학습 과정 등 학교 교육 전반이 과학적-합리적 관리의 대상이 될 수 있다는 테일러주의(Taylorism)와 깊은 관계를 가지고 있었다. 이들의 입장에서 볼 때, 모든 학생들의 선천적 학업 능력에는 분명한 차이가 존재하며, 따라서 학교의 교육과정은 우월한 능력집단과 열등한 능력집단으로 나뉘어 차별적으로 적용되는 것은 지극히 당연하고 바람직한 것으로 비쳤다.

여기서 지능 검사(IQ tests)는 우월한 능력집단과 열등한 능력집단의 구분을 과학적으로 가능하게 해 주는 편리함과 신뢰성을 갖춘 도구로 인식되었다. 예를 들면, 20세기 초 교육 평가와 지능 검사 분야의 선구자 중 하나였던 루이스 터먼(Louis Terman)은 자신에 찬 어조로 다음과 같이 말하였다.

> 학교는 아동 발달의 매 단계에서 개개인이 지니는 직업적 잠재 능력들(vocational possibilities)을 밝혀내야 한다. 이제까지의 연구 결과들은 IQ가 70 미만인 경우 미숙련 노동 이상의 일을 거의 감당할 수 없다는 사실을 보여준다. IQ가 70에서 80 사이의 아동의 경우 半숙련된(semi-skilled) 노동일에 적합하고, IQ 80에서 100 사이는 숙련노동이나 일상적인 사무직 노동, 그리고 IQ 100에서 110 내지 115 사이는 半전문 직종(semi-professional)의 분야에 적절하다. IQ 115 이상을 소유한 아동들은 다양한 전문 직종 내지 대규모의 사업 관련 일들이 가능하다…… 이러한 정보들은 특정 아동을 위한 교육을 계획하고, 여기서 제안된 수준별 교육과정(differentiated curriculum)을 계획하는 데 있어 무척 유용하다고 하겠다(Terman, 1916- Oakes (1985)에서 재인용, p. 36).

교육 평가 및 검사 영역에서 두드러졌던 아동들의 학업 능력과 사회적 성취에 대한 이와 같은 교육적 관점은 에드워드 손다이크(Edward Thorndike)에 의해 더욱 발전되었고, 20세기 전반에 걸쳐 진보주의 교육(Progressive education)이라는 구호하에 미국 교육계를 사로잡았다. 그리고 이 과정에서 능력집단별 수업 형태는 많은 미국 공립학교 안으로 급속히 파고들게 되었던 것이다.

마지막으로, 교육과정 분화의 전통에 기여한 또 하나의 요인을 우리는 존 듀이(John Dewey)의 진보주의 교육철학에서 출발한 생활적응 교육운동(Life-Adjustment Education Movement)에서 찾을 수 있다. 1940년대와 1950년대에 걸쳐 활발했던 생활적응 교육운동은 특히 직업 교육과정 운동(vocational curriculum movement)의 형태로 중등학교에 퍼져 나갔다. 생활적응 교육운동은 학교 교육의 목적을 개인과 사회의 조화로운 관계의 추구에 두면서, 실생활과 밀접하게 관련된 개인의 문제들, 건강, 직업, 가족과 공동체의 안녕에 대한 교육적 관심을 반영하였다. 그 결과 미국의 중등학교 교육과정에는 전통적인 '학문적 내용의 교수 요목' 이외에도 실생활과 관련된 다양한 형태와 수준의 실용 과목들이 급증할 수 있었고, 자연스럽게 중등학교에서 교육과정 분화를 촉진시켰다.[5)]

현대 미국의 교육과정 분화의 전통은 위와 같은 세 가지의 커다란 사회적-학문적 흐름들 속에서 형성되었다고 말할 수 있다. 그리고 20세기 후반에 펼쳐진 미국의 중등학교 교육과정의 모습은 이러한 교육과정 분화의 관행에서 크게 벗어나지 않았다. 1950년대 말 구소련 인공위성 스푸트니크 발사 성공에 따라 조성된 국가적 위기감, 1960년대 말 이후의 사회 운동의 성장, 1980년대 이후 나타난 '기초교육으로의 복귀운동(Back-to-Basics Movement)' 및 '수월성(excellence) 추구 교육' 등의 굵직한 사건들은 미국의 학교 교육과 교육과정의 방향에 대한 나름대로의 비전들을 제시하였지만, 이러한 흐름들 속에서도 교육과정 분화는 미국 학교 교육의 기본 문법으로 자리했다.

그런데, 1980년대 중반으로 접어들면서 미국의 교육 공동체는 교육과정 분화의 관행에 대한 비판적인 행보를 보이기 시작했다. 앞 서 인용된 미국사회과협회(NCSS)의 성명서에 잘 나타나 있는 것처럼, 이제 미국의 교육자들은 교육과정 분화를 통해 달성되는 '교육적 효율성'보다는, 그것에 의해서 유지-심화되는 '교육적 불평등'의 문제에 더 주목하게 되었다. 능력집단별 수업과 계열화의 교육적 효과에 대한 일련의 양적-질적 연구들이 점차로 축적되었고, 그러한 경험 연구들은 교육과정 분화가 결코 바람직스러운 교육적 결과를 낳지 못한다는 주장에 더 많은 힘을 실어 주었다. 한 마디로, 오늘날 미국의 교육과정 분화는 '해결한' 사회적-교육적 문제들보다, '해결해야 할' 문제들을 더 많이 양산한 교육적 관행으로 인식되기 시작한 것이다.

IV 교육과정 분화에 대한 관점의 차이, 어떻게 설명할 것인가?

이상에서 우리는 한국과 미국 두 나라에서 나타나고 있는 교육과정 분화의 모습은 어떠하며, 각 나라에서 교육과정 분화가 등장하게 된 배경 및, 교육과정 분화를 정당화시킨 주요 근거들에 대하여 살펴보았다. 그리고 여기서 분명해진 사실은, 한국의 교육계에서 바람직한 학교 교육을 위한 주요 수단으로 묘사되는 수준별 교육과정이 거의 같은 시기 미국의 교육계에서는 오히려 많은 교육적 문제점을 안고 있는 학교 교육개혁의 걸림돌로 인식되고 있다는 점이다. 최근 들어 한국과 미국의 주류 교육계에서 나타나게 된 교육과정 분화에 대한 대조적 관점은 위에서 기술된 두 나라의 교육적 맥락에 근거하여 설명될 수 있다.

미국의 시각

오늘날 많은 미국의 교육학자들은 "손다이크가 이겼고, 듀이는 졌다(Thorndike won, Dewey lost)"라는 라거만(Lagemann, 1989)의 냉정한 평가에 상당 부분 공감하고 있다. 즉, 미국 학교 교육 현장을 더 잘 설명해 주고 있는 것은 듀이적 진보주의가 아니라 사회적 효율성의 진보주의라는 생각에 동의하고 있는 것이다. 이와 같은 맥락에서, 미국의 교육과정 분화의 현상을 20세기 전반 과학의 힘에 매료된 '관리-행정 영역의 진보주의자들(administrative progressives)'이 변화하는 사회적 환경에 적응하기 위해 주도한 교육과정적 패러다임의 전환으로 해석하고 있는 타이액(Tyack, 1974)의 주장은 충분히 설득력이 있다. 다시 말하면, 오늘날 미국 학교 교육에서 발견되는 교육과정 분화의 관행은 분명 듀이적 진보주의보다는 사회적 효율성의 진보주의에 훨씬 가깝게 놓여 있다고 할 수 있다. 이러한 맥락에서, 지난 20세기에 걸쳐 미국 공교육이 교육과정 분화를 통해 수확한 열매는 다름 아닌 교육의 효율성(efficiency)이라고 말할 수 있다.

20세기 말 미국 교육계에 등장한 탈(脫)교육과정 분화의 움직임은 이와 같은 교육과정 분화의 의미에 대한 '재개념화(reconceptualization)'의 산물이라고 해석할 수 있다. 교육과정 분화에 대한 재개념화의 흐름은 교육과정 분화에 대한 기존의 전통적 입장이 교육과정 분화의 행위를 철저하게 가치중립적인 과학적 행위로 간주하고 있다고 비판한다. 마치 물품 공장의 자동화 생산 시스템처럼, 학교는 학생들의 학업 능력과 흥미 등을 객관적으로 측정하고 분류하며, 그것에 적절한 차별적 교육 내용과 교육 방법을 제공하여, 최종적으로 그 결과들을 평가하는 투명하고 합리적인 기제로 포장했다고 비판한 것이다. 하지만 재개념화의 관점에서 바라본 교육과정 분화의 행위는 개인의 사회적 이동성을 촉진시키고 사회적 변혁을 이끌지 못하고, 오히려 학생들을 분류하는 역할에 충실하고 더 나아가 교육적 불평등을 유지-심화시키고 있었다.

한국의 시각

그렇다면 교육과정 분화의 사례인 수준별 교육과정에 대한 우리나라 교육계의 주류적 관점은 어떠한 맥락에 기초하고 있을까? 해방 이후의 우리나라 교육과정사를 살펴볼 때, 90년대 이후 수준별 교육과정의 담론은 다양한 측면에서 검증된 교육적 효과성의 증거에 의해서라기보다는, 오히려 국가 권력과 더불어 교실 안에서 나타난 평준화 제도의 부정적 측면들에 의해 크게 힘입었다고 할 수 있다. 평준화 정책을 통해 강조된 교육의 형평성 내지 평등의 가치는 원래의 바람직한 교육적 의도를 십분 살리지 못하는 결과를 가져왔고, 이는 결국 많은 교사, 교육 정책가, 교육 연구자들에게 대안적 접근의 필요성을 느끼게 해주었다. 여기서 교육 당국이 주도적으로 제공한 수준별 교육과정의 모델은 학교 교육과정의 개혁에 있어서 교육적으로 중요하고 바람직한 것

이 무엇인지에 대한 강력한 정의를 내려 주었다.[6)]

특히 이 과정에서 두드러진 현상은 바로 교육과정 분화의 부정적 측면을 다루는 목소리들에 대한 의도적인 축소 또는 회피였다. 특히, 공식적인 관련 문서에서 90년대 이후 뜨거워진 미국의 탈(脫)교육과정 분화의 흐름에 대하여 철저하게 침묵하고 있는 사실은 이 같은 의도적 축소와 회피 현상의 압권이라고 하겠다. 물론, 개인의 능력과 적성 그리고 흥미 등의 차이가 존재함을 인정하고, 그러한 차이를 고려하여 각 수준에 적절한 차별적인 교육 경험을 제공해야 한다는 주장은 다양성의 존중이라는 민주주의 사회의 가치에 비추어 매력적일 수 있다. 하지만 여기에는 자연주의적 오류(naturalistic fallacy), 다시 말해 사실적 언명에서 당위적 언명을 이끌어 내는 오류가 존재한다는 점을 지적하지 않을 수 없다. '학생들의 학업 능력의 수준이 다양하다'는 사실에 기인하여 거기에 맞는 '교육과정 분화에 따른 교육이 제공되어야 한다'는 당위적 주장은 일종의 자연주의적 오류에 해당한다.

요약하면, 교육적 효과성이 불분명한 상황에서 우리나라의 수준별 교육과정의 정당성은 상당 부분 평준화 제도가 야기한 다양한 학교 교실수업의 문제점들을 통해 반사적으로 힘입었다고 할 수 있다. 그리고 이 과정에서 수준별 교육과정의 담론은 엄밀한 과학적 탐구와 순수한 학문적 논쟁의 산물이라는 측면보다는, 국가 권력의 행사에 의해서 의도적으로 만들어진 결과로서의 측면이 더욱 강하다고 하겠다.

한국과 미국의 교육과정 분화의 맥락을 비교 분석하면서 얻게 되는 교훈은 너무도 분명하다. 실질적 평등의 개념과 개별화 교육의 유토피아적 이상 뒤에 숨겨놓은 또 다른 교육적 코드는 바로 효율성(efficiency)이다. 각 능력집단에 맞는 눈높이 교육, 특히 하위 능력집단으로 분류된 학생들에 대한 적절한 보충 교육을 제공하는 것이 과연 학교 현장에서 관찰되는 수준별 교육과정의 실제적 기능일까? 이보다는 학생들을 일정한 준거에 따라 범주화하고, 거기에 따른 특정한 지위와 보상을 개개인에게 제공하는 것이 수준별 교육과정의 본모습일 수 있다. 하지만, 교육과정 분화를 결코 학생들의 다양성과 능력 및 적성의 차이를 존중하기 위한 교육적 처방이라고 볼 수는 없다. 교육과정 분화는 학생들에게 차별적인 교육 기회를 제공함으로써 역으로 학생들 간의 차이를 '능동적으로 만들어 가고 있는' 측면도 함께 지니고 있는 것이다.

V 교육과정 분화의 교육적 효과

지난 20여 년간 미국과 영국 등지에서는 교육과정 분화가 학교 교육에 미치는 효과에 대하여 다양한 양적 그리고 질적 연구들이 실시되어 왔다. 대체적으로 이러한 경험 연구들은 교육과정 분화의 관행을 지탱하는 다음의 몇 가지 주요 가정들이 과연 어느 정도 타당한지를 알아보려고 하였다. 첫째, 학업 능력상으로 서로 비슷한 학생들끼리 집단을 구성하여 수업을 할 때 (그렇지 않을 때보다) 학생들의 학습은 더욱 촉진될 것이다. 둘째, 학업 능력상으로 서로 비슷한 학생들끼리 집단을 구성하여 수업을 할 때 (그렇지 않을 때보다) 학생들은 더 긍정적인 자아관을 형성하게 될 것이다. 셋째, 교사의 교실수업 행위는 능력별로 수업 집단이 조직된 교수 환경하에서 더욱 효율적이고 바람직한 모습을 보일 것이다. 이하에서는 교육과정 분화의 세 가지 가설들에 대한 주요 연구 결과를 1) 학업 성취의 효과성, 2) 학생 개인의 자아존중감에 대한 영향, 3) 교육과정-교수상의 불평등의 범주로 나누어 살펴보기로 하겠다.

학업 성취의 효과성 문제

학생들의 학업 성취 면에서 교육과정 분화는 과연 효과적인 교육적 행위인가? 다시 말해, 수준별 수업 또는 동질적 능력집단별 수업(homogeneous grouping)

은 이질적 능력집단 수업(heterogeneous grouping)보다 학생 개개인의 학업 성취 향상에 더욱 효과적인 결과를 가져오는 것일까? 이 질문에 대한 가장 타당한 대답은 아마도 다음과 같을 것이다: “교육과정 분화 자체가 각 능력집단 학생들의 학업 성취에 미치는 영향은 상당히 모호하다!”

우선, 학업 성취와 교육과정 분화의 관계에 대한 많은 경험 연구들은 상위 능력집단에 속하는 것이 개인의 학업 성취에 커다란 이점이며, 반대로 하위 능력집단에 속하는 것은 개인의 학업 성취에 나쁜 영향을 끼친다는 주장에 동의하고 있다(Alexander & McDill, 1976; Braddock & Slavin, 1993; Gamoran, 1987; Good & Marshall, 1984; Kerckhoff, 1986; Kulik & Kulik, 1987; Oakes, 1995; Vanfossen, Jones, & Spade, 1987). 이 결과 시간이 흐름에 따라 상위와 하위 능력집단 간의 학업 성취의 간극은 더 넓어지게 된다고 해석된다. 학업 성취에 있어 능력집단별로 차별적인 영향을 보이는 교육과정 분화는 결국 학업 성취의 불평등을 야기한다고 비판받고 있다.

하지만, 이 같은 주장을 교육과정 분화와 학업 성취의 관계에 대한 일반적 사실로 단정 짓기에는 많은 무리가 따른다. 특히 슬래빈(Slavin, 1990)의 연구는 우리에게 교육과정 분화의 학업 성취 효과에 대한 신중한 해석을 요구하고 있다. 슬래빈은 중등학교 수준에서 나타나는 능력집단별 수업의 학업 성취 효과 연구들에 대한 메타 분석을 통해 ‘능력집단별 수업이 가지는 학업 성취의 효과는 거의 영(zero)에 가깝다’는 결론을 제시했다.[7] 즉 다양한 수준의 학생들이 함께 공부하는 이질적 능력집단 수업과 비교하여, 능력집단별 수업은 능력집단의 수준에 관계없이 학생들의 학업 성취에 미치는 효과가 무척 미미하다는 이야기이다. 그리고 이와 더불어 한 가지 흥미로운 부분은 교과별 학업 성취 효과에 대한 분석이었는데, 능력집단별 수업이 학생들의 학업 성취에 전반적으로 마이너스 효과를 가지는 것으로 나타난 유일한 교과는 바로 ‘사회 교과’였다.

그렇다면 이러한 결과들은 사회과 교실에서의 수준별 교육과정 실행에 대하여 무엇을 시사하고 있을까? 이 결과를 통해 우리가 얻게 되는 가장 직접적인 메시지는 '학업 성취의 향상 면에서, 능력집단별로 차별적인 교육과정 경험을 제공하는 것이 (그렇지 않은 경우와 비교하여) 생각했던 것처럼 효과적이지 않다'는 것이다. 특히 사회 교과에 있어서 능력집단별 수업의 방식이 마이너스의 효과를 보였다는 증거는, 동질적 능력집단별 수업의 교육과정 분화보다는 다양한 학업 수준의 학생들이 함께 배우는 이질적 능력집단 교실이 학생들의 학업 성취에 더 효과적일 것이라는 추측을 낳는다.

하지만, 결론적으로 이러한 양적 연구의 결과들은 교육과정 분화에 대한 이질적 능력집단 교실의 우위를 입증하는 확실한 증거로서가 아니라, 학업 성취 면에서 교육과정 분화가 효과적이지 못한 결과를 낳은 원인이 무엇인지에 먼저 관심을 가져야 한다는 권고로서 이해될 필요가 있을 것이다. 이러한 판단을 뒷받침해 줄 수 있는 가장 중요한 근거 중 하나는 교육과정 분화라는 독립 변수와 학업 성취라는 종속 변수의 함수 관계를 설명하는데 있어 그 연결 고리인 '교실 안의 교수-학습 과정', 그리고 '교사 변인'과 '학교 문화'가 제대로 고려되고 있지 않다는 사실이다. 교육과정 분화와 관련된 대부분의 학업성취도 연구에서, 교실 안의 교수-학습 과정, 교사들의 특성, 그리고 독특한 학교의 문화적 특성들은 거의 통제되지 않고 블랙박스로 남겨져 있었다.

이 점에서 우리는 학생들을 능력별로 또는 수준별로 배치하는 행위 그 자체가 학업 성취에 대한 어떠한 직접적인 효과를 가져다주는 것은 아니라는 추측을 해 볼 수 있다. 그 대신 학생들의 학업 성취에 있어 중요시되어야 하는 것은 수준별 교육과정이 학교에서 운영되는 과정에 작용하게 되는 다양한 매개 변인들이라고 생각해 볼 수 있다. 실제로 몇몇 연구들은 이러한 생각을 뒷받침하는 증거들을 보여주었다(Gamoran, 1992; Hoffer, Greeley, & Coleman, 1985; Lee & Bryk, 1988). 일반 공립학교와 가톨릭 학교에서의 교육과정 분화

효과를 비교하고 있는 연구들은 교육과정 분화가 하위 능력집단의 학업 성취에 반드시 부정적인 영향을 미치는 것이 아니라는 결론을 제시하고 있다. 이들 연구에 따르면, 일반 공립학교의 사례와 비교하여 가톨릭 학교에서의 교육과정 분화는 상위와 하위 계열 간의 학업 성취 격차가 상대적으로 작았으며, 특히 하위 능력집단의 교실에서도 다양한 성공적인 수업 사례들(예 학생들에 대한 교사의 높은 기대, 지적 자극 유발의 도전적인 과제 등)이 관찰되고 있었다.

이러한 증거들은 교육과정 분화와 학업 성취의 관계가 능력집단별 수업이 행해지는 학교 안의 맥락적 변인들에 의해 크게 영향받고 있음을 시사하고 있다. 교육과정 분화가 학생들의 학업 성취에 미치는 효과가 일관되지 않고 상당히 모호했던 까닭은 바로 이러한 중요한 매개 변인들의 영향을 간과한 까닭이라고 해석할 수 있다.

정의적 측면에 대한 영향

능력집단별 수업이 학생들이 가지는 자아존중감(self-esteem) 및 기타 학교에 대한 태도들(attitudes)과 어떠한 관계를 가지고 있을까? 이러한 연구 질문에 답하기 위해 시도된 일련의 종단적 그리고 횡단적 연구들이 실시되어 왔는데, 대부분의 연구들은 다음과 같은 주장에 어느 정도 동의하고 있다: “상위 능력집단(또는 계열)에 속할수록 학생들은 학업 목표들에 더욱 열의가 있고, 더 나은 면학 분위기와 태도를 보이는 경향이 있으며, 교사들로부터 더욱 긍정적인 반응을 얻는다”(Berends, 1995; Gamoran & Berends, 1987; Metz, 1978; Oakes, 1985; Schwartz, 1981).

예를 들면, 1980년대에 수집된 대규모의 종단적 교육 데이터인 일명 「High School & Beyond」(이하 HSB)를 이용한 반포센 등(Vanfossen et al., 1987)의 교육과정 분화 연구는 학생들의 소속 계열과 정의적 영역의 관계를 살피고 있다. 이들은 세 가지 정의적 영역, 학교에 대한 만족도, 자아존중감, 그리고 수업 태도 면에서 인문 계열과 직업 계열 학생들 간에 실질적인 차이가 존재함을 발견하였다. 인문 계열에 있는 학생들은 직업 계열의 학생들보다 학교와 자신의 모습에 대해 높은 만족감을 보였고, 규율에 어긋나는 문제 행동도 적게 일으키는 것으로 나타났다. 학교 교육에 대한 학생들의 태도 면에서 상위-하위 집단 학생들이 보이는 이러한 양극화 현상은 다른 관련 연구에서 흔히 관찰되고 있다.

위의 연구에서 이용된 HSB 자료를 활용한 베렌즈(Berends, 1995)의 최근 연구 역시 이 같은 정의적 영역에서의 양극화 가설을 검증하는 목적으로 행해졌다. 그의 연구 결과 역시 교육과정의 차별화가 학생들을 크게 친학교적(pro-school) 정향과 반학교적(anti-school)인 정향을 가지는 부류로 양극화하고 있다고 보았으며, 다른 관련 변인들을 통제한 후에도 직업 계열의 학생들은 인문계 학생들에 비해 학교에 대한 애착과 참여가 상대적으로 낮은 것으로 나타났다.

하지만, 교육과정 분화를 연구하는 많은 학자들은 교육과정 분화와 학생들의 정의적 태도의 관계를 위와 같이 단정 짓는 것은 성급한 판단이라고 주장한다(Oakes et al., 1992; Gamoran & Berends, 1987). 우선, 양극화 모델은 복합적이고 많은 변수가 작용하는 학생들의 정의적 성향의 발달 과정을 너무 단순화하여 설명하고 있다는 비판에 항상 노출되고 있다. 그리고 무엇보다도, 여러 배경 변인들에 대한 기술적인 통제의 한계로 인해 관찰-측정된 현상이 수준별 수업의 '결과'인지 아니면 '원인'인지를 가늠하기 어렵게 만들고 있다는 점이 지적된다. 예를 들면, 클라진스키와 리스(Klaczynski & Reese, 1991)는 대학준비반 학생들과 직업계 학생들 사이에서 나타나는 정의적 태도의 차이가 차별적인 교육과정을 경험한 결과라기보다는 '행위 성향(action tendency)'이라고 불리는 심리적 요인의 특성에 기인하는 것이라고 보았다. 다시 말해 대학 준비반 학생들은 직업계 학생들보다 교육적-지적-성취적 가치를 더 중시하는 행위 성향을 이미 지니고 있다는 것이다.

이러한 까닭으로 인해 교육과정 분화 연구자들은 능력집단 간의 정의적 특성의 차이가 학생들이 각 능력집단에 속해서 수준별 수업을 경험한 사실의 결과인지, 아니면 개개인을 각 능력집단에 속하게 만든 원인에 해당하는 것인지에 관하여 명확한 결론을 내리지 못하고 있다. 하지만 이상의 증거들을 토대로 우리가 어느 정도 확신할 수 있는 사실은 바로 '능력집단별 수업이 학생들의 정서적 측면에 결코 긍정적인 결과를 가져오지는 않을 것이다'라는 점이다.

교육과정-교수상의 불평등 문제

(앞의 두 가지 이슈들과 비교하여 볼 때) 능력집단별 수업이 가지는 교육과정상 그리고 교수상의 불평등 이슈를 다루는 연구 문헌들은 다음과 같은 일관된 주장을 제시해 왔다: "능력집단별 수업은 상위 능력집단과 하위 능력집단에 '질적으로' 상이한 차별적 교육 경험이 제공되고 있고, 특히 이 과정에서 하위 능력집단의 학생들은 상대적으로 교수의 질과 학교 자원의 배분 면에서 불평등을 경험하게 된다(Finley, 1984; Keddie, 1971; McDermot, Rothenberg, & Martin, 1995; Metz, 1978; Nystrand & Gamoran, 1988; Oakes, 1985, 1995; Oakes et al., 1992; Page, 1991)".

이 분야의 선구적 역할을 담당했던 케디(Keddie, 1971)의 초기 연구는 영국 중등학교의 사회과 인문학(humanities) 수업의 A, B, 그리고 C 계열에 존재하는 교육과정의 차이를 탐색하고 있다. 케디는 상위 계열인 A 계열 학급과 하위 계열인 C 계열 학급에서 나타난 교사들의 인식, 특히 학생들의 필요 사항과 능력에 대한 인식 및 학생들의 질문에 대한 해석 등에 대한 교사들의 사전 인식에 있어 뚜렷한 차이가 있음을 발견했다. 이러한 학생들에 대한 교사들의 사전 인식의 차이는 결국 자충적 예언(self-fulfilling prophecy)의 효과를 가져왔다. 즉 교사들은 A 계열의 학생들에게 높은 질적 수준의 복합적인 교육과정 지식을 학습하도록 하는 반면, C 계열의 학생들에게는 제한된 수준의 일반적 지식을 중심으로 수업을 하는 경향을 보였다.

오크스(Oakes, 1985, 1995)의 연구는 케디의 결론을 더욱 구체적으로 뒷받침해 주고 있다. 300개 중등학교의 영어, 수학 교실에 대한 광범위한 양적-질적 접근을 통해 오크스는 상위 능력집단 교실의 교사들이 학생들에게 지적으로 도전적인 과제를 많이 제공하고, 깊이 있는 전통적 학문 영역의 내용을 탐구하도록 유도하는 반면, 하위 능력집단 교실의 학생들은 교사들에 의해 높은 수준의 교과 지식에 접근하는 것 자체가 원천 봉쇄되는 일반적 상황을 보고하였다(Oakes, 1985). 특히 하위 능력집단의 학생들이 교실에서 배우게 되는 것은 그들의 학업 성취 수준과 학습 속도에 맞추어진 적절한 교과 내용이라기보다는, 원래 의도되지 않았던 특정한 잠재적 교육과정, 즉 규율에 대한 순응의 강조였다. 이러한 주장은 1,200개에 달하는 초-중등학교의 수학 및 과학 수업에 대한 그녀의 후속 연구(Oakes, 1990)에서도 거의 그대로 유지되었으며, 특히 교사의 배치에 있어서 하위 계열의 수업에 경험이 부족하고 교수적으로 준비가 덜 된 교사들이 배정되는 경향이 지적되었다.

유사한 결과가 중등학교 사회과 교실 연구에서도 관찰되었다. 8학년과 9학년 사회 교실에서 다루어지는 교과 내용의 범위를 연구한 니스트랜드와 가모란(Nystrand & Gamoran, 1988)은 고급 사고력의 정도와 과제에 대한 학생 자신의 자율적 통제 정도 면에서 높은 질적 수준을 보이는 수업이 상위 계열의 교실에서 더욱 빈번히 관찰되었음을 밝히고 있다. 특히 고등학교 사회과 교실을 대상으로 한 페이지(Page, 1991)의 하위 계열 교실(lower track classroom)에 대한 문화기술적 연구는 하위 계열 교실의 실제적 의미에 대한 풍부한 해석을 제공해 주었다. 페이지는 하위 계열 수업의 성격을 일종의 상위 계열 교실의 '희화화(caricatures)', 즉 하위 계열 수업은 일반 교실의 수업을 어설프게 희극적으로 모방하고 있는 것으로 특징지었다(p. 90). 비록 하위 계열의 수업이 일반 계열의 수업과 비교하여 표면적으로 비슷한 교과 내용을 다루고 있었지만, 자세히 들여다보면 하위 계열의 사회과 수업에서는 학문적 관심사가 무시되는 상황이 벌어지고 있었다. 예를 들면, 하위 계열 교실의 교사들은 진지하게 교과 지식에 접근하기보다는, 주로 농담과 게임들을 이용하면서 학생들에 대한 낮은 기대를 표출하고 있었다. 결론적으로 페이지는 하위 계열의 교실에서 나타나는 지식은 학생들의 능력과 필요와 무관하게 상당히 모호한 성격을 띠고 있었고, 이 같은 하위 계열 수업들은 상위 일반 계열 수업에 대한 일종의 다양한 변형으로서의 성질을 띠고 있다고 해석하였다.

이 같은 연구는 단순히 '효과적인' 상위 교실과 '혼란스러운' 하위 교실로 전형화하는 교육과정 분화에 대한 기존의 이분법적 사고가 지니는 한계를 잘 지적해 준다. 그리고 이와 같이 다양한 버전의 하위 계열 교실의 존재는 독특한 학풍을 지니는 학교들에 대한 사례 연구들을 통해서 구체적으로 입증되고 있다. 예를 들어 밸리(Valli, 1986, 1990), 카마레나(Camarena, 1990) 등의 가톨릭 고등학교 연구는 하위 계열 교실들에서 '성공적인 보충 교육'과 '도전적인 학습 환경'이 동시적으로 달성될 수 있다는 가능성을 엿보게 해 준다. 이들 학교에서 나타난 하위 계열 교실의 교육과정은 엄격하였으며, 교사와 학생 모두 하위 교실에 대하여 긍정적인 태도를 가지고 있었다. 가모란(Gamoran, 1993)의 연구 결과도 하위 계열 교실에서 만들어지는 교육적 경험이 다양하다는 주장을 뒷받침하고 있다. 가모란 역시 연구 대상이었던 여러 학교 중 두 곳의 가톨릭 고등학교의 하위 계열 교실에서 효과적인 교수가 이루어지고 있음을 발견하였다. 연구자들은 이러한 차이들, 즉 하위 계열 학생들에 대한 교사들의 높은 기대, 경험 있는 교사들의 적절한 배치, 상대적으로 작은 상위-하위 계열 간 학업 성취의 차이, 그리고 학교에서의 성공에 대한 학생들의 긍정적 태도들은 배려와 노력의 가치를 중시하는 학교 문화와 깊게 연관되고 있다고 주장하였다.

이제까지 살펴본 외국의 교육과정 분화 연구 문헌의 결과를 종합해 보면 한국의 수준별 교육과정의 교육적 효과와 관련하여 다음의 두 가지 시사점을 얻을 수 있다.

첫째, 이상의 결과들은 수준별 교육과정의 실행이 필연적으로 바람직한 교육적 효과를 지역 학교에 가져올 것이라는 믿음이 상당히 과장되어 있다는 점을 지적하고 있다. 소수의 사례들을 제외하고는, 대부분의 경우에 있어서 교육과정 분화의 조직적-교육과정적-교수적 처치는 그렇지 않은 경우보다 뚜렷한 우위를 보여주지 못했으며, 오히려 부정적인 교육적 결과들과 깊게 연관되고 있었다.

둘째로, 교육과정 분화 관련 선행 연구들은 수준별 교육과정의 교육적 효과를 결정하는데 있어 학교 안의 다양한 맥락적 요인들이 아주 중요한 영향 변수로 작용할 수 있다는 점을 강력하게 시사하고 있다. 즉, 수준별 교육과정의 교육적 효과의 결정 과정에는 학교의 독특한 문화 및 교육 철학, 교사 개개인의 주관적-교육학적 관점과 태도, 그리고 교실 안에서의 교수-학습 과정 등의 요인들이 강하게 작용하고 있다는 것이다. 달리 표현하자면, 학교 맥락은 수준별 교육과정이 실제로 무엇을 의미하고 또 어떠한 교육적 결과를 발생시키는지를 결정하는데 중요한 역할을 하고 있다고 하겠다.

VI 수준별 교육과정, 그 이후는?

이상의 논의를 통해 우리는 두 나라에서 발생한 교육과정 분화의 담론이 교육과정 분화의 교육적 근거들에 의해서만이 아니라, 해당 사회가 보유하고 있는 특정한 역사적-교육적 맥락에 의해 크게 영향받았다는 점을 이해할 수 있었다. 그리고 이제 우리는 실질적 평등의 논리에 의해 합리화되는 수준별 교육과정의 본질에 대한 보다 근원적인 반성이 필요하다는 점에 공감하게 된다. 교과교실제를 포함하여 한국의 사회과 교실에서 수준별 교육과정 모델을 적용하는 데는 다음과 같은 몇 가지의 사항에 대한 진지한 고민이 요청된다.

수준별 교육과정의 의미에 대한 재조명

무엇보다도 수준별 교육과정의 실행에 있어서 우리는 수준별 교육과정의 의미 자체에 대한 보다 신중하고 유연한 접근을 꾀해야 할 것이다. 여러 가지 측면에서 교육과정 분화가 교실에서 뚜렷한 교육적 효과를 거두지 못하고 있다는 점을 보여주는 다양한 경험적 증거들은 수준별 교육과정의 목표가 지나친 유토피아적 이상에 근거하는 것은 아닐까 하는 우려를 자아낸다. 외국의 사례에서 나타나듯이, 대부분의 공립학교에서 벌어지는 교육과정 분화의 행위는 각 능력집단의 수준에 맞는 (원래 의도되었던) 눈높이 교육을 이끌어 내지 못하고 있었고, 오히려 이 과정에서 하위 능력집단의 학생들은 상대적으로 수업의 질과 학교 자원의 배분 면에서 심각한 불평등을 경험하게 되는 경향이 발견되었다. 차별적인 교육과정에 따른 교실수업이 실제 교육과정상 그리고 교수상의 질적인 차이를 의미한 것은 아니었음에도 불구하고, 개별화의 취지는 대부분의 학교에서 상당 부분 변질되고 있었던 것이다. 이러한 증거들은, 특히 우리 사회에서 강하게 나타나는 엘리트 학벌주의와 그것을 반영하는 중등학교의 입시 위주 교육 풍토를 고려할 때 더더욱 의미심장하게 다가온다. 즉, 지역 중등학교에서의 수준별 교육과정 운영이 정말로 대학 진학 여부와 상관없이 모든 능력집단의 학생들에게 이로운 방향으로 전개될 것이라는 생각은 한낱 막연한 추측으로 머물 가능성이 높아 보인다.

이 점에서 수준별 교육과정은 분명 양면성을 지니고 있다. 한국의 학교 교육이 선택한 교육과정 분화의 방안은 특정한 사회적 가치를 반영하며, 그리고 교육적 평등에 대한 특정한 정의에 기반하고 있다고 할 수 있다. 교육과정 분화의 이 같은 상황으로 인해, 수준별 교육과정의 실행은 철저히 가치중립적인 교육 행위로서만이 아닌, 이데올로기적이고 정치적인 행위로서의 의미도 함께 지니게 된다. 그리고 현재 우리는 후자의 의미가 전자의 의미를 압도하고 있는 증거를 충분히 보유하고 있다.

따라서 교육과정 분화가 외국의 학교 교육에 가져온 교육적 결과들을 고려할 때, 우리나라의 수준별 교육과정은 기존 학교 교육과정 및 교실수업에 대한 유일무이한 대안으로서 무작정 강요되어서는 안 될 것이다. 미국의 교육계에서 최근 시도되고 있는 탈(脫)교육과정 분화의 노력들(예 Detracking 또는 Untracking)을 참고할 때, 오랫동안 우리나라의 교실을 지배해 왔던 이질적 능력집단 수업의 방식은 전적으로 포기해야 하는 해로운 교육적 행위는 아니며, 적절히 이용될 때 상당히 바람직한 교육적 결과를 가져온다는 사실을 교육 정책가들과 교육 연구자들은 깊이 고려해야 한다. 물론 여기서 말하는 이질적 능력집단 교실이 현재 우리나라에서 비판받아 온 획일적인 교실수업과 동의어로 사용되고 있는 것은 결코 아니다. 여기서 이야기하는 이질적 능력집단 구성은 어디까지나 교실수업의 필요조건 중 하나로서 요구되는 '학생 집단의 특성'을 의미할 뿐이다. 탈(脫)교육과정 분화의 운동은 이 같은 이질적 능력집단 구성이 그에 적합한 교육과정 내용 그리고 교수 방법과 결합할 경우, 교육과정 분화가 이루지 못한 상당히 긍정적인 교육적 효과를 빚어 낸다고 주장한다. 이러한 주장을 뒷받침해주는 주요 연구 결과들은 90년대 이후 지속적으로 보고되고 있다.[8)]

라이트풋(Lightfoot, 1983)의 지적처럼, 우리가 추구하는 바람직한 학교 교육의 모습은 항상 "총체적이고, 항상 변화하며 불완전한(whole, changing, and imperfect)" 것으로서 이해되어야 할 것이다(p. 311). 이러한 이해의 방식이 말하고 있는 핵심은 바로 "교육적 평등 내지 교육선을 추구하는 방식에 있어 단순하게 하나의 방식, 표준화된 방식을 고집하는 자세에서 자유로울 필요가 있다"는 것이다. 수준별 교육과정과 이질적 능력집단화의 접근 방식들은 동일한 목적지에 도달하기 위해 택할 수 있는 두 가지 다른 여정이며, 서로 동등한 가치를 지니는 대안적 관점으로서 평가될 수 있을 것이다.

교육적 변화의 의미에 대한 성찰

학교 차원의 구조적 변화로서의 수준별 교육과정을 이해하고 실행하는 과정에서 나타날 수 있는 또 하나의 위험 요인을 지적하고 싶다. 이는 다름 아닌 학교 안에서 교육적 변화를 유도하는 데 있어 구조적 개혁이 가지는 의미에 대한 지나친 환상이다. 수준별 교육과정과 관련한 일련의 학교 구조적 개혁 역시 여기서 예외는 아니다.

학교 내부로부터의 변화를 시도했던 과거의 많은 교육개혁의 사례들은 구조적 개혁에 집착하는 교육적 변화의 방식에 대하여 경계해야 함을 지적하고 있다. 특히 '구조적 개혁의 정도가 학교 교육의 내적 변화와 그다지 밀접한 관계를 가지지 않는다'는 미국 학교 구조조정 운동의 교훈을 우리는 간과해서는 안 될 것이다. 이러한 교훈은 기존의 학교 구조를 개혁하여 새로운 프로그램을 실시하는 것이 필연적으로 진정한 학교 교육-교실수업 변화를 가져오는 것은 아님을 여실히 보여준다. 대부분의 경우, 학교 구조 혁신을 통해 일시적이고 피상적인 물리적 변화가 외관상 관찰되기는 했지만, 그러한 변화는 지속적이지 못하였고, 학교의 일상적 차원으로 내면화되는 단계에 도달하지 못하였다. 오히려 성공적인 학교 교육의 변화 사례들과 밀접하게 관련되고 있었던 중요 요인들은 하드웨어적 요인들이라기보다는 소프트웨어적 요인들, 즉 '바람직한 교육과 잘 가르친다는 것의 의미에 대한 학교 구성원들 간의 공유된 믿음과 가치', '교사들 간의 지속적인 의사소통-협력 관계의 존재', 그리고 '교육과정-교수상의 견해 차이-갈등을 극복할 수 있는 자체 능력으로 형성된 학교 문화'였다. 수준별 교육과정의 실행을 학교 전반에 걸쳐 일어나는 총체적 변화로 이해하지 못하고 피상적인 교육과정적 변화로만 받아들일 때, 이 같은 학교 구조조정 운동의 문제점들은 우리에게 똑같이 반복될 것이다.

이러한 외적 변화에 집착하는 구조적 개혁의 문제점과 더불어 수준별 교육과정의 이상을 실현하기 위해 우리가 풀어야 하는 또 하나의 과제는 다름 아닌 교육과정 분화가 제공하는 다양한 교육적 경험들에 대한 사회적 인식의 변화이다. 비록 수준별 교육과정의 실행이 우리의 학교 현장에서 교육적으로 효과적이라는 증거들을 나타내주기 시작한다고 할지라도, '우월한 교실'과 '열등한 교실'의 암묵적인 낙인이 학교 공동체 안에 여전히 존재한다면, 그와 같은 수준별 교육과정과 수업은 앞서 언급된 교육적 불평등의 기제로 전락할 위험에 처하게 될 것이다.

이러한 맥락에서, 바람직한 교육과정 분화의 모습에 관한 노딩스(Noddings, 1997)의 주장을 우리는 새겨들을 필요가 있다. 노딩스는 무엇보다도 '분화(differentiation)'를 바라보는 인식론적 관점의 변화가 절실함을 강조한다. 노딩스는 교육과정 분화의 목적을 달성하기 위해서는 수준별 교육과정에 대한 우리의 인식의 틀 속에 어떠한 '열등한(inferior)' 교과목도 존재해서는 안 되며, 다양한 수준별 수업은 더 높거나 더 낮은 것으로 존재하는 것이 아니라, 어디까지나 학문적 관심 면에 있어서 서로 '다른(different)' 것으로 받아들여질 필요가 있다고 주장한다. 이러한 맥락에서 노딩스는 교육과정이 전통적인 상하위계 구조에 의해 차별화되는 상황을 최소화시키면서, 학생들의 '학문적 관심'에 따라 교육과정이 차별화될 때 비로소 교육적으로 올바른 학교 교육이 실현될 수 있다고 역설한다. 수준별 교육과정에 관하여 한국의 교육정책 결정자들이 보여주어야 할 근본적인 인식의 변화가 요청되는 대목이다.

❖ 주

1) '학교 구조조정 운동'은 1980년대 중반 이후 산발적으로 이루어져 지역적-상향식 교육개혁 흐름들을 포괄적으로 지칭하는 용어이다. 학교 구조조정 운동은 특히 기존의 학교 구조의 변화를 통해 소위 전통적인 학교 경영-교실수업의 교육적 변화를 유도하는 다양한 실험들을 총칭하고 있다.

2) 우리나라의 교과교실제는 2009년 총 647개교, 2011년에 총 809개교의 중등학교에서 실시되고 있으며, 그 유형은 대부분의 교과에 교과교실제를 적용하는 '선진형', 영어, 수학, 과학 등 몇 개의 교과만을 중점 대상으로 하는 '과목형', 그리고 2개 이상의 교과를 수준별로 운영하는 '수준별 수업형'의 세 가지로 구분된다(김혜숙 · 박선미, 2011). 하지만 사회 교과에 교과교실제 수준별 수업을 실시하는 경우는 선진형 교과교실제를 채택한 소수의 중등학교에서만 찾아볼 수 있고, 특히 이에 관한 경험 연구가 아직 축적되지 않은 상태이기 때문에, 교과교실제 수준별 교육과정의 효과에 대한 논의는 본 장에서 다루지 않고 후속 연구과제로 남겨두고자 한다.

3) 이는 한국과 일본 등에서 나타나는 반별 수업의 현상과 비교될 때 그 특징이 분명히 드러난다. 우리나라의 경우, 학년마다 다수의 반으로 학생 집단이 편성되고, 각 반을 이루는 학생 구성원들의 성적은 정규분포에 가까운 모습을 보이도록 조정된다. 이렇게 구성된 수업 집단은 동일한 수업 시간표에 따라 동일한 장소에서 담당 교과 교사에 의해 교육과정을 학습하게 된다. 반면, 수강 신청을 통해 담당 교사의 교실에 찾아가 수업을 듣는 미국의 중등학교는 일반적으로 이 반과 유사한 수업 집단을 가지고 있지 않다.

4) 앞서 기술된 우리나라의 수준별 교육과정 모델과 비교해 볼 때, 미국의 능력집단별 수업(ability grouping)은 단계형 그리고 심화-보충형 수준별 교육과정과 유사한 모습을 지니고 있다. 특히 저학년의 수준에서 많이 관찰되는 능력집단별 수업의 유형은 사회 교과에 권장되는 심화-보충형 모델과 많이 닮아 있다. 즉 공통적으로 기본 내용을 학습하고, 교사의 재량에 따라 다시 학습 집단별로 차별적인 교육 내용이 부과되고 있는 것이다.

5) 하지만, 이 시기의 생활적응 교육운동 안에서 나타난 직업 교육과정은 점차로 듀이의 진보주의 교육철학과 멀어지고 있었다(Kliebard, 1995; Hertzberg, 1981). 직업 교육과정에서 추구되어야 하는 '개인과 사회의 조화로운 관계', '실생활의 문제들의 해결'에 대한 관심은 교육 현장에서 다른 방식으로 표출되었다. 즉, 대부분의 중등학교에서 직업 교육과정은 성인으로서 미래에 가지게 될 사회적 역할-직업에 대비하여 미리 준비시키려는 교육적 의도를 지녔는데, 이와 같은 '현재의 삶이 아닌 미래의 삶에 대한 준비(preparation for the future)'로서의 교육은 듀이의 관점에서 볼 때 전통적인 교육에 더 가까운 것이었다고(Dewey, 1938/1997).

6) 참고로, 제7차 초등 사회과 교육과정 개발 과정에 대한 이혁규(2001)의 문화기술적 연구는 교육부 정책에서 드러난 수준별 교육과정의 공식적 담론이 교육과정 개발 과정에 영향을 미치는 과정을 이해하는데 중요한 정보를 제공해 준다. 비록 개발팀 내부에 수준별 교육과정을 바라보는 다양한 관점들이 분명히 존재하였음에도 불구하고, 이러한 관점들에 관한 숙의의 과정은 이미 총론 수준에서 정해진 수준별 교육과정의 밑그림을 수정하기에는 역부족이었다는 점을 이혁규는 기술하고 있다(pp. 147-152). 결론적으로, 이혁규는 초등 사회과 교육과정의 개발 과정의 특성을 '제한적 숙의 과정'이라고 규정하면서(p. 152), 이 같은 숙의의 과정은 특히 교육 당국이 지니는 (개발 과정에 대한) 기술주의적-관료적 통제의 성향과, (총론팀의 구성에서) 특정 전문가 집단의 배제 성향 등의 제도적 요인들로 인해 부정적인 영향을 받고 있다고 보았다.

7) 슬래빈은 방법론적으로 일정한 준거들을 충족시키는 29개의 중등학교 대상의 실험 연구들을 선별하여, 그 주요 결과들을 종합적으로 분석하였다. 사용된 방법론적 준거들로서 1) ability grouping과

heterogeneous grouping의 비교 여부, 2) 표준화 검사 도구의 사용, 3) 무작위 배정(random assignment) 또는 대응 설계(matching) 여부, 4) 최소 1학기 이상의 ability grouping 지속 여부, 그리고 5) 최소 3개 반 이상이 실험 및 통제 집단에 각각 배정되었는지의 여부 등이 사용되었다(Slavin, 1990, pp. 475–476).

8) 탈(脫)교육과정 분화의 실천적 의미와 교육적 효과에 대한 유용한 정보를 제공하는 교육 연구물로서 코헨과 로탄(Cohen & Lotan, 1997) 그리고 윌락(Wheelock, 1992)의 연구들을 들 수 있다. 오랜 기간 동안 축적된 양적 또는 질적 자료들의 분석을 바탕으로 이들 연구자들은 상당히 일관된 결론에 도달하고 있다. 구성주의적 교육 철학, 협동 학습(cooperative learning)의 다양한 교수 전략, 그리고 수행평가(performance assessment) 전략 등을 이질적 능력집단 교실 형태와 결합시키면서, 연구자들은 교실 안의 학생들이 보이는 "학업 능력의 이질성"이 오히려 모든 개별 학생들의 학업 능력의 향상을 유도하는 긍정적인 기회로 작용한다는 점을 보여주고 있다.

교실 밖의 인간 삶의 환경은 빠르게 변화하지만, 그러한 외부적 환경 변화가 전통적인 교실수업의 문법을 바꾸는 일은 결코 쉽지 않다. 사진 속은 스마트 기기를 교실수업에 시범적으로 도입하여 수업시연을 하고 있는 어느 고등학교의 모습.

제 5 장

교실수업 현상에 대한 다층적 이해

20세기 후반기 우리나라 학교 교육 연구에서 교실수업은 가장 중요한 관심의 대상이자 비판의 대상이었다. 특히 중등학교 교실수업의 모습은 '암기식-설명식 수업', '교사 주도적-권위주의적 수업', '무비판적-저급 사고력 중심의 수업'의 이미지들과 쉽게 결부되곤 하였고, 교실수업의 이 같은 특징들의 원인으로서 교육 전문가들과 대중매체는 한결같이 '입시-성적 위주의 교육제도', '열악한 교실 환경', '열악한 학교 교수-학습 환경' 등을 지목해 왔다. 학교 교실수업을 변화시키자는 교육개혁의 외침은 아주 최근까지 별다른 진전 없이 이러한 원인들과 결과들이 서로 꼬리를 물고 맴도는 순환적인 담론의 특징을 보여 왔다.

이 같은 교실수업의 담론은 왜 계속 정체되는 느낌을 던져주고 있는 것일까? 이 질문에 대한 답을 찾기 위해 우리는 먼저 그동안 학교 교육 연구 공동체 안에서 간과되어 왔던 몇 가지 중요한 문제들에 눈을 돌릴 필요가 있다. 여기에는 교실수업의 생태학적 특성을 간과해 왔던 연구 경향, 핵심 교육 주체로서의 교사에 대한 연구 관심의 상대적 부족, 그리고 더 근본적으로는 교실수업의 개념 자체가 본질적으로 지니는 복합성과 불확실성 등의 측면들이 얽혀 있다고 하겠다.

교실수업이라는 개념은 간단명료한 것처럼 보이지만, 조금만 생각을 해 보면 그 용어 자체가 지칭하는 대상이 무척 포괄적이라는 사실을 깨달을 수 있다. 사회과교육 영역에서 남다른 애착을 가지는 시민성(citizenship)의 개념과도 흡사하게, 교실수업 행위의 일반적 의미는 분명히 학생들을 가르치는 일과 관련된 일련의 추상적이고 구체적인 행위들을 지칭하고는 있지만, 그 용어를 명확하게 정의하려 들면 들수록 그 의미는 더욱 복잡성을 더해 간다. 이러한 복잡성의 원인 중 하나는 바로 교실수업 현상이 질적으로 다른 여러 차원(또는 양상)들로 구성되고 있기 때문이다. 그리고 이러한 질적으로 상이한 차원(또는 양상)들은 서로 완전히 배타적이거나 상충되는 것이 아니며 함께 공존하고 있다. 이제까지 교실수업에 관한 국내의 연구들은 대개 특정한 차원에 대한 연구 관심을 바탕으로 특정 이론적 관점에 의해 설명되었고, 그 과정에서 교실수업에 내재하는 복합적이고 다층적인 모습들은 해당 연구 분야의 독특한 언어와 방법론의 손길이 닿으며 단순화되는 경향이 있었다. 우리가 흔히 교육현상의 연구 시 자주 언급하는 '총체적 접근'이라는 개념은 이와 같은 다양한 양상들을 종합적으로 고려할 필요가 있음을 말해준다.

이와 같은 문제의식을 바탕으로 본 장에서는 교실수업에 대한 미시 연구 분야에서 뚜렷한 흐름을 구성하고 있는 세 가지의 이론적 패러다임(구조 결합 이론, 비판 이론, 사회구성주의 이론)이 낳은 대표적인 이론적 모델(제도 이론, 탈숙련화 이론, 교사 실천 이론)을 고찰할 것이다. 그리고 각 이론적 패러다임이 교실수업 현상과 교사 전문성의 개념을 어떻게 다르게 바라보고 있는지를 살펴보고자 한다.

I 교실수업 연구의 주요 동향

교실수업 연구에 대한 메타 분석적 동향

교실수업을 이해하는 관점을 논하고 있는 최근의 메타 분석적 연구들이 지니는 공통적인 특징은 교실수업의 이해 방식을 주로 패러다임적 변화의 관점에서 서술하고 있다는 점이다. 이러한 분석 연구들은 대개 교실수업을 이해하는 관점을 교육 연구상의 인식론적 그리고 방법론적 특성의 준거를 통해 나누고 있으며, 크게 실증주의적(positivistic) 교실수업의 이해 방식과 이를 비판하며 부각된 해석학적(interpretive) 교실수업의 이해 방식이 이분법적인 대립 구도를 보이고 있다. 일반적으로 1990년대 이후 국내외의 교육 연구의 동향은 실증주의적-양적 연구 패러다임의 지배적 영향력에서 점차 벗어나 해석학적-질적 연구 패러다임이 점차로 강화되는 변화의 모습을 보인다(조영달, 1999; Denzin & Lincoln, 1998; Popkewitz, 1986; Popkewitz & Maurice, 1991; Shulman, 1986).

팝케위츠(Popkewitz, 1986)는 교육 연구라는 보다 넓은 틀에서 20세기에 등장한 경쟁적인 연구 패러다임을 크게 실증적-분석적 과학의 전통(positivistic-analytic science), 상징적 과학의 전통(symbolic science), 그리고 비판적 과학의 전통(critical science)의 세 가지로 구분하고 있다.[1] 한편, 슐만(Shulman, 1986)은 보다 논의의 폭을 좁혀, 교실수업 행위 연구의 주요 패러다임을 과정-산출적(process-product) 연구, 사회적-인지적 매개 요인(social & cognitive mediation) 연구, 그리고 교실 생태학적(classroom ecology) 연구 등의 세 가지로 나누어 고찰하였다.[2] 국내 조영달(1999)의 연구도 위의 연구들과 유사한 분석의 틀을 보여주고 있다. 그는 교실수업의 연구를 크게 실증주의적 교실수업 연구와 해석학적 교실수업 연구를 대비시키고, 각 연구 관점의 특징과 교육적 함의를 분석하면서, 결론적으로 국내의 학교 교육 연구에서 해석학적 교실수업 연구 분야가 성장해야 할 필요성을 강조하였다.

종합해 보면, 과정-산출적 연구의 흐름과 사회적-인지적 매개 요인 연구의 흐름은 (그 둘 사이의 분명한 연구 관심의 차이에도 불구하고) 모두 실증주의적 교실수업 연구 관점의 한 형태로 볼 수 있다. 이 같은 연구 관점에서 교실수업은 대개 조작적으로 정의되는 일련의 배경 변인, 독립 변인, 종속 변인의 함수 관계로 설명되며, 연구자는 교실수업의 효과적인 통제-관리-예측 가능성의 가치를 중시하고, 보편성과 탈맥락성을 추구하는 성향을 보인다. 이 함수 관계는 다시 교실수업의 효과성(effectiveness) 연구 전통과 맞닿아 있다. "효과적인 교실수업을 구성하는 요인은 무엇인가?"라는 연구 질문을 중심으로 효과적인 교사, 효과적인 학생, 효과적인 교육과정 프로그램, 효과적인 교육평가의 보편적 정의와 모델을 찾는 많은 연구들이 생겨났다.

이에 반하여, 상징적 과학의 전통, 교실 생태학적 연구 흐름 또는 해석학적 교실수업 연구는 일제히 실증주의적 교실수업의 이해 방식이 보이는 인식론적-방법론적 가정들의 한계를 지적한다. 객관화-계량화하기 힘든 현장 교육 주체들의 주관적 의미 구성, 인식, 태도, 신념 등의 자료 원천들을 중시하고, 교육 주체들과 주변 환경 간의 상호작용에 주목하며, 실제 교실수업을 그것이 붙박여 있는 특정 학교, 지역사회, 국가의 사회-문화적 맥락 속에서 이해하려고 한다. 한편, 팝케위츠의 비판적 과학의 전통은 실증주의적 교실수업 연구 및 해석학적 교실수업 연구와 그 주된 연구 관심에서 분명 구별되고는 있지만, 대개는 이들과 방법론적인 측면에서 뚜렷이 차별화되기보다는, 주로 '실증주의적-비판적' 또는 '해석학적-비판적' 교실수업 연구와 같이 결합된 형태로 나타난다고 하겠다.

이상에서 검토한 연구들은 이러한 패러다임적 준거 및 패러다임적 전환의 필요성에 주목하였고, 특정 패러다임을 취하는 교실 연구자에게 자신의 인식론적-방법론적 가정에 대한 근본적인 반성을 유도하고 있다는 점에서 교실수업의 본질을 이해하는데 커다란 공헌을 하였다. 하지만 그럼에도 불구하고 이와 같은 교실수업에 관한 거시적인 패러다임적 사고방식은 다분히 미시적 성격을 띠는 교실수업 현상의 복잡다단한 의미를 이해하는데 분명 일정한 한계를 지닌다. 그 이유는 패러다임이라는 구분 준거가 본래 연구자가 취하는 특정한 인식론적-방법론적 관점을 의미하는 것이며, 따라서 교실수업 행위 내지 교실수업의 본질과 구성에 관한 보다 구체적이고 직접적인 정보를 제공해 주지는 않기 때문이다. 즉 교실수업만의 패러다임은 존재하지 않으며, 교실수업 연구 패러다임은 '교육 연구의 패러다임' 또는 '사회과학 연구의 패러다임'과 기본적으로 동일한 것이다. 교실수업 현상에 대한 구체적 이해는 결국 교실수업에 대한 개별 이론의 수준에서 보다 확실해진다.

교실수업 현상의 다층적 의미란 무엇인가?

그렇다면 교실수업 행위가 다층적 의미를 지닌다는 주장은 무엇을 의미하는가? 앞서 잠깐 언급되었던 것처럼, 이 주장의 의미는 "교실수업 행위는 서로 완전히 배타적이거나 상충되지 않는 질적으로 상이한 모습들로 이루어진다"는 뜻으로 표현될 수 있다. 일반적으로 교실수업이 성립하기 위해서는 우신 물리적 공긴으로서의 교실, 학습의 기본 대상인 교육과정, 해당 교육과정에 대한 교사의 교수 전략, 그리고 학생들의 학습 활동이 필요하며, 여기에는 교육 행정가와 학부모, 그리고 사회 이해관계의 영향이 직-간접적으로 작용한다. 교사의 교실수업 행위는 이러한 여러 구성 요인들과 긴밀하게 상호작용하고 있다. 미시적인 교사의 교실수업 행위만을 따로 떼어놓고 볼 경우, 그 안에는 교사의 교과 지식과 전공 배경, 교육학적 신념과 태도, 그리고 해당 교육과정을 가르치기 위한 교수 전략 및 테크닉, 그리고 대상 학생 또는 학습 집단에 대한 맥락적 정보들이 서로 얽혀 있다. 하지만, 우리가 말하는 다층성/다중성은 교실수업 행위가 이와 같은 다양한 내적 구성 요인들 및 그 밖의 교실수업상의 범주들과의 긴밀한 관계로 형성된다는 사실을 지칭하는 것이 아니다. 저자들이 본 장에서 이야기하는 교실수업 행위의 다중적 의미는 위에서 언급된 '교실수업 행위 개념의 구성 요인-범주들이 함께 작용하여 빚어 내는 교육 현상이 질적으로 구분되는 다양한 모습들을 지니고 있다'는 점을 강조하고 있다. 교실수업 행위가 보여주고 있는 각각의 차원은 연구자가 지니는 특정한 연구 관점의 적용과 언어적 표현들에 의해 구체적으로 그 모습을 드러낸다.

이 같은 교실수업 행위의 다중적 의미를 제대로 조명하기 위해 우리에게 필요한 것은 교실수업 행위의 다양한 얼굴들을 조명해 주는 다양한 이론적 모델들에 대한 비교 고찰일 것이다. 교실수업 행위에 관한 이론적 틀의 구분은 교실수업 연구의 패러다임 구분보다 협의의 구분에 해당하지만, 이는 교실수업 행위에 관한 또 다른 유용한 분석의 준거틀을 제공해 준다. 교실수업 행위의 다양한 양상들을 조명하는 이론적 모델들은 서로 완전히 상충하거나 배타적이지 않으며, 각각의 모델들은 교실수업 행위가 지니는 특정한 모습들을 부각시키고 설명하는 것으로 이해할 수 있다. 교실수업에 대한 종합적이고 균형적인 이해를 위해 우리는 교실수업 행위를 설명하는 이론적 모델들을 비교하고 분석할 필요가 있다.

본 장에서는 교실수업 현상을 설명하는 모델로서 구조적 이완 결합의 조직이론 전통에서 배출된 제도 이론(institutional theory), 비판 이론적 전통 안에서 형성된 탈숙련화 이론(deskilling theory), 그리고 해석학적 전통을 이어받은 교사의 실천 이론(teacher's practical theorizing)에 주목할 것이다. 이하에서 우리는 이 세 가지 이론들의 차별성을 부각시키는데 초점을 둘 것이다. 하지만 실제로 학교 교육 연구 문헌에서 이러한 이론적 관점들은 서로 완전히 배타적이지 않으며, 연구 관심의 측면에서 어느 정도 서로 중복될 수 있고, 또 결합되는 모습을 보인다는 점을 유념할 필요가 있다.

II 제도 이론(Institutional Theory)에서 바라본 교실수업 현상

구조적 이완 결합의 전통과 학교 조직

"학교의 내부 구조는 바깥에서 일반적으로 기대하는 것과는 달리 조직 구성 요소들 간의 아주 느슨한 이완 결합의 형태를 보이며, 그러한 조직상의 특징은 오히려 학교의 교육 업무를 효율적으로 유지하는데 기여하고 있다." 구조적 이완 결합 이론의 핵심은 이렇게 축약적으로 표현해 볼 수 있다. 이하에서 우리는 이러한 이론적 관점에서 교실수업 행위는 어떻게 설명되고 있는지 살펴보기로 하겠다.

20세기 전반기에 싹이 튼 학교 교육에 대한 조직 이론적 접근 방식(organizational approach)은 독특한 연구 흐름을 형성해 왔는데, 막스 베버(Max Weber)의 영향을 받은 전통적 조직 이론가들은 학교 교육제도를 기능론적인 시각에서, 즉 위계적 구조, 목표 체계, 합리적 권위, 정당성 등의 핵심 개념들을 중심으로 설명하고자 했다. 하지만, 이러한 기능론적 접근 방식은 1960년대부터 조직이론 연구 내부로부터 서서히 비판받기 시작하였고, 이러한 비판적 견해를 가진 연구자들은 학교라는 조직의 일상생활 속에서 발견되는 다듬어지지 않은 듯하며 상당히 느슨해 보이는 비합리적인 학교 내부의 모습들에 주목하기 시작하였다(Cohen, March, & Olsen, 1972; Corwin, 1981; Firestone, 1985; Ingersoll, 1993, 1994; Meyer & Rowan, 1978, 1983; Weick, 1976, 1982).

이와 같은 학교 내부의 구조적 이완성 가설에 대한 관심은 1970년대 이후 학교 조직의 '이완 결합 이론(loose coupling theory)'이라는 독특한 이론으로 발전되기 시작하였다. 이 이론은 학교 내부 구조의 모습이 전적으로 잘 짜여진 합리적 조직 체계의 이미지로 설명되지 않으며, 그보다는 조직 구성 요소들 간의 느슨한 이완적 결합의 이미지를 특징적으로 강조하고 있다. 학교 교육

연구 영역에서 이완 결합(loose coupling)이라는 용어를 회자시키는데 기여한 와익(Weick, 1976)은 '약간 경사진 운동장에서 여러 개의 공이 동시에 굴러다니는 상황에서, 참가한 양 팀의 선수들이 자신의 포지션이 무엇인지 혼란을 겪으며 공을 차는' 일종의 엽기 축구의 모습에 이완 결합적 구조를 빗대어 설명하고 있다(p. 1). 조금은 극단적이기까지 한 이러한 비유적 설명을 통해 와익은 학교의 교육적 업무를 둘러싼 구조적 요인들 간의 관계는 상당수가 겉으로 보기보다는 그렇게 잘 짜여져 있지 않으며, 한 구성 영역은 다른 구성 영역의 행위에 대하여 별다른 통제력을 행사하지 못한다는 점을 강조하고자 하였다. 즉, 학교 내부의 모습은 조직의 목표와 방법에 관한 내부적 합의와 통일 그리고 조직 구성 요인들 간의 조화로운 상호의존적 관계를 보여 준다기보다는, 오히려 추상적이고 불분명한 목표를 지니고, 내부적 의사결정과 그것의 실천 사이의 관계가 미약한 모습을 자주 노출한다는 것이며, 특히 교실수업 행위라는 학교 내부의 일상적 요인에 대하여 학교 구성원들은 교실수업 행위의 기술(technology) 측면에 대한 명확한 정의를 공유하지 않은 상태에서 교실수업을 행하고 있는 특징을 드러낸다고 본다.

하지만, 이 시점에서 이완 결합 이론이 학교 안의 모습을 전적으로 느슨한 결합으로만 묘사하는 것은 아님에 우리는 주목할 필요가 있다. 오히려 학교의 모습은 느슨한 결합의 영역과 함께 단단한 결합(tight coupling)의 영역이 존재한다는 점을 강조하고 있다. 그 대표적인 증거로서 학교 당국은 수업 시수, 일상적인 수업 및 업무 스케줄, 학생들의 학사 관련 규정, 성적 평가, 그리고 교육 수요자로서의 학부모 집단과의 관계와 같은 영역에 대해서는 대충 넘어가는 법이 없이 민감하게 반응하고 강한 통제력을 행사한다. 이에 비해 같은 학교 당국은 교사들의 가르치는 행위와 관련된 영역에 관해서는 상대적으로 아주 약한 통제력을 갖고 있으며, 또 그러한 통제력을 쟁취하려는 의식적인 노력을 좀처럼 보여주지 않는다. 이 같은 상황은 "학교의 행정 구조가 교실수업 행위의 핵심과 상대적으로 아주 미약한 관계를 형성하고 있다"는 말로 달리 표현될 수 있다.

제도 이론(Institutional Theory)과 교실수업 현상

그렇다면 어찌하여 학교 조직은 어느 특정 영역에 대해서 아주 높은 (또는 낮은) 통제력을 보이는 것이며, 이 과정에서 교실수업 행위의 개념은 어떻게 이해되는 것일까? 이에 대한 답을 얻어내기 위해 우리는 구조적 이완 결합 이론의 흐름 속에서 등장한 마이어와 로완(Meyer & Rowan, 1978, 1983)의 '제도 이론(institutional theory)'에 특히 주목할 필요가 있다. 마이어와 로완의 제도 이론은 학교 안의 교실수업 행위를 이해하는 독특한 관점을 제공해 주었다.

"학교의 구조가 (학교의) 기술적 행위(technological work activity)와 단절되어 있고, 또한 그 기술적 행위는 그 결과(effects)와 괴리되어 있다"는 주장을 견지한다는 점에서 제도 이론은 구조적 이완 결합 이론과 그 맥을 같이 한다고 볼 수 있다(Meyer & Rowan, 1978, p. 79).[3] 하지만, 제도 이론은 이완 결합적 증거의 제시 수준에서 더 나아가 학교 내부의 이 같은 현상에 대하여 보다 구체적인 설명 방식을 제시하고 있다는 점에서 차별화된다.

'의례적 범주(Ritual Classification)'의 개념은 제도 이론이 학교 교육과 교실수업 행위의 의미를 어떻게 바라보고 있는지를 이해하는데 아주 중요한 역할을 한다. 의례적 분류의 개념을 통해 마이어와 로완은 학교 제도의 학력 증명(credentialing) 기능에 대한 강한 통제력을 지적하고자 하였다:

> 교육 관료 체제는 근대사회에서 조직 구성원의 자격에 관한 인증기관(personnel-certifying agencies)의 역할을 지닌다. 교육 관료 체제는 표준화된 졸업자를 배출하기 위해 교육과정 주제 유형 및 교사 유형을 유형화하고, 이 졸업자들은 인증받은 교육 배경을 근거로 경제적-계층적 체제 속으로 편입되게 된다. 특정 **의례적 범주(ritual classification)**에 속하는 자가 누구인지'를 규정하는 문제 — 예를 들면 자격을 갖춘

> 수학 교사, 5학년 학생, 영어 전공자 등의 요건은 무엇인지 — 에 관하여 교육기관은 아주 짜임새 있게 조직화되어 있다(Meyer & Rowan, 1978, p. 79).

즉 의례적 범주화의 완성은 그 사회에서 나타나는 교육 제도상의 관료적-행정적 표준화의 정도와 밀접한 관계를 지닌다고 볼 수 있다. 학교 제도는 중학교 3학년 사회 과목, 중등 일반사회 교원자격증을 소지한 자, 인문계 고등학교 졸업자 등의 범주에 대하여 가능한 한 명확한 정의를 내려 주고, 그 분류 기준에 해당하는 인적 자원들을 해마다 배출한다. 하지만, 그 의례적 범주에 대한 짜임새 있는 통제수준에 비한다면 학교 제도는 결코 그 분류의 과정 자체에 대해서는 엄격한 관리나 감시를 행하지 않는 것처럼 보인다. 다시 말하자면, 한국의 교사 교육제도는 중등학교 일반사회 과목의 교원자격증을 취득할 수 있는 대학생과 취득할 수 없는 대학생을 구분하는 일에는 엄격하지만, 특정 학생이 그 교원자격증을 취득하게 되는 과정 내지 교원 양성 프로그램상의 경험 내용이 어떠한지를 체계적으로 관리하는 면에서는 상대적으로 취약한 모습을 드러낸다. 이 점에서 학교 제도는 지성과 인성의 도량으로서의 기관이라기보다는 전공 자격증 소지자를 양산하는 기관에 가까우며, 교육의 과정적 측면보다는 결과적 측면에 대한 관리를 더욱 중시하고 있다.

이러한 의례적 범주에 대하여 학교가 강한 통제력을 가지는 현상을 마이어와 로완은 학교 교육의 '제도화(institutionalization)'라고 명명하였다. 우선 학교는 인적 자원에 대한 자격증을 부여하고, 그에 따라 개개인들을 특정 사회적 위치에 할당하는 교통정리 기능을 수행한다는 측면에서 학교는 제도화되어 있다. 하지만, 다른 한편으로 학교의 제도화는 교육적 사명을 별 탈 없이 잘 완수하고 있다는 정당성을 사회적으로 확보하는 일과 밀접하게 연관되어 있다고 마이어와 로완은 주장한다. 그런데 이러한 정당성을 그 사회 내에서 얻어내기 위해 학교 구조는 학교 내적 환경보다는 학교 외적 환경에 더욱 민감하게 반응하는 모습을 역사적으로 보여 왔다. 즉, 학교 조직은 학교 내부 업무에서 발생하는 문제점이나 교실수업 행위 자체에 대한 교육적 반성과 관리를 통해서라기보다는, 학교 외부 환경으로부터 날아드는 대중적-정치적 시선과 요구사항들(예 여론 조사 결과, 경제 상황)에 정치적으로 대처함으로써 정당성을 얻는다. 그 결과, 학교의 구조는 학교 외부 환경과는 아주 단단히 결합하는 모습을 보이는 대신, 학교 내부의 (특히 교실수업과 관련된) 기술적 행위들 및 결과들과는 유기적으로 연결되지 못하는 단절 현상(decoupling)을 낳는다.

그런데 공교롭게도 이 같은 단절 현상은 다시 학교의 정당성을 유지하는데 암묵적으로 크게 기여하고 있다고 마이어와 로완은 해석한다. 이 단절 현상은 구조적으로 학교의 교사와 행정가들을 면밀한 장학 활동으로부터 어느 정도 자유롭게 해 주며, 교실수업 행위와 그 결과에 관한 치밀한 관리를 면해 주는 대가로 학교 당국은 교사들로부터의 암묵적인 동의와 만족감을 얻어 낸다. 그리고 이 과정에서 소위 "신뢰의 논리(the logic of confidence)"는 교실수업 행위에 대한 장학과 관리의 부재가 야기할 수 있는 문제의 소지를 최소화하는 기능을 해 준다(Meyer & Rowan, 1978, p. 101). 교실수업 행위와 관련하여 교사와 행정가들 간에 벌어지는 상호작용은 이 신뢰의 논리를 바탕으로 이루어진다고 보았다. 자신의 직분에 해당하는 일들을 전문적으로 잘 수행하고 있다고 굳게 신뢰하는 전제하에서, 교실수업 행위와 관련된 학교 내의 대화와 업무는 구체적인 검토 없이 진행된다. 상징적 상호작용론자 고프만(Goffman, 1967)의 '체면 유지 행위(face work)' 개념의 직접적인 영향을 받은 신뢰의 논리는 교사 및 행정가들 사이에서 나타나는 의도적 회피, 분별적 처신, 그리고 알고도 모른 체하는 행동과 같은 체면 유지 행위를 통해서 지탱된다고 보았다.

학교 안에 널리 퍼져 있는 이 신뢰의 논리는 학교 구성원들 또는 하위 부서들 간의 마찰을 최소화하는 윤활유와 같은 역할을 수행한다고 볼 수 있다. 그 결과, 교사들의 교실수업 행위는 교육의 효과성 문제와는 별다른 상관이 없는, 일종의 "일상적으로 교실 안에서 행해지는 의례 행위(a ceremonial enactment of the rituals of schooling)"로 전락하는 경향을 보인다(Meyer & Rowan, 1978, p. 99).

요약하면, 구조적 이완 결합의 전통에 자리하는 제도 이론은 교실수업 현상에 관한 아주 독특한 해석 방식을 제공하고 있다. 제도 이론이 구성하고 있는 교실수업 현상의 의미와 그것이 학교 교육에 대하여 시사하는 바는 다음과 같다.

첫째, 느슨한 이완 결합적 증상을 보이는 학교 구조는 궁극적으로 외부로부터의 압력에 대한 일종의 완충 기제 역할을 수행한다. 이완 결합적 학교 구조는 면밀한 수업 장학 및 통제를 감소시키고 교사에게 자율성을 많이 부여하여 교사들 스스로 느끼는 가르치는 일에 관한 자기 효능감을 높이는 구실을 하지만, 이는 학교 개혁가의 입장에서 볼 때 만만치 않은 변화의 장애물로 작용한다. 즉 이완 결합적 구조는 유기적으로 단단히 결합된 구조에 비하여 학교 내부를 변화시키려는 개혁 정책의 영향력이 하위 단위나 구성원들에게 미치지 못하게 만든다. 중등학교 교실수업의 모습이 좀처럼 변화하지 않고 지속되는 상황을 우리는 이와 같은 방식을 통해 부분적으로 설명할 수 있다.

둘째, 비록 우리 학교 교실 안에서 벌어지는 소위 교육적 행위들이 고상한 교육적 목표와 가치를 추구하고, 나름의 전문성을 추구하고 있을 것이라는 믿음을 우리 사회는 가지고 있지만, 실제로 학교 교실 안에서 관찰되는 행위들은 그보다 오히려 일종의 '의례' 내지는 '교육적 신화'에 불과할 수 있다는 점이다. 그리고 이러한 특성으로 말미암아 학교가 얻는 이득은 "바깥에서 보기에 학교가 그 나름대로 임무를 잘 수행하면서 별 탈 없이 부드럽게 잘 굴러가고 있다"는 대중의 믿음이라고 할 수 있다.

III 탈숙련화 이론(Deskilling Theory)에서 바라본 교실수업 현상

구조적 이완 결합의 이론적 관점에서 교실수업 행위를 바라보는 것만큼, 비판 이론적 관점에 입각한 교실수업 연구도 우리 사회의 공식적 학교 교육의 담론이 전제하고 있는 교실수업 행위의 의미와는 상당히 다른 해석 방식을 보여주고 있다. 이하에서 우리는 특히 '탈숙련화 이론(deskilling theory)'에 주목할 것이며, 이 이론이 어떻게 교사의 교실수업 행위가 지니는 또 다른 차원을 독특하게 기술하고 있는지 살펴보고자 한다.

20세기 후반에 성장한 학교 교육에 관한 비판 이론적 관점은 자기반성을 통해 고전적인 마르크스적 접근 또는 계급 결정론적 입장에서 서서히 탈피하기 시작하였다. 부르디외와 파세롱(Bourdieu & Passeron, 1977)의 문화자본(cultural capital) 이론, 그리고 권력과 지식의 관계에 대한 푸코(Foucault, 1979, 1980)의 후기 구조주의적 분석, 그리고 프레이리(Freire, 1968, 1987)의 해방적 교육 이론 등은 애플(Apple, 1982/1995, 1986, 1993), 지루(Giroux, 1981, 1988), 파이나(Pinar, 1975)와 체리홈즈(Cherryholmes, 1988a, 1988b) 등의 연구에 지대한 영향을 끼쳤다. 교육에서의 정치적 해방(political emancipation), 교육과정에 대한 재개념화(reconceptualization), 담론(discourse) 내지 텍스트(texts)로서의 교육과정 이해를 중심으로 20세기 후반기의 비판 이론적 관점은 교육이 개인에게 사회-경제적 평등을 가져다준다는 전통적인 믿음의 허구성을 신랄하게 공격하는 것뿐만 아니라, 교육이 기존의 불평등한 자본주의적 경제 구조를 재생산한다는 계급 결정론적 사고방식까지도 함께 극복하고자 했다.[4)]

탈숙련화 현상과 노동 심화

교사의 교실수업 행위에 대한 탈숙련화 이론은 이와 같은 이론적 토대 위에서 만들어졌다. 비판 이론가들은 먼저 학교 교육에서, 특히 교사들의 전문 영역인 가르치는 행위와 관련된 업무에 있어서 나타나는 노동 심화(labor intensification) 현상에 주목하고, 이를 궁극적으로 교사 본연의 권리 또는 교육적 전문성이 침해당하는 것이라고 규정하였다. 이들은 일반적으로 노동 심화 현상이 다음과 같은 증상들을 보인다고 말한다(Apple, 1982/1995, 1986; Larson, 1980; Hargreaves, 1994).

- 일상적인 하루 일과 중 정신적 여유를 찾을 시간이 현저히 줄어든다.
- 전문가로서의 테크닉과 해당 분야의 전문지식을 연마할 시간이 부족해진다.
- 만성적인 업무의 과다를 야기하여, 개인적인 판단이 필요한 영역이 점차 줄어들고, 장기적인 계획에 관여하고 이에 대한 통제권을 행사하는데 어려움을 겪는다.
- 외부로부터 제공되는 전문성 및 자료 원천에 더욱 과도하게 의존하게 되고, 결국 시간을 절약하는 과정에서 전문적 서비스의 질을 저하시킨다.

애플(Apple, 1986)은 위와 같은 특징들이 미국 교사들의 교수 업무 영역에서 크게 두드러지고 있다는 주장을 제기하였다. 애플을 비롯한 노동 심화 가설에 동의하는 비판 이론가들은 이 같은 현상이 특히 20세기 후반기부터 학교에서 관찰되기 시작된 비교적 새로운 현상이라고 보고 있다. 노동 심화는 구체적인 행동적 목표와 기능들로 특성화된 교육과정과 표준화 시험의 강조 흐름, 그리고 1980년대 이후 널리 퍼지기 시작한 학교 책무성(school accountability)의 개념과 밀접히 연관되고 있다고 보았다.

애플(Apple, 1982/1995, 1986)은 노동 심화가 궁극적으로 교사의 교실수업에 어떠한 교육적 결과를 가져오는지를 구체적으로 묘사하는 과정에서, 노동 심화의 주된 결과로서 발생하는 탈숙련화(deskilling) 현상을 심도 있게 논하고 있다. 그는 노동 심화의 과정에서 교사들이 학교 외부로부터 강요되는 지침과

교육 프로그램에 점차로 의존하게 되고, 그로 인해 일상적인 교실수업 행위에 대한 기술적 통제가 새로이 발생하는 경향을 지적하였다. 그는 학교에서의 탈숙련화의 개념이 단순히 기술적인(technological)인 개념이 아니라, 궁극적으로 노동에 대한 통제의 변화를 반영하는 역사적이고 정치적인 개념이라고 이해한다. 정신적-육체적 노동의 형태는 효율성 및 노동 과정 자체의 통제를 높이기 위해 분절적인 단위로 나뉘어 관리되고 재정의된다. 이 과정에서 개별 노동자가 이전에 지녔던 시간 활용이나 맡은 과제 수행에 적절한 방식과 판단의 준거들을 정의하는 일 등에 대한 통제력은 점차로 현장과는 멀리 떨어져 있는 관리자의 영역으로 넘어간다. 여기서 탈숙련화 과정은 개별 노동자가 오랜 시간을 거쳐 습득한 기술들을 무디게 만들고, 업무에 대한 기술적 통제를 불가능하게 만든다. 탈숙련화의 전형적 사례를 우리는 맥도날드와 버거킹과 같은 패스트푸드 체인점에서 일하는 임시 고용직 직원들에게서 찾아볼 수 있다. 치밀하게 규격화된 방식대로 전국 어디서나 동일한 맛의 음식물을 제공하는 맥도날드와 버거킹은 각 지점의 고용인들에 대한 통제력을 극대화하였다. 이미 표준화된 요리 방식과 요리 기계들로 인해 패스트푸드 체인점에서 직원들에게 요구되는 전문 기술은 그 수준이 극히 낮으며, 이로 인해 직원의 대체 가능성은 그만큼 높아지게 된다.

애플은 이와 같이 기업이 작업장에서 생산성과 효율성을 높이기 위해 노동자들을 기술적으로 통제하는 것과 같은 맥락에서 교사의 교실수업 행위의 탈숙련화 과정을 설명하고자 했다. 교실수업 행위의 탈숙련화 현상은 학교 교육이 점차로 외부로부터 처방된 (하향식의) 교육 목표와 표준들에 집착할 때 발생하기 쉬우며, 이 과정에서 학교는 외부의 정책적 지침에 의해 이미 프로그램화된 교재나 교수 방식들을 교실수업에 활용하도록 유도된다. 여기서 프로그램화된 교재와 교수 방식이란 외부 교육 전문가에 의해 교수 설계, 교과 지식, 학습 활동 및 평가 등의 주요 내용들이 이미 완성된 형태로 제공되며, 개별 교사의 주관적인 교육적 관점이나 교과 지식 등이 좀처럼 영향을 미칠 수 없는 표준화된 교재(teacher-proof materials) 또는 그와 같은 내용을 핵심으로 하는 프로그램을 지칭한다.

이러한 교육적 상황은 교사라는 직업인이 기본적으로 갖춰야 하는 전문성을 갉아먹는 경향을 낳는다고 애플은 이야기한다(Apple, 1982/1995, pp. 130-135). 교실수업, 즉 교사로서의 기술적 업무(technological work)에 해당하는 영역이 교사 자신의 전문적 식견과 판단보다는 외부로부터의 프로그램이나 교수-학습 자료들에 의해 결정된다는 것은, 바로 사회 전반적으로 교사의 전문적-기술적 영역이 침해되고 있다는 것을 의미한다는 것이다. 먹기 쉽고 조리하기 쉽게 만들어져 나온 슈퍼마켓 진열대 위의 먹거리에 점차 익숙해지는 도시인들처럼, 교실수업을 설계하고 실행하고 평가하는 일을 맡는 교사는 이러한 흐름 속에서 (본인의 의사와는 무관하게) 이미 마련된 프로그램화된 교재에 익숙해지는 경향을 보인다.

탈숙련화와 교사 전문성의 관계

교실수업 행위에 관한 탈숙련화의 진전이 야기하는 심각한 문제점 중 하나는 바로 20세기 후반의 주류 교육개혁 담론에서 강조되는 교사 전문성(teacher professionalism)의 개념에서 찾아볼 수 있다(Apple, 1982/1995, 1986; Hargreaves, 1994). 교육 당국에서 각급 지역 학교에 정책적으로 선전하고 있는 교사 전문성의 개념은 보편적이고 훌륭한 교사의 이미지를 바탕으로 한다. 여기에는 기본적으로 교사의 자발성과 리더십, 교사들 간의 교과 협력의 증진, 학교 혁신 프로그램에 대한 적극적인 참여, 새로운 테크놀로지의 수업 적용 등의 혁신적 내용들이 수반되는데, 은유적으로 표현하자면 현대 축구에서 강조되는 '멀티플레이어(multi-player)로서의 교사'의 모습을 강조하고 있다고 하겠다. 최근 한국과 미국의 국가 교육정책에서 공통적으로 발견되는 이와 같은 내용의 교사 전문성의 이념은 공공선을 추구하기 위해 그러한 교육적 변화가 필수적이며 불가피하다는 점을 주지시킨다.

하지만 이러한 주류 교육 개혁가들의 생각을 대변하는 교육 당국의 기대와는 정반대로, 비판 이론가들은 교육 당국에 의해 교사들에게 강요되는 교사 전문성이 현실적으로는 대부분의 학교에서 탈전문화(de-professionalization)를 조장하게 될 것이라고 예견한다. 왜냐하면, 위와 같은 교사 전문성의 이념은 개별 교사들의 입장에서 볼 때, 동일한 시간 동안 전보다 훨씬 더 많은 교수상의 역할과 의사결정 및 그에 따른 실제 업무를 담당하도록 요구하고 있으며, 이는 결국 교사들의 전문성 신장이 아닌 탈숙련화의 가능성을 더 높일 것이기 때문이다. 하지만, 교육 당국은 정치적으로 교사 전문성을 신화화(mystification)함으로써 과거보다 늘어난 교사의 업무량을 정당화하고 교실수업 행위에 대한 행정적-기술적 통제를 강화하게 된다.

교사의 전문성 약화 이외에 교실수업 행위의 탈숙련화가 학교 교육에 가져오는 더 심각한 위험은 다름 아닌 왜곡된 교육적 관점의 확산일 것이다(Apple, 1986; Densmore, 1987; Hargreaves, 1994). 이러한 왜곡된 교육의 관점을 취할 때 현장의 교사와 교육 행정가들은 '교육적'이라는 말의 의미를 '교수와 학습이 외부로부터의 준거들에 의해 표준화되고 측정 가능하게 되는 것'과 동일시하게 된다. 즉, 노동 심화와 탈숙련화 현상을 오히려 전문성을 지닌 교사의 모습으로 잘못 인식하는 경향을 보인다. 그리고 이러한 왜곡된 교육의 관점을 지닌 교육 전문가들은 종종 교실수업에서 관찰되는 기술주의적(technocratic) 증거들을 교육적인 증거로 오해하는 모습을 보일 것이다. 다시 말해, 노동 심화와 이에 따른 탈숙련화의 진전과 왜곡된 교사 전문성의 파급은 비교육적인 현상을 교육적인 현상으로 잘못 인식하는 결과를 야기한다. 교사는 전문성을 지닌 교육 실천가가 아닌 기술주의적 요인(technocratic agent)으로 전락하며, 교육적 행동 자체로부터 자신을 소외시키는 결과를 가져올 것이라고 비판 이론가들은 역설한다.

IV 교사 실천 이론(Teacher Practical Theorizing)에서 바라본 교실수업 현상

I장에서 우리는 1990년대 이후의 교실수업 관련 연구가 실증주의적-양적 연구 패러다임의 지배적 영향력에서 점차 벗어나 해석학적-질적 연구 패러다임이 점차로 강화되는 모습을 보인다는 점을 지적하였다. 이러한 변화를 반영하듯, 국내의 사회과교육 연구공동체에서도 해석학적 관점을 취하고 있는 교실수업 연구가 1990년대 이후 두드러진 성장을 보였다. 이 연구들은 공통적으로 주류적인 실증주의적 교실수업 연구의 인식론적-방법론적 입장에 대한 대안을 모색하였고, 질적인 자료 원천들(예 교육 주체들의 주관적 의미, 인식, 태도-신념, 교실과 학교의 맥락) 및 학교 구성원들 간 그리고 구성원과 주변 환경 간의 상호작용을 심층적으로 기술하고자 하였다. 이 같은 해석학적인 연구 관점 하에서 교실수업은 결코 외부적으로 규정되는 행위나 기능의 체계로서가 아니라, 학교 구성원들의 이해관계와 주관적 의미의 생성, 면대면의 상호작용 속의 갈등-타협-적응-변화에 의해 만들어지는 복합적인 구성물에 더욱 가깝게 묘사된다(Denzin & Lincoln, 1998; Erickson, 1986; Page, 1991; Spindler, 1982; Woods, 1983). 따라서 교사의 교실수업 행위 개념은 개별적이고 독립적인 현상으로서가 아니라, 학교 구성원들과 교실수업에 영향을 주는 맥락적 요인들 간의 상호작용의 결과로 이해되어진다.

교사의 조율 행위(Teacher Gatekeeping)와 교실수업

교사의 실천 이론(practical theorizing)의 개념은 해석학적 내지 사회 구성주의적 연구 흐름 속에서 구체화된 교실수업을 이해하는 이론적 관점 중 하나이다. 미국 교사들의 실천 이론을 체계화하는데 기여한 손튼(Thornton, 1991)은 사회과 교실수업 연구 경향을 분석하면서 'teacher gatekeeping' 즉 '교사의 조율 행위'라는 용어를 교과 연구 영역에 회자시켰다. 그는 이 용어를 "교사가 교육과정과 교수 방법에 관하여 내리는 의사결정 행위 및 그러한 의사결정에 사용되는 준거들의 결합체"라고 정의하였다(p. 237).[5] 이러한 교사의 조율적 역할이 발생시키는 세 가지 주요 영역은 크게 교과교육의 의미에 대한 철학적 정의의 단계, 교실 수준에서의 교육과정 구성-조직의 단계, 그리고 교실에서 사용되는 교수 전략-방법의 단계로 나뉠 수 있다.

이러한 교육과정적 그리고 교수적 조율자로서의 교사의 모습은 어떻게 형성되는 것일까? 여기에 크게 교사 주관성 요인, 학교의 맥락적 요인, 그리고 교과 특수성 요인들이 영향을 미치고 있다.

첫째, 교사 주관성의 요인에는 개별 교사가 지니는 교육학적 관점, 보유하고 있는 교과 지식, 교육적 신념과 태도가 포함된다. 둘째, 학교의 맥락적 요인은 학생 집단의 특성, 지역사회의 특성, 학교 행정 구조의 특성 및 교직 문화의 특성이 작용한다. 마지막으로, 교과적 특수성을 반영하는 요인에는 교사가 담당하는 해당 교과의 교육과정상 그리고 교과 지식상의 특성 및 교과 문화의 특성이 해당된다. 이 세 가지 유형의 영향 요인들에서 교사의 주관적 요인의 영향력은 교사의 실천 이론의 개념에서 중요한 관심의 대상이 되며, 이 주관적 요인이 어떻게 교과적 특성과 학교 맥락적 요인들과 상호작용하는지를 이해하는 것은 중요한 연구의 관심사를 구성한다.

교사의 실천 이론에 근거한 교실수업 연구는 크게 몇 가지의 공통적인 주장들을 도출하고 있다. 그 첫 번째의 주장은, "교사들은 서로 상당히 다르게 생각하고 가르치고 있다"는 비교적 평범하지만, 그렇기 때문에 흔히 간과되어 온 사실이다. 관련 연구들은 교사가 지니는 이러한 자율적 영역의 힘은 일반 대중이나 기존의 교실수업 연구에서 예상되었던 것보다 상당히 크다는 점을 강조하고 있다. 실제로 1980년대 이후 미국과 한국에서 행해진 교실수업의 질적 사례 연구들은 사회과 교사들이 보유하는 교과적 지식과 교수 방법에 대한 주관적 관점-믿음이 실제 교실 안에서의 일상적인 교육과정적-교수적 행위에 상당한 영향을 미친다는 점을 보여주고 있다(박윤경, 2003; 이혁규, 1996; 조대훈, 2002; 조영달, 1992, 2001b; 한광웅, 2011; Adler, 1984; Bennett & Spalding, 1992; Brophy, 1993; Ross, 1987; Ross et al., 1992; Thornton, 1988, 1993; Wilson & Wineburg, 1988; Wineburg & Wilson, 1991). 교사들이 가지는 다양한 모습의 가능성과 교수적 자율성의 영향력에 대한 간과는 자칫 학교의 일상생활 속에서 나타나는 교사들의 모습을 단순화시키고, 교사 집단을 동질적인 집단으로 간주하는 오류를 범할 수 있다.

둘째, 교사의 실천 이론에 초점을 두는 연구들은 대부분의 교실에서 교사의 주관적 요인들이 그대로 교사의 조율 행위에 투영되는 것은 아니라는 점에 주목하고 있다. 개별 교사의 의도가 항상 실제 행위로 연결되는 것은 아니며, 이 같은 의도와 행위의 괴리 현상은 대부분 교사들의 교육과정 조율 행위에서 발견된다고 주장한다. 예를 들면, 손튼(Thornton, 1988)은 이를 교사의 교수적 의도와 실제 교실수업 행위 간에 발생하는 일치(consonance) 또는 불일치(dissonance)의 문제로 이해하였다. 개별 교사의 '의도된 교육과정(intended curriculum)'이 교실 안에서 '실행된 교육과정(enacted curriculum)'으로 변환될 때 과연 어느 정도의 교육과정 일치(curriculum consonance)가 달성되느냐는 교사의 실천 이론 연구의 주요 관심사 중 하나이다. 그리고 교실수업에서 나타나는 이 같은 교사의 의도와 실제 행위 간의 연결 고리에는 앞서 언급된 학교 맥락적 변인들의 영향이 자리하고 있다. 학교의 맥락적 변인들은 교육과정 일치를 저해하기도 하고 조장하기도 하는 요소가 될 수 있다. 관련 연구자들은 이러한 교육과정 일치/불일치를 만들어 내는 조건들이 무엇인지를 규명하고자 노력하였다.

최근 국내외의 실천 이론 연구들은 교사들의 교육과정 실행(curriculum implementation)의 기제를 조명하는 과정에서, 교사의 교실수업 행위를 둘러싼 학교의 구조적·문화적 환경이 교사들의 주관적 신념과 담당 교과 지식 및 교실수업 행위에 대한 교육적 관점들과 어떻게 상호작용하는지를 조명하고 있다(박윤경, 2003; McNeil, 1986; Jho, 2001; 김혜숙, 2006). 교사들의 교육적 신념과 교육과정적-교수적 관점은 때로는 외부로부터 강요된 교육적 아이디어를 적절히 걸러 내거나, 주어진 제도적 환경의 제약 속에서 나름대로 최적의 교수적 상황을 이끌어 내기도 하지만, 대부분의 경우 학교의 구조나 제도적 환경은 넘기 힘든 산으로 작용한다. 대부분의 교사들은 자신의 교육적 이상을 좇아 교육적 변화를 추구하기보다는, 제도적 환경의 제약에 굴복하거나 타협하는 경향을 보인다.

예를 들면, 교육개혁을 시도했던 미국 중서부의 네 개 고등학교에 관한 맥닐(McNeil, 1986)의 문화기술적 연구는 교사들이 보인 방어적 교수 전략(defensive teaching strategies)의 의미를 심층적으로 기술하고 있다. 교사들은 교실 내의 질서 유지와 과제에 대한 학생들의 최소한의 동조를 얻어내기 위한 방편으로, 교수 내용을 단순화하고 난이도를 낮추며 학습 요구사항을 줄이는 모습을 보였다. 그 결과, 대부분의 교실에서 사회적 통제(social control)의 목적은 교수적(pedagogical) 목적을 압도하고 있었으며, 이는 대부분 교사들의 입장에서 합리적인 차선책으로서의 의미를 지녔다. 이와 같은 연구결과들은 궁극적으로, 공식적인 학교 교육과정 지식은 원형 그대로 학생들에게 전수되는 것이 아니라, 교사들의 교육과정적-교수적 조율 행위, 그리고 실제 수업에서 교사와 학생들 간의 타협-협상을 통해 변화된 형태로 학습되게 된다는 점을 시사한다.

셋째, 교사들이 어떠한 교수적 조건하에서 어떠한 방식으로 교육과정상 그리고 교수상의 의사결정을 내리는지를 분석하는 과정에서 교사 실천 이론은 교사의 '고립화' 내지 '개인주의의 현상'을 교실수업 행위 해석의 중요한 변수로 간주한다. 교사의 고립화 또는 개인주의는 사회-문화적 맥락의 차이에도 불구하고 어느 정도 보편적인 교직사회의 현상으로 알려져 있다(이혁규, 1996; Jackson, 1968/1990; Jho, 2001; Lortie, 1975; Provenzo & McCloskey, 1996). 교사의 고립화 현상은 왜 교직사회의 한 특성으로 나타나고 있을까? 교사 실천 이론은 교사의 고립화 내지 개인주의를 철저한 '교육적 해악'이나 이미 '주어진' 교직사회의 조건으로 간주하기보다는, 학교 제도적 환경에 대한 일종의 적응 노력의 산물로서 그리고 교사의 관점에서 반드시 필요한 자율적 공간으로서 이해하는 경향이 짙다(Flinders, 1988; Hargreaves & Dawe, 1990; Little & McLaughlin, 1993).

그 한 예로서, 플린더스(Flinders, 1988)의 연구는 교사의 고립화를 심리적 상태(a psychological state)로서의 고립, 생태학적 조건(an ecological condition)으로서의 고립, 그리고 적응적 전략(an adaptive strategy)로서의 고립 등의 세 가지 유형으로 구분하고 있다. 그리고 뒤이은 고등학교 영어 교사들의 사례 연구 보고서에서 그는 연구에 참여한 영어 교사들이 보여준 고립 유형은 바로 세 번째의 적응적 전략으로서의 고립이라고 결론지었다(Flinders, 1989). 즉 구조적으로 제한된 교수 업무 환경에서 살아남기 위해 전략적으로 취하는 선택으로서, 교사들은 일상적으로 당장 수행해야 하는 교육과정상-교수상의 요구사항 및 과제들을 위해 시간과 에너지를 아껴야만 하고, 이러한 상황은 결국 개별 교사들의 고립적인 업무 상태를 이끌어 내고 있다는 주장을 플린더스는 설득력 있게 제시하고 있다. 결국, 교실수업 행위의 측면에서 교사들이 보이는 고립화와 개인주의 현상은 전적으로 교사 개인의 선택적 결과라고 치부될 수 없으며, 교직 업무와 환경 자체의 특성에 대한 교사들의 적응적 반응의 결과라고 간주할 수 있다.

교과적 특수성과 교실수업

교사 실천 이론은 해당 교과의 특성이 교사의 교실수업 행위에 미치는 차별적인 영향력에도 커다란 관심을 가진다. 교실수업 연구에 있어서 교과 내용(subject matter)의 위치가 상대적으로 주변적이었다는 주장은 결코 과장이 아니다. '무엇을 가르칠 것인가?'의 무엇에 해당하는 교과 내용은 해당 교육과정의 내용을 가장 직접적으로 결정해 왔고, 수학 교과, 사회 교과, 미술 교과 등의 이름은 당연히 교실수업을 분류하는 가장 원초적인 기준이 되어왔지만, 이러한 상식적인 교과의 관점에서 한 가지 간과되었던 사실은 '교과의 내용이 그 교과를 담당하는 교사의 교수 방식에 특별한 영향을 미친다'는 가능성이었다. 시스킨(Siskin, 1994)의 지적처럼, "교과(문화)는 그동안 학교 교육 연구에서 보이지 않는 존재였다"(p. 19). 최근 들어 교과 교육 연구자들은 담당 교과의 내용 및 교사의 전공 지식이 실제 교실수업 행위상의 차이와 연관을 지니며, 더 나아가 이러한 교과적 특성은 해당 교과의 교사 문화에 영향을 미친다는 점을 밝혀주고 있다(이혁규, 1996; Ball & Lacey, 1984; Grossman & Stodolsky, 1994; Siskin, 1994; Stodolsky, 1988; 1993; Stodolsky & Grossman, 1995).

스토돌스키와 그로스만(Stodolsky & Grossman)이 오랜 기간 동안 관심을 가지고 행해 온 교과 비교 연구는 개별 교과들이 지니는 교과 문화가 다양하다는 점을 잘 입증해 주고 있다. 스토돌스키(Stodolsky, 1988, 1993)는 고등학교 수준에서 나타나는 개별 교과 내용과 교과 문화의 특징들은 교사들의 교육과정 및 교실수업 행위의 차이와 깊은 관계를 지닌다고 하였다. 예를 들면, 수학 교과에 비해 사회 교과는 교육과정 내용과 교사들의 전공 배경의 측면에서 다양성을 보이고 있었는데, 이러한 특성은 사회 교과 운영의 측면에서 교과 정의(definition)상의 합의 수준이 낮고, 교수 프로그램상의 조정(coordination)이 어려우며, 학생들의 학업 수행의 표준(performance standards)을 제시하는데 난항을 겪는 상황과 깊게 연관된다고 하였다. 스토돌스키와 그로스만(Stodolsky &

Grossman, 1995)의 연구도 이와 비슷한 결과를 16개 고등학교의 5개 교과(영어, 수학, 과학, 사회, 외국어) 비교 연구에서 얻어내었다. 예를 들면, 사회 교과는 다른 교과에 비해 교과 자체의 본질과 주요 교수 개념에 대한 교사들 간의 합의도가 낮고, 교과 지식의 계열성(sequentiality)도 낮으며, 교육과정 내용 면에서 외부적 요인들에 의해 많은 변화를 겪는 것으로 인식되었다. 이들은 교과별로 상이한 이와 같은 교사들의 인식과 믿음이 결과적으로 효과적인 교수 방식에 대한 인식과 적용에 영향을 미친다고 주장하였다. 교과 부서 문화(department subculture)라는 분석 단위에 초점을 맞춘 시스킨(Siskin, 1994)의 중등학교 연구도 교과 부서라는 것이 얼마나 중등학교 교사의 삶 전체에 은밀하면서도 강력한 영향력을 행사하고 있는지를 기술하고 있다. 여기서 교과 부서는 상이한 교과 내용과 하위 교사 문화, 그리고 미시 정치학을 수반하는 특정 유형의 지식 영역(realms of particular types of knowledge)을 의미하고 있다.

교사들의 현장 이론에서 바라본 교실수업 행위의 의미는 이상과 같은 주요 주장들을 통해 구성된다. 교사의 역할 개념은 교사의 주관적인 교육학적 관점과 전공 지식, 교과 내용과 교과 문화의 특성, 그리고 학교의 제도문화 간의 상호작용에 초점을 맞추며, 무엇보다도 교과 교사를 구조의 영향력에 종속되는 힘없는 개인으로서가 아니라, 자신의 교수적 자율성과 교육적 관점을 중심으로 주어진 교수 환경에 적극적으로 적응-타협해 나가는 주체로서 묘사하고 있다고 하겠다.

V 교실수업 현상, 이제 어떻게 바라볼 것인가?

이제까지 우리는 교사의 교실수업 현상의 의미를 상이한 세 가지의 이론적 모델에 기초하여 살펴보았다. 이 작업의 기본 의도는 이러한 세 가지 (또는 그 이상의) 이론적 모델의 비교를 통해 교실수업 현상이 지니는 다차원적 특성을 밝히는 것이었다. 교실수업 행위는 여러 가지의 상호보완적인 모습들로 구성되어 있고, 그러한 모습들을 인식하고 균형적으로 포용하는 일은 바람직한 교육적 변화를 추구하는 교사, 전문 연구자, 그리고 정책 결정자에 있어 중요한 과제이다. 요약하면, 앞장에서 우리는 교실수업 현상이라는 개념에 대한 세 가지의 상이한 설명 방식을 이끌어 낼 수 있었으며, 이는 교실수업 행위 안에 공존할 수 있는 세 가지의 다른 모습들을 의미하고 있었다. 이제까지의 내용을 우리는 다음과 같이 요약해 볼 수 있다.

첫째로, 제도 이론은 교실수업 행위의 의미를 그 자체의 속성으로 풀어내기보다는, 학교 구조와 조직 운영과의 관계 속에서 설명하고자 한다. 여기서 교실수업 행위는 일종의 불확실하고 모호한 기술적 특성을 지니는 것으로 간주되지만, 개별 교사 고유의 자율적 영역에 속하는 것으로 암묵적으로 존중되고 신뢰된다. 교실수업 행위에 관한 학교 행정 당국의 태도는 (일반 대중의 기대처럼) 합리적이고 효율적인 절차와 관리의 모습을 보이지 않으며, 학교 행정 조직은 교실수업 행위에 대한 낮은 수준의 통제와 관리를 보이며 구조적으로 교실수업 행위의 핵심과 이완 결합하는 모습을 보인다. 하지만, 학교 제도는 일과표, 성적 관리, 졸업 규정 등의 영역에 대한 철저한 통제와 관리를 행사한다. 이 같은 학교 조직 속에서 교실수업 행위는 신뢰의 논리를 바탕으로 행해지는 일종의 의례 행위로서의 의미를 지니게 된다.

둘째로, 탈숙련화 이론은 20세기 후반기 학교 사회에서 두드러지게 관찰되는 교실수업 행위의 특징적 현상을 분석하고자 한다. 교실수업 행위상의 노동심화 현상과 탈숙련화가 진전되고 있다고 보는 비판 이론가들은 대부분의 산업사회에서 나타나고 있는 국가 주도 교육개혁 정책이 내세우는 교사상은 결과적으로 개별 교사에게 훨씬 더 많은 교수 관련 책임을 떠맡기며 그것을 정당화하며, 중앙 교육 당국이 가지는 교실수업 행위에 대한 통제력을 증가시키는 경향이 보여 왔다고 주장한다. 특히 이 과정에서 주류적 교육개혁의 담론에서 묘사되는 교사 전문성은 허구적인 것이며, 오히려 교실수업 행위에 대한 기술적 통제 — 즉, 탈숙련화 — 의 결과로서 탈전문화를 조장한다고 비판한다.

마지막으로, 교사 실천 이론은 위의 두 가지 이론적 모델에 비해 교실수업 행위 그 자체를 핵심적인 분석 대상으로 삼고 있다. 교사의 현장 이론은 교실수업 행위를 '교사가 자신이 담당하는 교과의 의미, 교과 지식, 그리고 교수방법에 대한 자신의 관점을 특수한 학교-교실의 맥락에 접목시키고 거기에 적응해 나가는 과정'으로 바라본다. 의사결정의 주체로서의 교사, 그리고 교수적 자율성의 개념은 교실수업 행위를 정의하는 작업의 한가운데에 자리하고 있다. 교사들이 만들어 내는 교실수업 행위는 교사의 주관적인 교육학적 관점과 전공 교과 지식, 교과 문화의 특성, 그리고 교수 환경으로서의 학교 제도문화 간의 끊임없는 상호작용의 결과로 이해된다.

그렇다면, 이상의 이론적 관점들의 비교 분석을 통해 얻은 결과들이 우리나라 중등학교 교실수업 연구에 대해 가지는 교육적 시사점은 무엇일까? 무엇보다도 이상의 논의는 교실수업을 설명하는 이론적 모델들을 상호 비교 검토하여, 보다 종합적인 인식론적 렌즈로 다듬어야 할 필요성을 시사하고 있다. 각 이론적 모델은 나름의 독특한 연구 관심을 가지고 있다. 학교에서 관찰되는 교실수업 행위라는 동일 대상에 대하여 세 가지 이론적 모델들은 각자의 연구 관심에 충실한 '상이한 밑그림'을 그리고 있다고 볼 수 있다. 우리는 이러한 예상된 발견이 교실수업 행위에 대한 이론적 모델들의 설명 방식의 차이를 말해주고 있기도 하지만, 다른 한편으론 교실수업 행위의 본질이 지니는 복합적이고 다면적인 성격을 잘 부각시켜 주고 있다고 믿는다. 이제 우리는 교실수업과 관련된 주요 개념들(예 행정적 통제, 교사 전문성, 교수적 자율성)이 어떻게 위의 세 가지 이론적 관점들에 의해 보다 더 심층적으로 이해될 수 있고, 상호보완적으로 접근될 수 있는지를 깨달을 수 있다.

이제 그 한 예로서 교실수업 행위에 대한 '행정적 통제와 관리'의 의미가 어떻게 위에서 제시된 세 가지 이론적 관점에서 더욱 더 종합적으로 그리고 풍부하게 이해될 수 있는지를 살펴보기로 하자. 교실수업 행위에 관한 행정적 통제와 관리의 개념은 각각의 이론적 관점에서 개별적으로 접근되었을 때 상당히 다르게 묘사될 수 있지만, 각각의 관점에서 그려진 행정적 통제의 모습은 서로 불완전한 부분을 채워주고 있다. 우선, 제도 이론적 관점에서 행정적 통제와 관리의 여러 증거들은 학교 내부 구조의 꽉 짜여진 결합의 증거로 대개 이해되는데, 이때 단단한 결합(tight coupling)은 이완된 결합(loose coupling)보다는 더욱 긍정적인 현상으로 받아들여진다. 즉, 교실수업 행위에 대한 철저한 장학의 형태로서의 행정적 통제는 바람직한 학교 조직 내 현상으로 받아들여지는 경향을 지닌다. 이러한 인식의 경향은 구조적 이완 결합의 이론적 전통에서뿐만 아니라, 90년대 이후 가속화된 한국과 미국의 학교 구조조정(school restructuring)의 흐름 속에서도 흔히 목격되는 현상이다. 표면적으로 드러나는 다양하고 활발한 학교 구조 혁신의 움직임은 그 자체로서 교육적 변화와 동일시되는 경향이 있다.

그러나 탈숙련화의 관점에서 방금 전과 같은 행정적 통제와 관리에 대한 인식은 제한적일 수밖에 없다. 탈숙련화의 이론적 관점에서 단단한 결합의 증거로서의 행정적 통제가 지니는 긍정적 의미는 처음부터 거부된다. 우선 가시적이고 직접적인 행정적 통제의 증거가 없다고 하더라도, 학교 안에는 눈에 잘 띄지 않는 형태로 일상생활 속에 깊이 침투해 있는 간접적이고 은밀한 통제의 방식이 존재한다는 점을 잊어서는 안 된다고 이야기한다. 더욱이 교육과정-교재-학생 평가의 측면에 대한 체계적 관리의 실시는 대부분의 교육 개혁가들과 행정가들에게 "어떠한 가시적인 변화가 일어나고 있다"는 인상을 심어 주기에 충분하겠지만, 이 같은 행정적 관리와 통제는 자칫 학교 구성원들에게 수업의 목적과 관리적 효율성의 목적을 혼동하게 만들 수 있는 위험성도 함께 지닌다. 만약 행정적 통제와 관리가 교수적 자율성이 지니는 교육적 힘을 극대화하는 방향이 아니라, 오히려 그것을 해치고 더 나아가 교사 전문성을 약화시키는 방향으로 이루어진다면, 그러한 행정적 통제와 관리는 비교육적인 사태를 초래할 것이다.

하지만 교사 실천 이론의 관점에서 행정적 통제와 관리의 개념은 (위의 두 가지 관점에서 엿보였던) 교사 개인이 좀처럼 거역할 수 없는 일방적인 구조적 힘이 아니라, 교사가 적응, 타협, 저항하거나 변화시킬 수 있는 대상으로서 인식된다. 따라서 동일한 행정적 통제와 관리도 국지적으로 다양한 현장 교사들의 적응 방식으로 인해 다양한 교육적 결과들을 낳을 수 있는 것으로 간주된다. 따라서 교실수업 행위에 대한 행정적 통제와 관리는 결코 일방적일 수 없으며, 이는 교사와 학생, 그리고 행정가들의 관계 속에서 재정의되고 재구성되는 것으로 이해하게 된다.

행정적 통제와 관리에 관한 이러한 세 가지의 이해 방식들은 행정적 통제와 관리의 본질이 지닐 수 있는 다면적 특성을 잘 조명해 주고 있다고 생각한다. 다양한 이론적 모델들의 이해 방식을 접목시킬 경우, 교실수업의 현상들은 보다 총체적이고 현실 정합성을 띠는 방식으로 이해될 수 있을 것이다. 이와 같은 이해의 방식이 결여된 교실수업 행위의 개념은 현장 교사들과 그들의 업무에 대한 오해를 야기할 수 있으며, 더 나아가 피상적이고 비교육적 결과를 초래하는 교육정책으로 연결될 수 있다.

또한, 교실수업 행위의 본질을 다양하고 총체적으로 조명할 수 있는 이론적 접근의 필요성과 함께 교실수업 연구는 바람직한 교실수업 행위의 의미에 관하여도 지속적인 탐구를 해야 할 것이다. 2000년 이후에 등장한 국내의 몇몇 연구는 좋은 교사와 좋은 수업의 의미를 구체화하는 탐색적 작업을 시도하였는데(예 강대현, 2003; 한국교육과정평가원, 2002), 이러한 연구 시도는 앞으로 교실수업 행위의 다층적 의미의 탐구와 함께 병행돼야 할 것이다.

❖ 주

1) 실증적-분석적 과학의 전통은 실증주의 또는 행동주의의 연구 관점을 내포하며, 학교 교육의 효과를 높이려는 주된 관심하에 관찰 가능하고 객관화할 수 있는 자료 및 변인들을 분석하여 보편성을 띤 결론을 얻으려고 노력한다. 반면 상징적 과학의 전통은 해석학적 또는 현상학적 연구 관점을 바탕으로 하며, 관찰 가능하고 객관화되는 변인들을 찾기보다는 연구 대상 즉 특정 학교의 구성원들의 언어와 사고, 신념 등을 중시하며, 그러한 주관적 의미들의 상호작용 속에서 관련 교육 현상이 특정한 사회 또는 학교의 맥락에서 어떻게 발생하는지를 이해하고자 한다. 마지막으로 비판적 과학의 전통은 맑스주의와 지식사회학의 계보를 지니며, 교육제도 또는 학교 교육과정에 암묵적으로 존재하는 지배계급의 이데올로기와 권력관계를 분석하고 그것의 정치적 함의를 도출해내는 작업을 주로 실시한다(Popkewitz, 1986).

2) 과정-산출 연구 흐름은 말 그대로 '교수의 과정(=교실 안에서의 일련의 교실수업 행위)'과 '학생들에게 일어난 학습 결과(=학업 성취 결과)'의 관계를 인과적으로 규명하려는 목적을 지닌다. 반면, 사회적-인지적 매개 연구 흐름의 주된 연구 관심은 "학생들은 교실에서 접한 교사의 가르침의 내용을 도대체 어떻게 이해하며, 그 인지적 매개의 메커니즘은 어떠한 모습을 하고 있는가?"라는 (과정-산출 연구에서 생략된) 질문으로부터 도출된다고 볼 수 있다(Shulman, 1986, p. 16). 교실 생태학적 연구 흐름은 팝케위츠가 말하는 상징적 과학의 전통과 동일한 연구 관점에서 교실수업을 바라본다고 할 수 있다.

3) 여기서 학교의 '기술적 행위'란 바로 가르치는 일과 관련된 일련의 전문적 행위를 의미한다. 즉, 여타 전문직종의 종사자들이 보유하고 있는 전문적 지식과 기능들(예: 외과 의사의 전문지식과 수술 능력)에 상응하는 교사의 교수적 기술을 지칭하고 있다. 학교의 기술적 행위가 학교 구조 및 교육 행위의 결과와 각각 단절되어 있다는 말은, 다시 말하자면, 학교의 구조가 그 기술적 행위에 대한 관리를 제대로 하지 못하고 있으며, 또한 학생들이 보여주는 교육적 결과가 그 기술적 행위로 말미암은 것인지 아닌지를 분간하기 어렵다는 뜻을 지닌다.

4) 부연하면, 학교 교육은 기존의 권력관계와 사회적 불평등을 (직접적이기보다는) 아주 교묘하고 미묘한 방식으로 유지하고 다음 세대에 재생산한다고 해석된다. 이러한 과정을 비판 이론가들은 문화적 재생산(cultural reproduction)이라고 일컬으며, 여기서 문화 자본(cultural capitals)은 핵심적인 매개 구실을 담당한다. 학교는 주류 지배 계층이 소유하는 문화 자본을 교육 행위를 통하여 정당화하고 전승하며, 그것에 부합하는 특정한 학교 지식을 선별적으로 가르친다. 여기서 교사의 모습은 완전히 사회 구조에 종속된 수동적인 지식 전달자의 모습도 아니며, 또 그렇다고 제도-구조로부터 완전히 자유로운 주체의 모습도 아닌 그 중간자적 이미지를 보인다.

5) 이러한 교사의 조율적 역할의 개념이 교과 교육자들의 주목을 받기 시작한 것은 상당히 최근의 일이지만, 실증주의적 관점과 상징적 상호작용론적 관점의 복합적인 영향을 받은 1970년대 영국과 미국의 학교 교육 연구자들은 이미 이와 유사한 연구 관심을 보여주고 있었다(Eggleston, 1979; Woods, 1980). 하지만 교사의 의사결정과 교수 전략에 관한 70년대의 선구적 연구들과 비교하여, 90년대 이후의 연구 흐름은 해석학적인 연구 관점에 보다 충실하였고, 교과의 상대적 중요성, 즉 교사가 지니는 교과 전공 배경과 교과의 내용, 그리고 특수한 교과 문화 등의 요인들이 교실수업 행위의 실제를 이해하는데 중요한 영향 요인으로 고려되기 시작하였다.

반세기 전 라디오와 텔레비전이 그러했듯이 21세기 사회는 소셜 네트워크 서비스(SNS)가 정치·경제·문화 방면에 미치는 거대한 힘을 목격하고 있다. 그렇다면 이러한 소셜 미디어의 시대를 맞이하여 학교 시민교육은 어떠한 새로운 목표와 방법을 설정해야 할까?

제 6 장

소셜 미디어 시대의 사회과 미디어교육

21세기를 살아가는 청소년의 일상생활에서 온라인게임, 싸이월드, 유튜브, 트위터, 페이스북 등의 '소셜 미디어'가 차지하는 비중은 날로 커지고 있다. 미디어는 이제 청소년에게 교과서보다도 커다란 의미를 지니는 존재가 되어가고 있다. 이 같은 환경에서 '미디어를 읽고 사용하는 능력의 함양'은 민주시민교육을 지향하는 사회과 교실에서 놓쳐서는 안 될 중요한 목표임에 틀림없다. 철도가 편리한 운송수단의 제공뿐만 아니라 일상생활 패턴의 변화, 신도시의 건설 및 새로운 일자리 창출과 같은 거대한 변화를 몰고 온 것처럼, 미디어 테크놀로지 역시 인간의 삶을 총체적으로 변화시키는 힘을 가지고 있다. 새로운 미디어 환경은 머지않아 사회과 교실에도 커다란 변화를 몰고 올 것으로 예상된다.

이러한 환경 변화의 중요성에 주목하면서, 이 장에서는 1990년대 이후 주요 선진국들 사이에서 주목을 받기 시작한 '미디어 리터러시 교육(Media Literacy Education)'에 대해 살펴보고자 한다. '미디어 리터러시'의 개념에 입각하여 학생들이 새로운 미디어 환경에 능동적으로 대처하도록 도울 수 있는 교육적 접근법에는 어떠한 것들이 있는지 알아보고, 미디어를 매개로 다른 사람들과 합리적 · 민주적인 방식으로 소통할 수 있는 시민적 자질을 기를 수 있는 방안을 탐색해 볼 것이다.

I 미디어 시대의 새로운 삶에 대한 이해

미디어는 우리의 삶을 어떻게 변화시키는가?

미디어교육에 대한 관심이 전 세계적으로 높아지고 있는 배경에는 분명 정보통신기술의 혁신이 가져온 변화, 특히 뉴미디어의 등장에 따른 인간 삶의 변화가 자리하고 있을 것이다. '디지털 혁명' 또는 '디지털 융합'이라는 용어와 밀접히 연관된 이 같은 변화는 신문과 잡지, 라디오, 공중파 TV 등의 '올드 미디어(Old Media)'가 상상할 수 없었던 새로운 환경을 구축하기 시작하였다. 뉴스, 드라마, 영화, 음악, 통신, 출판, 상거래, 금융, 민원행정, 교육 등 각기 다른 형태의 정보 및 서비스는 이제 휴대전화 등과 같은 디지털 단말기를 통해 융합되기 시작하였다. 종이 매체는 이제 이미지-시각 매체에 의해 대체되고 있고, 개인의 취향과 요구에 더 민감한 쌍방향 의사소통이 강화되고 있다.

미디어 환경의 변화는 청소년의 일상생활에 커다란 영향을 미치고 있다. 휴대전화와 컴퓨터가 보편화되면서 청소년들은 각종 미디어 콘텐츠를 손쉽게 접할 수 있게 되었다. 정보 사회로 진입한 동서양 여러 나라의 어린이들은 만 1살이 넘으면 TV를 시청하기 시작하여 고등학교 졸업 때까지 TV, DVD, 인터넷, 휴대전화 등을 통한 각종 영상 매체에 길들여진다. 최근 한 연구에 따르면 10대 청소년들은 매일 평균 1시간에서 2시간 정도 TV를 시청하는 것으로 나타났다(김우찬 · 이윤석, 2009). 인터넷 매체의 경우, 2008년 한국 10대 청소년들의 주당 평균 인터넷 이용 시간은 고등학생 13.4시간, 중학생 9.5시간, 초등학생 8.9시간 순으로 나타났으며, 주 7시간 이상 이용자는 고등학생 89.3 %, 중학생 69.6 %, 초등학생 67.8%였다(통계청, 2009). 미국의 영향력 있는 일간신문 『워싱턴포스트(*Washington Post*)』는 20세기 말 TV, 라디오, 인터넷, 게임 등과 같은 미디어에 둘러싸여 자라나는 이 같은 유소년 세대를 '플러그드 인 세대(Plugged-in Generation)', 즉 '미디어 접속 세대'라고 명명하였다. 오늘날 우리나라 청소년들은 바로 전형적인 미디어 접속 세대인 것이다.

그런데 최근 미디어가 가지는 역기능적인 측면이 크게 부각되고 있다. 미디어 콘텐츠의 상업성, 폭력성, 선정성의 경향이 우리 청소년들에게 사회적 · 정서적으로 악영향을 미칠 수 있다는 우려는 이미 오래전부터 지적되어 왔다. 하지만 미디어가 가지는 보다 심각한 문제점은 바로 미디어가 생산해 내는 정보를 인간이 무비판적으로 수용하는 현상이라 할 수 있다. 우리는 최근 10년 동안 발생된 굵직굵직한 사건들(예 광우병 파동, 지하철 개똥녀 사건, 온라인 악플에 따른 유명인 자살 사건 등)을 통해 미디어가 생산하는 메시지는 결코 가치중립적이지 않으며, 미디어가 그 자체로 교육적인 방법이 될 수 없다는 교훈을 깨닫게 되었다.

일찍이 미디어 연구의 선구자인 맥루한(McLuhan, 1964)은 '미디어는 메시지이다!(The medium is the message!)'라는 논쟁적인 명제를 통해 미디어는 의미의 중립적 전달자가 아니라 그 자체가 인간의 사고와 행동 유형, 세계를 인식하는 방법에 커다란 영향력을 행사한다는 점을 강조했다. 맥루한의 관점에서 미디어는 독특한 '언어'와 '문법'을 지니고 있으며, 인간과 사회의 관계를 새롭게 규정하는 일종의 생태계인 것이다. 또한 테크놀로지의 혁신으로 미디어에 접속할 수 있게 해 주는 단말기의 크기가 작아지면서, 급기야 미디어는 인간이 지니는 '제2의 피부'로 불리게 되었다. 미디어가 '인간 감각기관의 연장'이라는 맥루한의 통찰은 스마트폰과 트위터, 페이스북과 유튜브의 시대에 더 빛을 발한다.

보드리야르(Baudrillard, 1995a)도 맥루한처럼 미디어 자체가 가지는 힘에 주목하였다. 보드리야르는 미디어가 매개하는 것이 메시지가 아니라 바로 미디어가 구현하는 '형식적 코드'라고 주장하였다. 보드리야르는 미디어가 실제 세계를 있는 그대로 '기술하는' 것이 아니고, 오히려 실제 세계 또는 현실(reality)을 나름대로의 방식으로 재구성한다고 보았다. 그 대표적 사례로 보드리야르는 '걸프전은 일어나지 않았다!'는 도발적 주장을 통해 TV가 어떻게 걸프전과 같은 굵직굵직한 동시대의 사건들을 '현실'로 규정하는지를 설득력 있게 묘사하고 있다(Baudrillard, 1995b). 이는 바로 미디어가 창조해 내는 '가상현실(hyper-reality)'에 대한 통찰이었다. 보드리야르는 미디어가 창조한 가상현실/모델은 우리가 현실-실제를 인식하는데 활용하는 인식의 준거틀(a frame of reference)로서 역할을 한다고 본다. 가정, 패션, 예술, 음악 등 모든 사회 현상들은 미디어를 통해서 제시된 이상적 모델들에 의해서 지배받게 된다. 이 결과 현실이 덜 현실적이고, 오히려 초현실이 더욱 현실적인 상황이 되는 기이한 상황이 발생된다. 빈 라덴, 소녀시대, 천안함 사태, 멜로드라마의 '까도남(까칠하고 도도한 남자)'과 '차도녀(차갑고 도도한 여자)'에 이르기까지 최근 한국사회의 일반 대중들 사이에서 공유되고 있는 개념들 모두가 미디어가 만드는 가상현실에 기반하고 있다고 할 수 있다.

리얼리티 드라마가 미디어교육에 주는 시사점

영국의 아마추어 스타 오디션 프로그램인 '브리튼즈 갓 탤런트(Britain's Got Talent)'에서 웨일스 지방의 볼품없는 휴대전화 판매사원이 우승을 하리라곤 그 누구도 예상하지 못했을 것이다. 이제 세계적으로 유명한 대중 가수로 인정받고 순회공연을 다니고 있는 폴 포츠의 기막힌 성공 스토리는 그의 탁월한 음악적 재능보다는 UCC(User Created Contents), 즉 사용자가 직접 만든 정보를 인터넷에 공개하는 미디어 생산자로서의 개인들이 가지는 힘을 잘 보여준 사례였다. 2005년 청년 프로그래머 스티브 첸에 의해 탄생된 유튜브는 사용자가 제작한 동영상 정보를 실시간으로 수많은 다른 사용자들과 손쉽게 공유하게 만드는데 핵심적인 역할을 담당했다. 오늘날 유튜브를 비롯하여 페이스북, 트위터와 같은 소셜 네트워크 서비스(SNS)의 확산은 오디션 프로그램과 같은 문화콘텐츠를 통해 또 다른 '폴 포츠'를 배출해 내는 것은 물론, 한국 선거 운동의 판도 변화와 튀니지의 쟈스민 혁명과 같은 거대한 정치적 변화마저도 가능케 하고 있다.

바야흐로 리얼리티(Reality) 프로그램의 전성시대이다. 대중적인 인기를 누리고 있는 '무한도전'과 '1박 2일'에서부터 가수 발굴 오디션 전 과정을 다룬 '슈퍼스타케이'와 '위대한 탄생' 등의 공중파 오락 콘텐츠는 전적으로 리얼리티 프로그램을 표방한다. 남의 사생활을 은밀히 엿보는 '훔쳐보기'의 즐거움을 제공하면서 바로 옆집에 사는 사람들의 안방을 들여다보듯 출연자들의 있는 그대로의 사생활을 가감 없이 전달하려고 노력한다. 리얼리티 프로그램의 원조는 뭐니 뭐니 해도 2000년 미국 CBS 방송의 '서바이버(survivor)'라 할 수 있다. 21세기 연예오락 프로그램을 서바이버 이전과 이후로 구분해 볼 수 있을 정도로 서바이버의 영향력은 결과적으로 상상을 초월했다. 서바이버 탄생 이후 일부 케이블 채널에서 주로 특정 연령대의 성인들을 주요 시청자 계층으로 삼았던 리얼리티 쇼는 방송 초기 출연자들 간의 적나라한 편 가르기, 비난, 질투 등의 사적 이야기를 가감 없이 보도하는 행태에 대한 윤리 문제로 사회적 논란을 야기하기도 했지만, 어느덧 리얼리티 포맷은 공중파 및 케이블 채널 오락 프로그램을 장악하기에 이르렀다. 리얼리티의 소재는 단순히 오락 분야에 그치지 않고, 부동산, 패션, 스포츠 채널의 빼놓을 수 없는 단골 소재가 되었다.

그런데 이 같은 리얼리티 프로그램을 가만히 들여다보면 어느 덧 리얼함이 사라지는 것을 발견하게 된다. 리얼리티 프로그램에서 표방하는 리얼리티가 결국 연출자들과 출연자들의 협동 작업으로 완성된 인위적 현실이라는 점이

지적되고 있기 때문이다. 화면 속에서 리얼리티라고 느껴졌던 장면들을 한 꺼풀 한 꺼풀 벗겨나가다 보면, 거기에는 적절한 음악과 특수한 카메라 촬영 기법, 시간적 순서의 재배치, 시청자의 이해를 돕는 자막, 그리고 등장인물들 간의 보이지 않는 협력 행위 등이 새로운 의미를 덧칠하고 있음을 깨달을 수 있다. 조금 더 노골적으로 말하자면, 오늘날의 리얼리티 드라마는 허구가 아닌 실생활 속 인간 군상이 보이는 욕망, 경쟁, 갈등, 타협, 선행 등의 모습들에 초점을 맞춘 고도로 치밀하게 연출된 드라마이자 가상현실인 것이다.

미디어와 연관된 이와 같은 현상은 학교 교육과 시민교육에 어떠한 시사점을 제공하고 있을까? 무엇보다도 우리는 교실 안에서 미디어가 인간의 삶에 미치는 영향력을 너무 쉽게 잊고 있었다는 점을 반성할 필요가 있다. 또한 미디어의 특징을 이해하고, 미디어가 만들어 내는 이미지와 현실 세계를 비판적으로 읽을 수 있는 능력이 학습자에게 요청된다. 그리고 더 나아가 학습자가 단순히 미디어의 수용자로 머물지 않고, 미디어의 능동적 참여자이자 생산자로 거듭날 충분한 이유를 발견할 수 있다.

II 미디어 리터러시 교육의 필요성

미디어교육에서 이야기하는 미디어 리터러시(media literacy)란 무엇을 의미할까? 그리고 미디어 리터러시는 어떻게 가르쳐야 하는가? 본 절에서는 선행연구에 나타난 미디어 리터러시 개념을 검토해 보고, 미디어 리터러시 교육의 접근 방식을 소개하기로 하겠다.

미디어 리터러시 개념과 미디어교육

미디어교육의 목적은 학생들이 미디어의 특성과 영향을 이해하고, 더 나아가 미디어를 능동적으로 활용할 수 있도록 돕는 것에 있다. 미디어에 대한 '소양' 또는 '이해 능력'을 뜻하는 '미디어 리터러시(media literacy)'는 이러한 미디어교육의 핵심 개념이라고 할 수 있다.[1)] 미디어 리터러시의 개념은 '미디어 문맹(illiteracy)'의 반대 개념으로 이해할 수 있다. 즉 문맹에서 벗어난다는 것은 자국의 언어를 일정 수준 이상으로 읽고 쓸 수 있는 상태에 도달하는 것을 뜻한다.

그렇다면 한 사회의 구성원이 미디어와 미디어 콘텐츠를 읽고 쓸 수 있다는 것은 무엇을 의미하는 것일까? 학자들마다 미디어 리터러시 개념은 조금씩 다르게 정의되지만, 대체적으로 미디어 리터러시는 '미디어를 접하면서 얻게 되는 메시지 또는 콘텐츠를 분석·평가하고 비판적으로 성찰할 수 있으며, 더 나아가 미디어를 활용하여 타인과 합리적·민주적으로 소통할 수 있는 능력'이라고 정의할 수 있다(김영순·박지선, 2006; 이미나, 2009; 최병모·박길자, 2004; Buckingham, 2003; Davis, 1992; Masterman, 1985; McLaren & Hammer, 1995). 이를 조금 더 세분화해 보면 미디어 리터러시는 다음과 같은 능력들을 포함한다.

A. 다양한 미디어(또는 매체)의 유형 및 특징을 이해하는 능력
B. 미디어가 생산해 내는 정보(또는 콘텐츠)에 담겨진 텍스트와 이미지, 그리고 전체적인 메시지를 비판적으로 분석하고 평가할 수 있는 능력
C. 미디어를 통해 타인들과 합리적으로 의사소통할 수 있는 능력
D. 미디어를 능동적으로 활용하는 능력

따라서 미디어 리터러시는 미디어가 어떻게 특정 사건이나 사회 문제를 정의하는지, 보도/글쓰기 주체는 누구이며 어떠한 관점에 입각하여 쓰고 있는지, 메시지에 담겨진/숨겨진 가치 혹은 생활양식은 무엇인지, 메시지는 자신을 포함하여 다양한 사회적 범주의 사람들에게 어떤 의미를 주는지, 미디어 텍스트

가 만들어지고 해독되는 정치·경제·사회·문화적 맥락은 무엇인지, 주어진 텍스트를 어떻게 재구성할 것인지 등의 질문을 중시한다.

이 같은 미디어 리터러시의 개념을 받아들인다면 미디어 리터러시를 위한 교육의 목표는 바로 미디어 텍스트를 분석·평가하고, 창조적으로 의미를 구성해 갈 수 있는 능력을 갖도록 하는 것이 될 것이다. 첫째, 미디어 수용자로서의 학습자가 비판적 사고를 통해서 미디어 텍스트에 표상된 메시지를 다양한 관점에서 비판적으로 해독할 수 있도록 돕고, 둘째, 미디어 제작자들의 의미 구성 방식에 대한 이해를 바탕으로 미디어 생산자로서의 학습자는 자신이 만든 미디어 콘텐츠/메시지를 통해 타인과 민주적으로 소통할 수 있는 능력을 함양하는 교육이 되어야 한다.

한국 사회과교육 안의 미디어교육

과거 미디어 리터러시 교육 연구는 대체적으로 미디어 언어와 영상언어의 분석에 학문적 관심을 가지는 언어학자와 언론학자에 의해 이루어졌으며, 사회과교육 연구 공동체에서 미디어 리터러시 교육에 조금씩 관심을 가지게 된 때는 1990년대 후반 이후라 볼 수 있다.

특히 미디어교육 연구 초기에 미디어는 신문활용교육, 영화활용교육, 창의적·비판적 사고력 증진 교육 등과 같이 사회과교육의 주요 목표를 달성하기 위한 수업 도구로 인식되는 경향이 높았다(예 강운선, 1997: 정문성: 2000; 한봉희, 1996). 하지만 2000년 이후 미디어교육에 대한 연구 관심이 확산되기 시작하면서 사회과교육 영역에 나타난 미디어교육 연구는 다양화되고 있다. 2000년대 이후 등장한 연구들은 대체적으로 미디어 리터러시 교육의 이론적 조망과 당위성을 제공하거나(김복영, 2002), 미디어 리터러시 교육과정 구성 방식의 대안을 제시하거나(박남수, 2004), 기호학적 분석 기법을 통해 광고 등의 미디어 콘텐츠를 분석하는 방법을 소개하고 있다(김영순·박지선, 2006; 최병모·박길자,

2004). 한편 이미나(2009, 2011)의 미디어 리터러시 연구는 미디어 콘텐츠, 특히 일상생활 속에서 쉽게 접하게 되는 뉴스 기사/보도 행태에 숨겨진 특정 집단의 관점과 이데올로기를 비판적으로 분석하는 실천 연구 사례를 제공하고 있다.

표 6-1

(가) 현대사회의 특징 ① 현대 산업사회가 어떠한 과정을 거쳐 형성, 발전되어 왔는가를 이해한다. …… ③ **대중매체의 발달이 대중 사회의 형성 과정에 미친 영향을 파악한다**.

사회과 교육과정의 역사를 간략히 살펴보게 되면, 현행 2009 개정 교육과정기 이전까지 초·중등학교 교육과정 문서상에서 미디어교육은 학습 요소로서 아예 제시되지 않거나, 제시되더라도 아주 미미하게 반영되었음을 알 수 있다. 표 6-1에서 볼 수 있듯이, '대중매체(미디어)' 개념은 제7차 사회·문화 교육과정 문서 중 '(5) 현대사회와 사회 문제' 영역의 하위 학습 요소로 제시되어 있고, 미디어에 대한 비판적 읽기의 중요성은 학습 요소로 인정되지 못했다.

표 6-2

(5) 일상생활과 사회제도 가족, 교육, 종교, 대중매체 등 여러 가지 사회제도의 특징과 그 기능을 이해한다. 또, 이러한 사회제도들과 관련된 사회적 쟁점이나 문제들을 파악하고 대안을 모색한다. ① 사회제도의 의미를 이해하고, 사회제도의 다양한 유형을 살펴본다. …… ⑥ **대중매체의 유형을 파악하고, 각각의 특징을 비교, 분석한다**. ⑦ **대중매체의 역할과 기능에 대한 이론적 관점을 이해하고, 대중매체를 비판적으로 수용하는 태도를 가진다**. ……

그리고 표 6-2에서와 같이 2009 개정 사회과 교육과정은 미디어에 대한 비판적 읽기 능력이 중요한 학습 요소로 등장하는 긍정적인 변화의 모습을 보였다. 하지만 2009 개정 교육과정 수준에서도 미디어의 능동적 생산자로서의 학습자 개념이 여전히 학습 요소로 인정받지 못하고 있는 점은 아쉬운 대목이라 하겠다.

미디어교육 선진국의 사례

미디어교육의 선진국인 캐나다, 영국, 미국 등의 경우 초등학교 저학년에서부터 미디어교육이 실시되고 있다.

먼저 캐나다의 경우, 1960년대 말 '스크린 교육(Screen Education)'이라는 이름 아래 미디어 리터러시 교육을 본격적으로 시작하였으며, 특히 1990년대 이후 교육과정 개혁 운동에 힘입어 현재 미디어 리터러시 교육은 모든 지역에서 정규 교과목이나 통합 교육과정의 형태로 실시되고 있다. 1990년대 이후 'Canada Association for Media Education(CAME)'와 'Association of Media Literacy in Quebec(AMLQ)'과 같은 학교 미디어 리터러시 교육 전문 미디어 교육협회가 창립된 점도 주목할 만하다. 또한 온타리오 교육청의 경우, 영어 교육과정 지침을 통해 미디어 리터러시 교육을 의무화하였고, 미디어 관련 과목을 고등학교 졸업 이수 과목 중 하나로 인정해 주고 있다(한정선(2000)에서 재인용, pp. 179-181).

캐나다보다 조금 늦기는 했지만, 영국의 공교육에서도 1990년대 이후 미디어교육을 모국어인 영어 교육과정의 틀 속에서 꾸준히 강조해 왔다. 특히 고등학교 교육과정에서는 미디어교육이 독립 선택과목으로 존재하고 있는 점은 눈여겨볼 만하다. 영국의 미디어교육사에 결정적인 이론적·실천적 기여를 한 사람은 세계적인 미디어교육 전문가 렌 마스터만(Len Masterman)이다. 그는 저서 「Teaching the Media」를 통해 '미디어가 보여주는 세계는 현실을 그대로 거울처럼 반사하는 것이 아니라 현실을 기호화하여 재구성한 것이다'라는 주장을 제시했으며, 이는 오늘날 영국을 비롯하여 세계 여러 나라의 미디어교육의 기본 명제가 되고 있다. 영국의 미디어교육 관련 고등학교 선택과목으로는 '영화와 미디어 연구', '미디어 연구', '미디어 연구 상급과정' 등의 3개 과목이 있으며, 이 중 '미디어 연구 상급 과정'은 대학입학자격시험의 선택과목 중 하나로 포함되고 있다.

한편 미국의 미디어교육은 1994년 클린턴(Clinton) 행정부가 정보화 시대의 국가 경쟁력 강화를 위해 내놓은 교육개혁보고서 「The Goals 2000: Educate America Act」의 발표 이후 많은 관심을 받기 시작하였지만, 2001년에 공포된 「낙오아동방지법안(No Child Left Behind Act)」에서는 크게 주목받지 못하였다. 한편 미국사회과협회(National Council for the Social Studies)는 공식 성명서를 홈페이지에 게재함으로써 비판적 미디어 리터러시 교육의 중요성에 힘을 실어주었다(National Council for the Social Studies, 2009). 이 성명서에서 미국사회과협회는 사회과 교실에서는 다음과 같은 핵심 질문들을 중심으로 미디어 리터러시 교육이 전개되어야 한다고 강조했다.

1. (미디어가 생산하는) 메시지 및 그 메시지에 대한 나의 해석은 어떠한 사회적, 문화적, 역사적, 정치적 맥락에 의해 영향받고 있는가?
2. 메시지는 어떻게 그리고 왜 만들어지는가?
3. 사람들은 어떻게 같은 정보를 다르게 해석할 수 있는가?
4. 누구의 관점과 가치 또는 이데올로기가 반영 또는 제외되는가?
5. 이 메시지에 의해 누가 또는 어떤 집단의 사람들이 이익/불이익을 받게 되는가?

또한 미국에서는 2000년대 이후 미디어 리터러시 교육 전문단체들이 늘어나면서 상향식의 미디어 리터러시 교육 확산 움직임을 보여주고 있다. 'The

Center for Media Literacy', 'National Association for Media Literacy Education', 'Action Coalition for Media Education', 'Just Think', 'New Mexico Media Literacy', 'Teaching Media Literacy' 등의 미디어교육 전문단체들은 전국적인 미디어교육 연구 및 지원 네트워크 체제 구축에 커다란 역할을 담당하고 있다.

III 미디어 리터러시 교육의 접근 방식

미디어교육의 패러다임 분류

미디어교육의 패러다임은 미디어교육의 본질을 이해하는 관점을 반영한다. 미디어교육학자들은 20세기 걸쳐 지금까지 미디어교육의 본질을 이해하는 관점이 크게 몇 단계로 변해 왔다는 데에 기본적으로 동의한다. 이하에서는 마스터만(1998)의 분류와 버킹엄(Buckingham, 2004)의 분류 등을 참고로 하여 미디어교육의 강조점이 어떻게 변해 왔는지를 살펴보기로 하겠다.

먼저 마스터만은 미디어교육의 관점이 크게 1) 예방적 접근, 2) 대중문화적 접근, 3) 표상과 상징체계로서의 접근 등의 세 가지 흐름을 보여왔다고 주장한다.

첫째, '예방적 접근'은 미디어의 역기능에 대한 우려를 담고 있으며, 미디어교육의 목적을 범죄 예방과 인권 보호를 위한 수단으로 이해하는 관점이다. 이 관점에서 학습자는 교화의 대상이며 수동적인 미디어 수용자로 가정된다.

둘째, '대중문화적 접근'은 엘리트주의적인 미디어 접근법을 의미한다. 대중문화는 예술로서 규정하면서, 미디어 그 자체를 비판적으로 읽기보다는, 미디어가 제공하는 틀 안에서 대중문화의 가치를 분석하는 작업, 특히 문화에 대한 감식안을 중시한다. 당연히 이 관점은 비판적인 미디어 읽기, 미디어 수용자와 미디어 생산자의 모습 등이 조망되지 못하는 한계를 지닌다.

셋째, '표상과 상징체계로서의 접근'은 기호학이라는 학문적 토대를 바탕으로 미디어 메시지를 분석하는데 초점을 둔다. 이 관점은 학습자를 수동적인 미디어 수용자로 보지 않고 능동적으로 의미를 해석하고 창출해 내는 미디어 수용자상을 가정한다. 이 관점에 이르러 비로소 미디어교육은 비판적인 미디어 읽기라는 목적을 추구하며, 미디어 콘텐츠의 서술 관점에 대한 이데올로기적 분석, 미디어산업의 구조와 작동방식 등을 탐구하게 된다.

한편 버킹엄(2004)은 미디어교육의 관점이 역사적으로 '보호주의 관점'과 '민주적 수용주의' 그리고 '새로운 미디어교육관'으로 발전해 왔다고(이미나(2009)에서 재인용: pp. 144-145) 보고 있다. '보호주의 관점'은 마스터만이 언급한 '예방적 접근'과 거의 동일한 관점을 의미한다. 즉 미디어가 청소년에게 부정적인 영향을 미친다는 점을 경계하면서, 학습자가 미디어의 잘못된 유혹에 빠지지 않도록 돕는 교사의 역할을 중시한다.

반면 '민주적 수용주의'의 관점은 학교 교육과정이 학교 밖의 대중문화를 교육과정의 대상으로 수용하는 입장을 말한다. 노동자 계층이나 일반 서민들의 문화를 저급하고 열등한 문화로 간주하는 엘리트주의적인 시각을 철저히 비판하고, 대중문화 전반을 미디어교육의 가치로운 학습과 분석의 대상으로 삼는다.

하지만 세 번째로 제시된 '새로운 미디어교육관'은 포스트모더니즘 사회에 적합한 미디어교육의 관점을 지칭한다. 다원주의 사회에서 청소년들은 미디어가 전달하는 메시지를 일방적으로 수용하지도 않고, 오히려 자율적이고 비판적인 수용자의 모습을 발산하고 있다는 점에 주목한다. 이 관점에서 학습자는 더 이상 보호받는 대상이 아니라 주어진 정보를 바탕으로 스스로 미디어 메시지를 해독하고 의사결정을 내리는 주체적인 존재로 간주된다.

한편 김양은(2005)은 위와 같은 미디어교육 패러다임의 분류 방식이 1990년대 이후 두드러진 디지털 미디어 환경 변화를 적절히 고려하지 못했다는 비판을 제기하면서, 한발 더 나아가 '미디어 환경론적 관점'의 패러다임을 제안하였다(pp. 86–92). 미디어 환경론적 관점의 패러다임은 미디어 테크놀로지의 눈부신 발전이 가능케 한 새로운 미디어 환경에 주목한다. 특히 청소년이 미디어 수용자이자 미디어 생산자로 가정하면서, 학습자가 미디어 생태계에 참여하며 미디어 콘텐츠/메시지를 창조해 내는 능력을 중시한다.

이상에서 살펴본 미디어교육의 패러다임 분석틀을 기준으로 보았을 때 한국의 미디어교육은 예방적-보호주의적 관점의 영향에서 자유롭지 못하다는 점을 알 수 있다. 하지만 최근 빠르게 변화하고 있는 미디어 환경 속에서 능동적인 미디어 수용자이자 미디어 생산자로서의 학습자 개념을 중시하는 관련 연구가 늘고 있어, 한국의 미디어교육은 예방적-보호주의적 패러다임에서 미디어 환경론적 패러다임으로 서서히 옮겨가고 있다고 진단해 볼 수 있겠다.

미디어 리터러시 교육의 방법론

미디어 리터러시의 교육은 구체적으로 어떠한 교수 접근/방법에 의해 이루어지게 되는가? 대체적으로 학자들은 미디어 리터러시 교육이 시청각 자료를 이용해 미디어 리터러시 능력 및 제작 능력을 가르치는 방법, 텔레비전 프로그램, 신문·잡지 기사의 텍스트나 이미지를 분석하는 방법, 그리고 실제 미디어 콘텐츠 제작을 통한 교육 방법으로 구분하고 있다.

특히 미디어교육을 연구하는 학자들이 미디어 리터러시 교육의 핵심 질문들을 제시하고 있는데, 이를 정리해 보면 다음 **표 6-3**과 같다(박선웅·박길자, 2006; 이미나, 2009; 한정선, 2000: Bazalgette, 1989; Thoman, 1998).

표 6-3 미디어 읽기의 핵심 질문들

미디어 제작자	- 텍스트는 누가 만드는가? 메시지를 구성한 사람은 누구인가? - 제작자가 추구하는 가치/의도는 무엇인가? - 텍스트를 만드는 사람이 제작 과정에서 어떤 단체(개인)와 연관이 되고 있는가?
미디어 형식	- 어떠한 미디어의 유형 또는 미디어 콘텐츠의 장르에 속하는가? - 어떤 형식의 텍스트를 사용하고 있는가?
미디어 내용 구성	- 미디어 텍스트가 묘사하고 있는 인물/대상/현실은 어떤 이미지를 지니는가? - 어떤 테크놀로지가 사용되고 있는가? - 수용자의 주의를 끌기 위하여 사용한 테크닉은 무엇인가? - 사용된 음악, 음향, 촬영기법은 어떠한 역할을 담당하는가? - 이 메시지에서 의도적으로 삭제되거나 제외된 것은 무엇일까?
미디어의 수용자	- 주된 미디어 수용자는 누구인가? - 나와 다른 사람들은 이 메시지를 어떻게 다르게 받아들일까?

박선웅 · 박길자(2006)는 초 · 중등학교 사회과 교실에서 아주 유용하게 활용될 수 있는 문화기호학적 미디어 읽기 방법론을 제시해 주고 있으며, 이하에서는 이들의 문화기호학적 미디어 읽기 방법론을 간략히 소개하기로 하겠다.

박선웅 · 박길자는 미디어 읽기를 "미디어가 제공하는 정보를 구성하는 기호(sign)가 가지고 있는 의미(meaning)를 다의적으로 해독하는 활동"으로 보았다(p. 53). 학생들은 일상생활에서 쉽게 접하게 되는 미디어가 제공하는 관심 정보에 '기호'가 담겨져 있음을 깨닫고, 이 기호의 의미를 발견하고 의미를 해석하는 일련의 과정을 거치게 된다. 자신이 소비하고 있는 대중문화 콘텐츠에 담겨진 문화 기호들을 해독하고(decoding) 부호화(encoding)하는 작업에 참여한다. 그리고 표 6-3과 같이 미디어 텍스트, 미디어 수용자, 미디어 생산자의 관점에서 제시된 질문들에 답한다.

첫 번째 핵심적인 교수-학습 활동으로 박선웅·박길자는 '부호 해독(decoding)의 교수-학습 활동'을 표 6-4와 같이 제시하고 있다. 이 부호 해독 활동은 외시, 함축, 이데올로기의 의미를 읽어 내는 활동을 주축으로 한다.

표 6-4 부호 해독(decoding)의 주요 활동 (박선웅·박길자, 2004, p. 53)

	개념 정의
외시 (denotation)	미디어에서 객관적으로 명백하게 드러난 의미를 드러내는 것으로, 누구나 쉽게 합의할 수 있는 명시적인 의미로 주로 사실의 확인을 통해서 구성된 의미다.
함축 (connotation)	미디어를 읽는 학생들의 느낌이나 정서적 차원, 혹은 문화적 가치와 결합에서 발생하는 주관적이고 문화적 수준에서 구성되는 의미다.
이데올로기 (ideology)	미디어에 표상된 메시지가 특정한 부분의 선택과 배제의 방식을 통해서 의미를 강화하거나 배제하는 방식으로, 강화되어 드러나거나 배제되어 숨어 있는 의미를 읽어 낸다.

부호 해독 작업을 위해 교사는 학생들에게 미리 준비된 오늘 수업 내용 관련 미디어 자료를 제공해 주고, '외시' 의미의 분석 즉, 이 미디어에서 의미를 표상하고 있는 기호에는 어떤 것들이 있고, 그 기호들의 객관적인 의미는 무엇인지 읽어 내게 한다. 그리고 외시 의미를 나타내는 기호들이 합의하고 있는 상징과 의미가 무엇인지를 해독하도록 하여 기호들의 함축 의미를 읽어 내도록 한다. 예를 들어 꽃미남 배우가 피부 관리를 위한 마스크팩과 기초화장을 하고 있는 시트콤의 한 장면을 소재로 학생들은 '꽃미남'과 '마스크팩', '기초화장' 등의 외시 의미를 1차적으로 읽을 수 있다. 그리고 이를 토대로 '여성스러운 남자', '여성성'의 느낌을 표현해 낸다면, 이것이 바로 기호의 함축 의미를 읽어 낸 것이다. 교사는 여기서 더 나아가 함축적인 의미가 어떤 이데올로기에 근거하고 있는지를 해석해 내는 가장 어려운 작업으로 학생들

을 안내할 수 있다. 마지막으로 교사는 학습 대상으로 주어진 미디어 텍스트를 놓고 미디어 수용자와 미디어 생산자의 관점에서 학생들 스스로 질문을 구성하게 하고, 토론을 유도한다.

한편 부호화(encoding) 활동은 능동적인 미디어 생산자로서의 역할에 초점을 둔다. 디지털 캠코더나 스마트폰을 활용해 광고 동영상이나 간단한 캠페인 동영상의 스크립트를 작성하고 직접 동영상을 제작하는 활동을 담아낸다. 이제 학생들은 미디어 생산자의 입장에서 기호를 매개로 하여 자신이 전달하고자 하는 상징적인 의미를 미디어 제작을 통해 표현한다.

표 6-5 광고 제작을 통한 의미의 부호화 과정 (박선웅 · 박길자, 2004, p. 54)

제작 과정	주요 활동 및 특징
컨셉 설정	자신이 제작하고자 하는 광고의 컨셉을 설정한다. 자신의 일상에서 늘 접하는 사회현상의 특징을 잘 드러낼 수 있는 컨셉을 설정한다.
이야기 구성	광고의 뼈대를 이루는 줄거리를 중심으로 이야기를 구성한다. 이야기의 줄거리는 자신들의 일상에서 일어나는 사회현상을 대상으로 한다.
스토리보드 제작	스토리보드는 이야기의 줄거리를 논리적인 순서대로 배열한 광고의 장면들로 구성된다. 전달하고자 하는 특징을 다양한 기호를 활용하여 상징으로 표현한다.
촬영/편집	촬영은 스토리보드에 구성된 효과음을 넣거나 영상화면 구성에 필요한 영상언어를 구성하는 요소들을 결합해서 작품을 완성해 간다. 학생들은 디지털카메라나 비디오로 촬영한 후에 편집한다.

교사는 학생들로 하여금 맨 먼저 자신들이 전달하려는 메시지가 정확히 무엇인지 확인하도록 한다. 자신이 전달하려는 메시지가 명료하게 다듬어지게 되면, 해당 메시지가 누구를 대상으로 하는 것인지를 결정한다. 그리고 이야기 구성, 스토리보드 제작과 같은 미디어 텍스트 창조 작업에 착수한다. 교사

는 광고 제작을 통한 의미의 부호화 과정에서 자신의 메시지를 효과적으로 전달할 수 있는 방법이 무엇인지 토론하도록 유도한다.

IV 미디어 리터러시 교육의 과제

오늘날 우리가 세상과 소통하는 또 다른 창문은 바로 '미디어'이며, 미디어가 인간의 사고, 가치, 생활양식에 미치는 영향은 실로 엄청난 것이다. 그러나 이와 같은 미디어의 위력을 목격하면서도 정작 학교 안에서는 교사와 학생들이 자신의 삶을 둘러싸고 있는 미디어 환경에 대해서 반성적으로 성찰하거나, 미디어가 구성하여 제공하는 사회현실을 비판적으로 사고할 수 있는 기회를 제대로 갖지 못했다. 이러한 상황으로 인해 시민교육 차원의 '미디어 리터러시 교육'의 필요성은 점차 커지고 있다. 학생들은 미디어의 의미 생산 과정을 이해하고, 미디어가 제공하는 정보를 수동적으로 수용하는 것이 아니라, 적극적이고 능동적인 수용자가 되어야 한다. 그리고 학생들이 미디어가 제공하는 정보를 단순히 소비하는 존재에서 나아가, 미디어의 의미를 생산하는 생산자의 입장에서 적극적으로 의미를 창출하는 주체가 되어야 한다.

본 장에서 논의된 내용을 바탕으로 우리는 미디어 리터러시 교육의 향후 과제로서 다음의 몇 가지를 제안하고자 한다.

첫째, 학생들의 인지발달 수준에 맞는 미디어 리터러시 능력이 구체적으로 설정될 필요가 있으며, 학생들의 미디어 경험을 중심으로 하여 수업에서 미디어를 다루고, 더 나아가 학생들이 미디어에 대해서 가지는 기본적인 인식을 통해서 자신들의 삶을 객관적으로 인식할 수 있는 기회를 제공할 필요가 있다.

둘째, 미디어 리터러시 교육의 방법론이 현장의 사회과 교사들에게 실질적인 도움이 될 수 있도록 지속적인 검증의 과정이 필요할 것이다.

셋째, 미디어 리터러시 교육의 출발은 바로 학생들이 일상적으로 접하는 미디어에서부터 출발해야 한다.

마지막으로 교사 전문성의 개념에 미디어 리터러시 능력을 포함시킬 필요가 있고, 이를 위한 교사교육 프로그램이 요청된다. 교사의 미디어 리터러시 능력은 학생들이 미디어를 통해서 표상된 기호의 의미를 비판적으로 해석하고, 새로운 의미를 구성할 수 있는 주체로 성장할 수 있도록 돕는데 필수적인 조건이라 하겠다.

❖ 주

1) 'Media Literacy'는 '매체 이해', '매체 문해', '미디어 소양', '미디어 해독', '미디어 문해(성)' 등 다양한 방식으로 번역되고 있지만, 이 장에서는 가장 보편적으로 통용된다고 볼 수 있는 '미디어 리터러시'란 용어를 번역어로 사용하고자 한다.

이제 한국 사회에서도 동성애자 또는 성적 소수자라는 개념은 낯설지 않지만, 성적 소수자들이 받는 차별과 불평등은 우리 사회 곳곳에 여전히 존재하며, 이를 개선하기 위한 시민교육적 노력이 요청되고 있다. 사진은 2010년 주한미국대사관에서 개최된 동성애자 인권 간담회에서 주한 미국 부대사로부터 '동성애자 모임에서 수여하는 용감한 사람 상(GLIFAA 2010 Person of Courage Award)'을 수상하고 있는 어느 방송 연예인의 모습.

제 7 장

성적 소수자와 시민교육

1990년대 이후 한국 사회에서 시민교육의 중요한 채널인 사회과교육 공동체는 민주화·개방화·다양화의 국내외적 변화의 흐름에 민감하게 반응해 왔다. 그리고 단순히 변화의 흐름에 순응하는 것이 아니라, 변화의 본질을 성찰적으로 이해하고 바람직한 교육의 방향을 제시하는 것이 필요하다는 주장을 견지해 왔다.

그런데 이 같은 능동적이고 비판적인 교과교육적 노력에 거의 영향을 받지 않은 채, 침묵의 대상으로 자리해 온 주제는 다름 아닌 '성적(性的) 소수자'의 존재와 그들의 인권에 대한 이야기였다. 요약하면, 최근 10년간 성적 소수자에 대한 한국 사회의 인식에 적지 않은 변화가 있었음에도 불구하고, 성적 소수자에 대한 객관적 인식과 사회적 차별의 문제는 사회과 교육과정과 교실수업 그리고 교사교육의 영역에서 철저히 침묵의 대상이었다.

본 장에서 우리는 공식적-잠재적 사회과 교육과정 안에 나타난 성적 소수자의 개념과 인권문제를 비판적으로 검토해 볼 것이다. 그리고 이를 바탕으로 민주시민성 함양이라는 사회과교육의 목표에 비추어 성적 소수자의 개념이 한국의 사회과 교육과정, 교실수업, 그리고 교사교육의 차원에서 어떻게 다루어져야 하는지에 대한 정책적 방향을 제시할 것이다.

I 성적 소수자에 대한 시선: 역사 그리고 쟁점

본 장에서 우리는 성적 소수자에 관하여 이제까지 알려진 주요 사실들을 살펴볼 것이며, 더 나아가 성적 소수자에 대한 사회적 인식이 어떠한 역사적 발전과정을 거쳐 왔는지를 검토해 볼 것이다. 특히 '정상적인' 이성애적 인간과 대비되는 '비정상적인' 성적 소수자 이미지의 형성과 관련하여 주요 이론적 관점들을 소개하고, 이에 근거하여 성정체성의 담론을 어떻게 이해해야 하는지를 고찰해 보기로 하겠다.

성적 소수자의 역사: 그 인식의 변화

동성애자나 트랜스젠더와 같은 성적 소수자가 '변태적 성범죄자', '성도착자', 또는 '정신병자'라는 낙인에서 벗어나는 데에는 실로 오랜 세월이 걸렸지만, 그 가시적인 성과는 20세기 후반기에 집중되었다. 성적 소수자의 역사를 연구하는 학자들은 고대 그리스와 중국, 그리고 조선시대와 현재에 이르기까지 동성애는 인간의 일상적인 삶 속의 일정한 부분을 항상 구성하고 있었다는 점을 일관되게 강조하고 있다(김길님 · 김호세 · 양지용, 1999; 윤가현, 1998; Adams, 1995). 성적 소수자의 역사를 고찰하는 문헌들은 정치적인 집단의 형성에 바탕을 둔 근대적인 동성애 해방 운동의 맹아가 독일과 영국 등지에서 19세기 중반 무렵부터 나타나기 시작했다고 보고 있으며, 미국의 경우 동성애 인권운동은 2차 세계대전 이후 매카시즘의 동성애 탄압에 대한 저항 운동의 성격으로 구체화되었다고 보고 있다(김길님 외, 1999, pp. 97–101; 윤가현, 1998, pp. 181–183). 그리고, 가장 영향력 있는 20세기 성적 소수자 인권운동의 효시로서 스톤월(Stonewall) 항쟁을 꼽는데 주저하지 않는다.[1] 스톤월 항쟁 이후 성적 소수자의 인권운동은 보다 조직적인 정치 투쟁으로 거듭나기 시작하였다는 데에 관련 학자들은 입을 모으고 있다.

한편, 성적 소수자에 대한 경험적 연구 자료에 입각하여 성정체성에 대한 보다 객관적인 이해의 길을 열어 준 선구적 업적으로서 우리는 '킨제이 보고서(The Kinsey Report)'라고 더 잘 알려진 혁명적인 성 보고서를 빼 놓을 수 없을 것이다. 알프레드 킨제이(Alfred Kinsey)는 40년대와 50년대 당시 남녀 미국인들이 가졌던 성적 경향 및 성행위에 대한 고정관념을 무너뜨리는데 가히 엄청난 공헌을 하였다(Kinsey, Pomeroy, & Martin, 1998; Kinsey, Pomeroy, Martin, & Gebhard, 1998). 17,500여 명의 미국인들을 대상으로 실시된 연구 결과를 토대로 킨제이는 특히 미국인의 성정체성을 배타적 이성애(0점)와 배타적 동성애(6점) 사이의 스펙트럼으로 설명하고자 하였다.

특히 킨제이 보고서는 약 4%의 남성들과 2%의 여성들이 배타적 동성애자이며, 33%의 남성들과 12%의 여성들은 동성연애의 경험이 있다고 밝혀 그 당시 미국 사회에 상당한 충격을 던져 주었다. 하지만, 이후 오랫동안 미국 사회는 킨제이 보고서가 제시한 결과에 이의를 제기하고 유보적인 태도를 보여 왔는데, 이는 킨제이의 연구 자체가 지니는 방법론상의 문제 때문이었다기보다는, 기독교적 가치관을 견지하던 1950~1960년대의 미국 주류 사회가 아직 그러한 사실을 인정할 만한 마음의 준비가 되어 있지 못하다는 사실을 반증해 주는 사례였다고 할 수 있다. 사실 킨제이의 초기 연구가 표집상의 문제점 등 조사 연구상의 엄밀성에서 비판받은 것은 분명하지만, 이후 계속된 관련 연구들은 킨제이 보고서가 제시한 성정체성별 인구 비율에서 크게 벗어나지 않는 모습을 보여주었다(윤가현, 1999; 이영식, 1992/2005; Laumann, Gagnon, Michaels & Michaels, 1994).[2)]

이와 같은 인간의 성정체성 조사 연구를 통해 일관되게 제기된 주장 하나는 다름 아닌 '인간의 성정체성은 다양하며, 이성애와 마찬가지로 동성애도 인간 사회의 본질적인 한 부분을 구성하고 있다'라는 것이라 하겠다. 그리고 궁극적으로 이 같은 성적 소수자의 존재에 대한 연구결과는 20세기 후반 성적 소수자 인권운동에 힘을 실어 주는 증거가 되어 주었다.

그러나 1980년대 이후 서구 사회에서 나타난 에이즈 감염 확산의 징후는 성적 소수자 인권운동의 입지를 약화시키는 강력한 정치적 후폭풍으로 작용하였다(Adam, 1995). 엄밀한 과학적 분석을 결여한 채, 소위 '에이즈=동성애'라는 등식이 미국과 유럽 사회에서 보수주의적 이익집단들의 노력을 바탕으로 통용되기 시작하였고, 동성애자들에 대한 대중적 공포를 증폭시키는데 커다란 역할을 하게 되었다. 전 세계적으로 이 같은 에이즈 후폭풍은 성적 소수자 인권운동에 심각한 타격을 입혔지만, 다른 한편으로 이러한 위기상황은 성적 소수자들의 강한 결속을 불러일으켰고, 성적 소수자의 인권문제를 공공영역에서의 정치적 화두로 자리 잡게 만드는 효과를 가져왔다.[3)]

그런데, 우리는 성적 소수자의 인권문제가 다른 사회적 소수자들의 기본권 보장 문제와는 차별화되는 모습을 보여주고 있다는 점에 주목해야 할 것이다. 미국 사회의 동성애자 기본권 보장의 문제를 분석한 서현진(2003)은 동성애자의 법적 권리보호 문제가 다른 사회적 소수자의 기본권 보장과는 달리, 그들의 소극적 평등권 보장에 대해서 사회적 합의를 도출해 내지 못하고 있다고 보았다. 그리고 이러한 상황의 원인으로서 동성애자 권리보호 문제가 단순히 인간의 기본권 보장 차원이 아닌, 이성애주의(heterosexism)의 가치와 밀접히 연관된 도덕적-종교적 가치 판단의 문제로 귀결되는 경향을 지적하였다. 그리고 더 나아가 미국 사회의 소수자 우대 정책에 대한 보수주의자들의 반격에 따른 논쟁이 첨예한 이 시점에서 성적 소수자를 또 하나의 정당한 정치적 소수집단으로 인정할 경우 이들에게도 소수 인종이나 여성에게 주어지는 사회적 혜택이 마찬가지로 확대 적용될 것을 우려하는 사회적 반감 역시 미묘한 변수로 작용하고 있다고 보았다. 결국, 성적 소수자의 인권문제는 정치적 소수집단의 기본권 문제와 도덕적-종교적 가치 판단의 문제가 결합되는 모습을 보이고 있으며, 이는 결과적으로 성적 소수자에 대한 객관적 이해를 어렵게 만드는 요인이 되고 있다.

한국의 성적 소수자 인권운동

한국의 경우, 성적 소수자 인권운동은 최근 10년 동안 놀랄 만한 성장을 보여주었다. 여기에는 대중매체에서 쉽게 접할 수 있는 연예인들의 '성정체성 드러내기' 또는 '커밍아웃'이 커다란 기폭제 역할을 해 주었다는 사실을 부인하기 힘들 것이다. 2000년 동성애자인 홍석천의 커밍아웃, 그리고 2001년 트랜스젠더인 하리수의 등장은 변태성욕자나 정신병자의 전형적 이미지와 성적 소수자의 이미지를 막연하게 동일시했던 일반 대중의 인식에 적지 않은 변화를 가져왔다. 그리고 이러한 대중적 인식의 변화는 곧바로 제도적 차원에서의 변화로 나타나기 시작하였다. 이 과정에서 국가인권위원회는 중요한 위치를 차지하였는데, 각종 사전에 남아 있던 동성애 비하 표현의 삭제, 동성애 사이트에 대한 규제 철폐, 군대 내 성적 소수자 차별 금지를 위한 관련 법령 수정 등의 성과를 얻어내었다.[4)]

특히 동 위원회가 편찬한 '성적 소수자 인권 기초현황조사' 보고서는 성적 소수자의 차별 철폐와 인권 보장을 위한 법적-정책적 근거를 마련했다는 점에서 커다란 의미를 지니는 것으로 평가받고 있다(국가인권위원회, 2005). 트랜스젠더의 성별 정정 문제에 있어서도, 2002년 부산지방법원의 판결을 계기로 한국 법원의 태도는 상당한 변화를 보여주기 시작하였다. 김태명(2003)은 이러한 2002년 판결이 아직까지 개별 법원의 수준에서 이루어지고 있는 한계에도 불구하고, "성전환자와 같은 성적 소수자에 대한 사회적·법적 인식의 변화 그리고 성적 소수자의 인간으로서의 존엄과 가치의 보장이라는 현대적 가치에 대한 재평가"로서의 의의를 지니는 것으로 보고 있다(p. 119). 이와 같은 노력을 통해 점차 많은 한국 사람들이 "성적 소수자인 '그들'은 이성애자이면서 절대 다수인 '우리'와 크게 다르지 않으며, 그저 성정체성의 '차이'만 있을

뿐"이라는 생각을 공유하기 시작하였다. 이제 성적 소수자의 차별 문제와 인권 보장 문제는 공공 영역에서의 정치 행위와 대중매체의 문화콘텐츠 등을 통해서 공공연하게 다루어질 수 있는 주제로 자리 잡기 시작하였다.

하지만, 성적 소수자 인권 보장 관련 법령을 연구하는 학자들은 우리나라의 성적 소수자 인권 보장의 수준이 서구 선진국에 비하여 크게 뒤떨어져 있다는 점을 인정해야 한다고 지적한다. 전현희(2000)는 동성애자 인권 보장의 단계를 크게 1) 동성애 자체를 비범죄화하는 단계, 2) 동성애자에 대한 차별을 금지시키는 단계, 3) 법률로서 동성애를 인정하는 단계로 구분하였고, 김태명(2003)은 이 구분에 따라 한국 사회의 동성애자 인권 보장의 수준을 법제도의 측면에서 평가하면서, 서구 사회에서는 이미 2)의 단계에서 3)의 단계로 나아가는 모습을 보이는 반면, 우리나라는 아직도 1)의 단계에서 2)의 단계로 넘어가는 과정에 있는 것으로 분석하고 있다.[5)]

하지만 이와 같은 가시적인 변화에도 불구하고, 사회적 차별과 불평등의 문제에 더 민감해야 하는 한국 사회과교육의 주류 담론은 성적 소수자 이슈에 대해 방관자적인 자세를 취해 왔다. 한 마디로 사회과 교육과정과 교사교육의 역사 속에서 성적 소수자들은 그 존재 자체를 제대로 인정받지 못하는 특수한 위치에 놓여 있었다고 할 수 있다.[6)] 학생들로 하여금 사회 문제를 해결하는 능력을 키우고, 사회 변화에 능동적으로 대처하게 돕는 시민교육적 목표를 고려할 때, 이러한 사회과교육의 침묵은 결코 오랫동안 지속되어서는 안 되는 중대한 교육적 과실임에 틀림없다.

II 성정체성의 사회적 구성과 퀴어 이론

위에서 기술된 성적 소수자의 인권운동과 병행하여, 20세기 후반 이후 축

적된 성정체성과 성적 소수자에 관한 연구들은 다음과 같은 세 가지 핵심 주장에 힘을 실어 주었다:

주장 1 : 인간의 성정체성은 다양하며, 동성애는 인류 역사의 본질적인 한 부분을 구성해 왔다.

주장 2 : "동성애는 왜 생겨나는가?"라는 질문은 "이성애는 왜 생겨나는가?"의 질문과 본질적으로 같은 의미를 지닌다.

주장 3 : 성정체성에 관한 인간의 생각은 고정적인 것이 아니며, 특히 근대 이후 성정체성은 사회적으로 구성되는 담론의 특징을 강하게 나타내었다.

이하에서 우리는 이 세 가지 주장 중에서 앞서 다루지 못했던 두 번째와 세 번째의 주장을 보다 구체적으로 논하고자 한다. 도대체 동성애-성전환 현상은 왜 일어나는 것일까?

동성애의 발생 원인에 대한 호기심

동성애와 성전환의 발생 원인을 규명하고자 하는 과학적이고 객관적인 접근은 동성애-성전환을 병리학적 관점에서만 바라보던 종래의 사회적 관점을 수정하게 하는데 기여하였다. 관련 연구 결과들은 단정적인 결론을 제시하고 있지는 못하지만, 이제까지 알려진 바에 따르면 동성애와 성전환은 거의 생득적으로 주어진다고 할 수 있을 만큼 초기에 결정된다는 데에는 커다란 이견이 없다. 극단적인 이성애자들이 생각하는 것처럼, 동성애자는 비정상적인 부모를 가지거나 아주 불우한 가정에서 '후천적으로' 만들어지는 것은 아니라는 데에 관련 학자들은 대부분 동의하고 있다.

그럼에도 불구하고 성적 소수자 인권 단체들의 관점에서 이러한 동성애-성전환에 대한 과학적 호기심은 그리 탐탁지 않게 보일 수 있다. 왜냐하면, 동성애의 원인에 대해 궁금해 하는 이성애자들의 모습은 또 다른 우리 사회의 '이성애주의의 발현'이라고 간주될 수 있기 때문이다. 즉, 동성애-성전환 현상을 특이한 현상 또는 호기심의 대상으로 접근하여 설명하려는 행동은 분명 동성애와 성전환을 자연스럽게 인간 삶의 한 부분으로 받아들이려 하지 않는 이성애주의를 반영하고 있는 것이다. 성 평등적 관점을 충분히 견지할 때, "동성애가 왜 생겨나는가?"에 대한 궁금증은 "이성애는 왜 생겨나는가?"의 궁금증과 동일한 수준을 유지하게 된다. 내가 왜 이성애자로 태어나게 되었는지를 궁금해하지 않는다면, 마찬가지로 다른 사람이 왜 동성애자로 태어나게 되었는지를 궁금해할 필요가 없는 셈이 된다.

호모포비아의 근원은 무엇인가?

20세기 이후 현재까지 대부분의 나라에서 비이성애적 규범과 행동에 대한 사회적 반응은 상당히 냉담하면서도 폭력적이었다는 사실을 입증하는 것은 그리 어려운 일이 아니다. 이성애자가 다수인 거의 모든 사회는 한 마디로 동성애 공포증(homophobia)에 사로잡혀 있다고 해도 과언이 아니다. 그런데 이 같은 성적 소수자들에 대한 대중의 공포심은 분명 인간의 유전자에 오래전부터 각인되어 있는 생물학적 현상은 아닐 것이며, 오히려 사회적으로 학습되어진 결과로서 나타나는 '사회문화적 현상'에 해당한다고 할 수 있다. 그리고 동성애 공포증이라는 사회문화적 현상의 기저에는 '동성애라는 것은 비정상적인 정신병이며, 치유되어야 할 질병이다'라는 암묵적 가정이 자리하고 있다. 그로 인해 동성애-성전환에 관한 일련의 현상들은 '나'와 같은 정상적인 사람들의 생활 세계 안에서는 발견되지 않는 별나고 기괴한 흥밋거리로 구별 지어지고, 사회적으로 규제받게 된다. 이러한 동성애 공포증은 우리의 일상생활 속의 사적인 영역 그리고 공적인 영역 모두에서 지속적으로 관찰되고 있다.

그렇다면, 도대체 그러한 공포는 어디서 연유하는 것일까? 왜 이성애자들의 대부분은 동성애자들에 대하여 뭔가 알 수 없는 두려움, 혐오, 의식적 외면 등의 심리적 상태를 보이는 것일까?[7] 결론적으로 동성애 공포증이 어떻게 사회문화적으로 구성되는지를 이해하는 작업은 궁극적으로 성정체성의 담론과 이성애주의가 형성되는 역사적 과정을 이해하는 것과 동일한 의미를 지닌다고 하겠다. 이는 앞서 소개된 성정체성의 사회적 구성에 관한 세 번째의 주장과 직접적으로 연결된다.

미셸 푸코(Michel Foucault)의 주요 저작인 「성의 역사: I. 앎의 의지(The History of Sexuality: The will to Knowledge)」는 이성애가 아닌 동성애-성전환을 일탈적으로 규정하는 주류 사회의 동성애 공포증을 이해하는데 있어 아주 유용한 관점을 제공한다. 푸코는 동성애자에 관한 개념이 18세기 무렵부터 서서히 하나의 사회적 범주로 형성되기 시작하였다고 보고 있다. 동성애에 관한 용어 자체도 19세기 중반 이후부터 회자되기 시작하였지만, 무엇보다도 중요한 변화는 이때부터 동성애가 성도착증이나 정신장애와 결부되면서 의료적인 처치를 요하는 질병으로 인식되었다는 것이다. 이제 성은 은폐된 공간이나 밀실에서 이루어지거나 억압되어야 하는 현상이 아니라, 국가에 의해서 '관리되어져야 하는' 객체가 되기 시작하였다. 그리고 여기서 정신의학적 접근에 바탕을 둔 '성의 과학'은 중요한 역할을 하였으며, 이전의 딱딱한 종교적이고 법률적인 차원의 성의 담론과 확연히 구분되는 모습을 보였다.

'성의 역사'에서 푸코가 말하고자 하는 핵심은 바로 "주류 사회의 권력이 과학적 지식과 결합하면서 어떻게 정상적인 성적 지향을 규정하고 통제하였는지"를 설명하는 것이었고, 현대사회에 만연된 동성애자에 대한 공포증은 이러한 맥락에서 형성되었다고 할 수 있다. 인간의 성에 관한 담론, 특히 이성애적 규범은 자연스러운 인간의 생물학적 원리가 아니며, 근대사회의 권력 기술이 훨씬 정교화되면서, 즉 노골적인 권력의 통제나 규제보다는 권력 그 자체가 개인의 삶과 육체에 체화되어 나타난 결과로 이해된다.[8] 주류 사회의 권력은 육체를 매개로 하여 이성애 중심적이고 일부일처제 중심의 사회를 정상적인 것으로 규정하기 위해, 이에 반하는 사상이나 행위들(예 어린이들의 자위행위, 광인(狂人), 범죄자, 동성애자, 성도착자의 성적 행위)을 과학적 지식의 대상으로 삼아 연구하고 그 권위를 이러한 행위들을 비정상적이고 치유되어야 하는 것으로서 인식되게 만들면서 성을 훈육하고 관리하는 사회로 변모해 갔다. 이렇게 권력은 '비정상적인' 성의 범주를 창조하고, '정상적인' 성적 주체를 만들어 내었고, 이 과정에서 성적 소수자들은 사회적 타자로서의 낙인을 성공적으로 부여받게 되었다.

퀴어 이론(Queer Theory)의 등장

한편 푸코의 영향하에 성정체성의 사회적 구성 과정을 연구하는 또 다른 이론적 흐름이 1980년대에 등장하였는데, 이러한 흐름을 학자들은 '퀴어 이론'으로 명명하기 시작하였다(Gamson, 2000). 퀴어 이론은 사회적 구성주의와 푸코의 후기 구조주의 철학에서 잉태되었지만, 현대적 삶의 곳곳에 자리하는 모든 이성애-동성애의 이분법적 구도의 작동 방식을 폭넓게 다루고자 하며, 특히 '이성애 규범성(heteronormativity)'을 비판적으로 해체하려는 뚜렷한 목적의식을 보이고 있다. 퀴어 이론은 이성애적 정체성과 동성애적 정체성 모두를 단순히 사회적 지위나 정체성이 아닌, 일종의 '지식의 범주'이자 우리의 신체와 섹슈얼리티 등의 개념을 규정하는 하나의 '언어'로 간주한다. 따라서 퀴어 이론은 동성애에 관한 연구가 단순히 성적 소수자로서의 주체가 형성되는 과정을 경험적으로 연구하는 것에서 머물지 말고, 한 사회 전체가 어떻게 신체, 욕망, 사회적 관계, 문화, 그리고 사회제도 등을 '성화(sexualizing)'함으로써 구성되는지를 연구할 필요가 있다는 점을 역설한다(Seidman, 1996, pp. 12-13).

또한, 퀴어 이론은 젠더와 섹슈얼리티가 반드시 고정적이라는 생각에 의문을 제기한다. 다시 말해, 남자로 태어난 사람은 사회에서 일반적으로 기대되는 남자로서의 성 역할을 지니게 되고, 이는 결과적으로 이성애 남자로서의 성적 지향으로 연결되어야 한다는 고전적인 생각에 강력한 도전을 하는 것이다. 사실 이러한 등식이 반드시 성립하는 것이 아니라는 증거는 이미 제3세계의 문화인류학적 연구를 통해 제공되어 왔다. 하지만 퀴어 이론은 이 같은 이례적인 민속지적 사례를 경험적으로 보고하는 일보다는, 어떻게 이성애적 사고가 현대의 사람들에게 자연스러운 것처럼 인식되고 실천되게 되었는지를 밝혀내는데 더 많은 관심을 가진다.

그리고 이 과정에서 퀴어 이론가들은 신체적 자아에 의한 구분 자체가 담론에 의한 젠더 구성물일 뿐이며, 몸조차도 실재하는 것이 아니라 의미 구성의 과정을 통해 그러한 육체적 실체가 있다는 가상을 만들어 내고 있다는 주장까지 제기하게 된다(예 Butler, 1993; Plummer, 1992). 즉, 비판적 해체의 대상인 이성애적 또는 동성애적 주체(subject)의 성립은 사회적 인식의 담론 과정을 통해서 가능한 것이고, 심지어 동성애적 정체성에 대한 연구 그 자체도, 막연하게 흩어져 있던 모호한 현상에 이름을 붙여 그것을 실재하게 만들기 전까지 연구의 대상은 본질적으로 존재하지 않는다고 말한다. 하지만 이러한 성적 소수자의 정체성에 대한 과도한 담론적/언어적 텍스트 분석은 결과적으로 우리가 체감하고 있는 성적 소수자들의 실제 세계에 대한 분석의 중요성을 지나치게 경시한다는 비판을 받고 있기도 하다(Gamson, 2000).

이상의 논의들을 전제로 우리는 다음 장에서 성적 소수자의 문제를 교육의 관점에서 접근해 볼 것이다. 특히 성적 소수자의 문제가 교육과정과 교사교육의 차원과 만날 때, 어떠한 교육적 긴장 및 그에 따른 문제를 내포하게 되는지 살펴보고자 한다.

III 사회과 교육과정 안의 성적 소수자

성적 소수자는 사회과교육에서 다루어져야 하는 중요한 사회문화적 현상임에 틀림없다. 최근 두드러진 남녀차별의 제도적 개선 및 동성애-성전환자들의 인권운동들은 조금씩 가시적인 성과를 만들어 가고 있지만, 그럼에도 불구하고 국내외의 공식적 학교 교육의 영역 안에서, 그리고 사회과교육 영역 안에서 암묵적으로 전제되는 일반적인 인간의 모습은 '건강하고', '남성 중심적 성향의', '이성애적 인간'이라 할 수 있다.

공식적 교육과정에서 나타나는 성적 소수자의 이미지

1990년대 이후 지구촌 여러 나라에서는 학교 교육에 대한 다양한 국가적 실험과 개혁이 잇따랐는데, 기존의 전통적-관습적인 학교 교육이나 교육과정의 틀을 벗어나 대안적인 접근을 시도하는 것은 일종의 유행과도 같았다. 한국과 미국 교육계에서, 특히 사회과 교육의 영역 안에서 일어난 두드러진 변화 중의 하나는 바로 공식적 교육과정에 포함된 내용의 변화였다. 비록 사회-역사적 맥락은 다르다 할지라도, '다양성'과 (나와 다른) '타인에 대한 존중'이라는 가치는 두 나라의 사회과 교육과정에서 새롭게 강조되는 공통적인 개념들이었다. 하지만, 이러한 다양성-타인에 대한 존중이라는 개념이 일관되게 적용되지 않았던 분야는 바로 성적 소수자의 주제였다. 미국의 사회과 교육과정에서도 이러한 지적은 여전히 설득력이 있다(Bickmore, 2002; Thornton, 2002).

성정체성과 성적 소수자의 존재는 우리나라 국가 교육과정 문서와 사회과 검인정 교과서의 차원에서 전형적인 영 교육과정(null curriculum)의 사례에 속한다고 할 수 있다. 인간의 삶에 지대한 영향을 끼치는 사회적 변인들(예 인종, 종교, 계급, 젠더)이 사회 교과에서 중요하게 다루어지고 있는 점을 고려할 때, 그리고 특히 사회적 소수자의 인권 보장에 대한 높아진 교육적 관심을 고려할 때, 성적 소수자는 한국의 국가 교육과정과 검인정 교과서상에서 투명인간과도 같은 존재에 해당한다. 성적 소수자와 관련된 사회적 이슈들은 사회과 교육과정 안에서 철저하게 소외된 주변적 주제였다. 결국 성적 소수자의 개념은 기껏해야 이성애주의 및 전통적인 남성성의 이데올로기에 기생하는 일종의 기이한 '해외 토픽 뉴스감'으로 머물고 있는 상황이다.

물론 성적 소수자의 문제를 교육 당국이 철저하게 외면한 것은 아니었다. 2001년 교육부가 공표한 학교급별 '성교육 교사용 지도지침서'는 동성애 개념을 다루고 있다. 예를 들면, 중학교용 지도지침서에는 (일부 거칠고 비전문적인 표현이 있기도 하지만) 동성애를 일탈 행동이 아닌 "하나의 인간적인 삶인 동시에 애정의 형식"이라는 상당히 발전적인 정의를 일부 수용하고 있다(교육인적자원부, 2001a, pp. 146). 그러나 같은 해에 출간된 고등학교용 성교육 교사용 지도지침서(교육인적자원부, 2001b)에는 동성애를 정신병리학적 관점에 근거하여 설명하는 한계를 그대로 드러내고 있고(p. 138), 에이즈와 동성애의 관계에 대한 해묵은 오해가 여전히 여과 없이 실려 있기도 하다(p. 127). 성적 소수자의 차별 근절과 인권 보장의 차원에서 동성애나 성전환의 현상을 이해하려는 시도는 아직 국가 교육과정의 차원에서 요원한 실정이다.

잠재적 교육과정에서 나타나는 성적 소수자의 이미지

주변적인 주제를 교실수업에서 다루는 데 있어 잠재적 교육과정은 교사의 교수 행위에 적지 않은 영향을 미친다. 앞서 우리는 한국의 국가 교육과정이 성적 소수자의 주제를 분석의 가치가 있는 사회 현상의 하나로서가 아닌, 그저 단순한 호기심의 대상이나 주변적인 주제로서 다루고 있음을 살펴보았다. 반면, 학교의 잠재적 교육과정은 이와 정반대의 현상을 보인다. 한 마디로 잠재적 교육과정은 성적 소수자 문제에 대하여 상당히 노골적인 조롱과 폭력의 양상을 보이고 있으며, 이러한 학교 문화는 동성애적 성정체성을 지니고 있는 소수의 학생들에게 혹독한 대가를 치르게 만든다. 성적 소수자의 문제에 대한 교사들의 태도 역시 이러한 학교 내의 보이지 않는 규범의 영향을 받게 된다.

성적 소수자들의 인권 보장이 제도적으로 상당한 수준에 도달한 미국 사회의 경우에서도, 학교의 잠재적 교육과정은 성적 소수자들에게 악몽과도 같을 수 있다. 최근 성적 소수자의 문제에 관한 미국 사회과교육 연구문헌들은 학교 울타리 안에서 관찰되는 일상적 삶이 이성애적 규범에 의해 철저히 지배되고 있으며, 동성애는 우리와 다른 타인, 괴짜, 또는 변태의 단어들과 동의어로 사용되고 있음을 일관되게 보여준다(Crocco, 2001, 2002; Gilbert & Gilbert, 1998; Lesko, 2000; Levstik & Groth, 2002). 초등 및 중등학교에서 관찰되는 학생들의 또래 문화나 사회과 교실수업에서 성적 소수자들은 가벼운 농담의 소재에서부터 집단적 따돌림이나 폭력의 희생양이 되곤 하지만, 이를 적극적으로 제지할 수 있는 제도적 수단은 부족한 실정이다. 학교 사회는 동성애에 대한 성희롱에 적극적으로 대처하지 못하고, 이를 방관하거나 심지어는 즐기고 있는 듯한 모습까지도 보인다. 영국 중등학교의 문화기술적 사례 연구에서 마틴 맥앤 게일(Martin Mac an Ghaill, 1994)의 주장처럼, 학교 안의 남성주의적-이성애적주의의 담론은 단순히 학교 운동부(예 농구 및 미식축구) 대표 선수들과 같은 울퉁불퉁한 근육의 남학생들이 만들어 내는 남성적 이미지 그 자체를 통해 만들어진다기보다는, 그것과 구별되는 여성적 그리고 동성애적 정체성을 의도적으로 공격하고 억압하는 과정에서 형성되는 모습을 보여준다.

이러한 서구의 사례와 비교해 볼 때 한국의 학교에서 나타나는 성적 소수자에 대한 규제와 폭력 역시 더 이상 용인될 수 없는 수준에 이르고 있는 것으로 나타나고 있다(국가인권위원회, 2005). 하지만, 국가인권위원회의 보고서에 실린 학교 안 성적 소수자의 인권 침해의 사례들은 그동안 언론 또는 교육기관을 통해 제대로 일반인들에게 알려지지 않았던 것이 사실이다. 이 같은 성적 소수자 문제의 비가시화 현상은 성적 소수자에 관한 이야기가 아직까지 학교의 잠재적 교육과정의 차원에서 철저하게 금기시되고 있다는 점을 간접적으로 말해주고 있다.

우리나라 중・고등학교 문화에서 성적 소수자의 존재 자체는 '묻지도 말고,

대답하지도 말라'는 암묵적인 원칙에 근거하여 학교 안에서 부정되고 있다.[9] 학생들의 하위문화에서 성적 소수자로서의 정체성은 그야말로 집단 따돌림으로 이어질 수 있는 치명적인 결과를 가져올 수 있으며, 이러한 문제적 상황에 대하여 학교 당국을 비롯한 관련 교육기관들은 침묵하고 있다. 결론적으로, 한국의 학교에 엄연히 존재하는 청소년 동성애자들은 어떠한 교육적·사회적 지원도 받지 못한 채, 완전히 고립된 상태에서 극단적인 선택을 강요받고 있는 상황이다. 최근의 한 조사 연구에 따르면 전국적으로 성적 소수자를 위한 별도의 전문적인 상담 창구를 마련하고 있는 학교는 거의 전무한 것으로 나타났다(조대훈, 2011).

이러한 암담한 학교 상황은 청소년 동성애자들에게 심각한 영향을 미치는 것으로 조사되었다. 13~23살 청소년 동성애자 105명을 대상으로 2005년에 실시된 한 설문조사에 따르면, 한국의 청소년 동성애자들이 심각한 자살 위험에 노출되어 있다는 점을 보여주고 있다(한겨레21, 제588호). 조사 대상자의 70% 이상이 자살에 대해 생각해본 경험이 있고, 18.1%가 '매우 자주 해봤다'고 응답했으며, 실제 자살을 시도해본 경우가 45.7%로 절반 가까이에 이르렀다. 반면 다수의 이성애자 청소년들이 가지는 성적 소수자에 대한 인식은 여전히 차갑기만 하다.[10]

이상에서 살펴본 바와 같이, 성적 소수자의 존재에 대한 공식적 교육과정 및 잠재적 교육과정에서의 교육 양상은 사회과교육이 추구하는 민주 시민성 교육의 핵심적 가치인 공정성과 관용적 이해의 태도에 정면으로 배치되는 사회과 교실수업의 걸림돌로 작용한다. 상당히 민감하고 논쟁적인 성적 소수자의 문제는 더 이상 감출 수 없는 사회적 문제가 되어버렸고, 이미 우리 사회의 각계각층은 주류적 담론에서 소외되었던 성적 소수자의 문제를 밝은 곳으로 이끌어 내고 있다. 여기서 학교 교육은 성적 소수자의 문제에 문을 굳게 잠그고 이불을 덮어쓰고 숨어 있는 우리 사회의 마지막 영역인지도 모른다. 사회과 교사는 교실 안에서나 복도에서 벌어지는 대화에서 오가는 성차별적이고 동성애 혐오적인 이야기들에 귀 기울일 필요가 있고, 더 나아가 그러한 표현들에 대하여 학생들 스스로 반성해 보는 교육적 경험을 교실 안에 마련해 주어야 한다.

IV 사회과 교사교육과 성적 소수자

지난 수십 년간 한국의 사회과교육 연구 공동체에서 사회과 교사, 성정체성, 그리고 교실수업의 삼각관계에 대한 이론적-실천적인 탐색은 거의 전무한 상태라고 단언할 수 있다. 사회과 교사교육의 분야에서 관찰되는 이 같은 상황은 여러 가지 다양한 차원에서 학교 교육 안에서 성적 소수자의 문제를 다루는 것을 어렵게 만들고 있다.

그런데, 흥미로운 현상 하나는, 사회적 변화의 흐름 속에서 앞서 논의된 성적 소수자의 인권문제를 타인 배려의 관점에서 수용하고 있는 대다수의 사람들조차도, 성적 소수자의 개념을 학교 교육과 교직사회 안에서 공식적으로 다루는 것에 유보적인 태도를 보이고 있다는 점이다. 즉, 성적 소수자의 문제는 일반적인 인권 보장의 차원과 학교 교육 차원에서 각각 다르게 인식되는 경향이 있다.

이처럼 성적 소수자의 문제가 학교 교육의 차원에서 차별적인 지위를 가지는 데에는 다음과 같은 교사교육 및 교사의 지위에 관한 특수한 상황이 영향을 미치고 있다고 판단된다. 이하의 논의는 한국 사회과 교사교육과 교사의 사회적 지위에 관한 중요한 시사점을 제공해 줄 것으로 기대된다.

예비-현직 교사교육 프로그램 안의 성적 소수자

교사가 학교 교육의 변화에 중추적 요인이라는 사실은 아무리 강조해도 지나침이 없다. 교사는 단순히 사회과학적 지식을 학생들에게 전달하고 이해시키는 존재라기보다는, 담당 교과 영역에서 독특한 수업 지식을 구성하고 그것을 바탕으로 학생들의 인지적 사고 능력과 정의적 태도에 영향을 주는 존재이다. 교사는 교육 현장의 맥락적 정보에 근거한 실천 이론(practical theories)을 바탕으로 교육과정 및 교수상의 조율자(curricular and instructional gatekeeper)로서의 모습을 강하게 드러낸다(Cornett, 1990; Elbaz, 1983; Ross, Cornett, and McCutcheon, 1992; Schön, 1983, 1987; Thornton, 1991). 이러한 이론적 관점은 사회과 교실에서 다루어지는 성적 소수자의 문제가 교사들의 개인적 가치관에 의해 크게 영향받을 수 있고, 학생들은 그러한 교사의 수업 내용을 무비판적으로 수용할 가능성이 있다는 주장을 가능하게 하였다. 실제로 사회과 교사가 수업 시간에 다루는 내용에 대하여 스스로 행하는 자기 검열(self-censorship)은 국가의 권위주의적인 교육과정 통제보다도 교실수업 현상에 더 강력한 힘을 발휘한다.

최근 많은 미국 대학의 사회과 교사교육 프로그램들은 다문화주의와 다양성의 이슈들을 다루는 강좌들을 통해서 예비-현직 사회과 교사들로 하여금 보다 체계적이고 바람직한 방식으로 성적 소수자의 주제를 학교 안에서 제기하고 가르칠 수 있는 방법들을 심도 있게 논의하고 있다(예 컬럼비아대학교 및 오하이오 주립대학교의 다문화교육 강좌). 하지만, 이러한 시도들 역시 적잖은 난관에 봉착하게 되었는데, 무엇보다도 성적 소수자의 이슈를 어떻게 다양한 연령층의 학생들을 위한 수업 지식으로 전환할 수 있는지에 대한 교수방법상의 문제에 대하여 아직 충분한 정보와 노하우가 축적되지 못하고 있다는 점을 들 수 있다.

성적 소수자의 주제를 교실에서 다룰 때 어려움을 겪게 되는 두 번째 이유는, 그것이 단순히 좁은 사회과 교실에서 벌어지는 교수상의 주제로 간주되기에는 너무나 복합적이고 광범위하다는 사실에서 발견된다. 특히 사회과 교사들은 성적 소수자의 개념이 단순히 수업 지식의 한 예가 아니라, 학교의 문화와 지역사회의 특성과 직접적으로 연결되는 지극히 정치적 이슈라는 점을 쉽게 깨닫게 되며, 그로 인해 성적 소수자의 개념을 다룰 때 의식적-무의식적인 자기 검열을 수행할 가능성이 높아진다. 이 같은 자기 검열은 때로는 개인의 종교적 가치관에 의해 주도되기도 하고, 때로는 교직사회에 팽배한 동성애 공포증의 문화에 기인하고 있기도 하다.

마찬가지의 어려움이 우리나라 사회과 교실에서도 관찰되고 있다. 대부분의 사범대학이나 교육대학의 교육과정은 사회적 차별이나 불평등의 주요 사례에 해당하는 성적 소수자의 문제를 진지하게 다루지 못하고 있는 실정이다. 특히 거의 대부분의 사범대학 사회교육 전공 교육과정에서 성적 소수자의 개념은 지극히 한정된 일부 교과 내용학 과목(예 사회 · 문화 영역 기본 이수과목)이나 일부 교양과목(예 성행동의 심리학, 젠더 사회학)을 통해 소개되고 있으며, 교과교육적 차원에서 성적 소수자의 인권문제를 깊이 있게 다루고 있는 경우는 극히 드물다고 하겠다.

이 같은 상황에서 우리가 인지해야 하는 한국 사회과 교사교육 프로그램의 문제점은 성적 소수자의 존재와 인권문제를 중요한 수업 지식으로 다루고 있지 못하는 관행일 것이다. 최근 민주노동당 최순영 의원이 제출한 국감자료에 따르면, 전국의 시도교육청에서 실시된 성교육 전문 교원연수는 단 한 차례도 없었던 것으로 집계되었다(한국일보, 2006년 2월 10일자 인터넷판a). 성교육의 하위 영역인 성정체성과 동성애의 문제에 대한 관심은 이러한 상황에서 더욱 기대하기 어려운 것이 사실이다.

잠재된 쟁점 하나: 교사의 성정체성

마지막으로 우리는 성적 소수자의 문제와 연결된 한국 교육계의 뜨거운 감자를 공개할 때가 되었다. 바로 교사 자신의 성정체성 문제, 특히 성적 소수자로서의 교사의 사회적 지위의 문제이다. 만약 초등학교 1학년의 어떤 담임 교사가 동성애자임을 밝히고 커밍아웃을 했다면 그러한 상황은 학생들과 동료교사 그리고 학부모들로부터 어떠한 반응을 이끌어 낼까? 만약 교원임용 1차 필기고사에 합격한 후 면접 구술 고사를 앞둔 사회과 예비교사가 자신이 동성애자임을 공개적으로 밝힌다면, 그 교사에게 임용상의 어떠한 불이익이 생기지는 않을까? 결론적으로 이러한 사례들을 '문제 있다' 또는 '심각하게 생각해 볼 필요가 있다'고 느끼게 만드는 이면에는 바로 '동성애자나 성전환자라는 교사의 성정체성은 교육적으로 바람직하지 않은 결과를 낳을 수 있다'라는 주장이 자리하고 있다고 하겠다. 이는 더 노골적으로 표현하자면, '동성애-성전환자의 정체성은 교사로서의 결격사유에 해당한다'라는 주장과 맞닿는다. 하지만, 저자들은 성적 소수자의 지위가 결코 교사로서의 결격 사유가 될 수 없다는 점을 주장하고자 한다.

교사의 성정체성에 대한 논쟁은 특히 유치원이나 초등학교 저학년을 맡고 있는 동성애 교사들이 학생들에게 미칠 영향을 문제삼는다. 미국의 사례에서 알 수 있듯이, 학부모들은 이 문제에 민감하게 반응하는 경향이 있다. 그렇다면 여기서 말하고 있는 '동성애 교사들이 학생들에게 미치는 영향'이란 도대체 무엇인가? 동성애자나 성전환자의 존재가 어린 학생들에 미칠 '성정체성의 혼란'은 이 논쟁의 한 복판에 자리하고 있다. 즉, 아직 미성숙한 어린아이들에게 제3의 성을 가진 동성애-성전환자 교사의 존재는 결코 그 아이들의 가치관 형성 및 성 역할 습득에 바람직하지 못한 결과를 가져올 수 있다는 주장이 우선 제기된다. 그리고 이와 같은 논리에서, 동성애-성전환자 교사들의 존재는 상대적으로 자신의 가치관과 성 역할이 어느 정도 형성된 중등학교 이상의 청소년들에게는 별다른 교육적 문제가 되지 않을 것이라는 주장도 뒤이어 제기되고 있다.

그렇다면 '어린 학생들에 대한 바람직하지 못한 결과'라는 모호한 말은 무엇을 의미하는 것일까? 이러한 주장에는 성정체성은 생물학적인 변인뿐만 아니라 후천적-환경적인 원인들이 첨가되어 형성된다는 견해가 자리하고 있고,

그 결과 어린 학생들이 습득해야 할 정상적인 성 역할에 혼란을 가져다줄 것이라는 믿음이 담겨 있다. 하지만, 여기서 정상적인 성 역할이란 다름 아닌 다수를 반영하는 이성애적 성 역할이며, 그리고 그 이면에는 "혹시 내 아이도 동성애자나 성전환자가 되지 않을까?"라는 동성애 공포증이 자리하고 있음을 부인하기 어렵다. 더 나아가 동성애 교사들이 어린 나이의 학생들에게 바람직하지 못한 영향을 가져온다는 사회적 믿음은 결국 "교사가 단지 동성애자라는 사실만으로도 교육적으로 문제의 소지가 있을 수 있다"라는 상당히 위험한 견해로까지 이어진다.

교사의 성정체성이 학생들에게 어떠한 교육적 결과를 야기하는지를 말해주는 연구는 무척 드물다. 하지만, 동성애 부부와 이성애 부부 밑에서 자란 자녀의 성정체성 추적 연구 등의 관련 연구에서 알려진 내용들을 종합해 볼 경우, 아동의 성정체성은 역할 모델로서의 성인의 성정체성에 의해 후천적으로 영향받는 것이 아니며, 유아기 초기 시절 또는 그 이전에 이미 생물학적으로 결정되는 것이라 이야기할 수 있다.[11] 이미 서구 선진국 사회에서는 '동성애 교사가 내 아이를 동성애자로 만들 것이다'라는 막연한 걱정은 한낱 기우에 불과하다는 생각이 지배적이 되어버렸고, 동성애 교사의 비교육적 영향에 대한 비생산적이고 소모적인 논쟁에서 점차로 벗어나고 있는 모습을 보여주고 있다.

우리가 인정해야 하는 한 가지 분명한 사실은, 현재까지 동서양을 막론하고 동성애 교사의 성정체성 그 자체가 교육자로서의 심각한 결함을 의미한다거나, 교육적으로 바람직하지 못한 결과를 가져온다는 어떠한 증거도 우리는 가지고 있지 못하다는 점이다. 그럼에도 불구하고, 한국의 학교에서 동성애 교사의 존재는 많은 사람들을 불안하게 만든다. 동성애 공포증은 특히 교사라는 직업군에서 더욱 두드러진다. 동성애 교사의 학생들의 성정체성이나 성 역할에 미치는 영향을 둘러싼 사회적 관심과 불안에는 우리가 앞서 논의한 동성애 공포증을 중심축으로 하는 사회적 편견이 잠재해 있다. 동성애 교사가 학생들에 미치는 영향이 실제로 우려스럽다면, 마찬가지의 동일한 걱정과 관심이 이성애 교사에게도 마찬가지로 적용되어야만 할 것이다. 성적 소수자의 지위를 가진 교사들에 대한 교직사회 내의 동성애 공포증을 비판적으로 검토하고, 이를 해소할 의지와 관련 프로그램이 절실히 요청된다.

V 논의: 성적 소수자의 인권과 시민교육

성적 소수자의 문제는 사회과교육에서 반드시 다루어져야 하는 중요한 사회적 현상이자 교육과정의 주제임에 틀림없다. 최근 두드러진 남녀차별의 제도적 개선 및 동성애-성전환자들의 인권운동들은 조금씩 가시적인 성과를 만들어 가고 있지만, 그럼에도 불구하고 한국의 학교 교육에서, 그리고 사회과교육 영역 안에서 명시적-암묵적으로 전제되는 일반적인 인간의 모습은 건강하고, 남성 중심적 성향의, 그리고 특별히 '이성애적인' 인간이었다.

본 장에서 검토된 내용들은 시민교육의 중추적 교과로서의 사회과교육 관계자들이 애써 외면하려고 했던 많은 것들을 생각하게 해 준다. 성적 소수자의 개념은 교육과정의 주제 그 이상의 의미를 지니고 있다. 이는 우리 사회에서 정상적이고 바람직한 삶을 규정하는 이데올로기에 대한 반성을 요구하고 있으며, 학교 문화와 교사교육을 가로지르는 사회적 담론의 의미를 검토할 필요성을 제기한다. 바람직한 시민교육의 목표를 지향한다면, 한국의 사회과교육은 양성평등 교육에서 보인 가시적인 성과에서와 같이, 성적 소수자의 존재와 그들의 인권을 존중할 수 있는 교육 프로그램의 개발과 법적 장치의 마련을 위해 목소리를 높여야 할 것이다. 하지만, 법과 제도를 바꾸는 것보다 더 어려운 일은 개개인의 일상적 삶을 규제하는 문화를 변화시키는 일일 것이다.

학교는 이러한 문화를 변화시키는데 있어 중요한 역할을 담당해야 하며, 학생들이 학교에서 경험하는 삶 속에서 성적 소수자를 자연스럽게 이해하고 인정할 수 있는 기회를 제공해 주어야 할 것이다. 이를 위하여 사회과 교사와 연구자 그리고 전문가 단체는 다음과 같은 정책적 변화를 위한 지속적인 운동을 펼쳐 나가야 할 것이다.

첫째, 성적 소수자의 존재와 인권문제를 기존의 시민교육적 차원의 포괄적인 인권교육의 틀 안에 위치시켜 보다 정련된 성적 소수자 인권교육 모델을 개발할 필요가 있고, 이를 위한 많은 사회적 관심과 지원을 이끌어 내야 할 것이다. 최근 사회과교육 영역에서 인권교육에 대한 관심이 높아지기 시작하였고, 관련 연구들은 시민교육의 목표로서의 인권의 개념을 학문적-교육적 차원에서 체계화시키거나(예 구정화, 1997; 송현정, 2004), 다양한 인권관련 수업모델 및 인권수업의 실천적 지식을 구체적으로 보고하고 있다(예 문미희, 2005; 박상준, 2003; 유네스코한국위원회, 2000; 이세라, 2006; 전국사회과교사모임 인권교육분과, 2005). 성적 소수자의 인권교육은 이러한 연구 성과를 참조하여, 차별화된 인권교육의 모델과 현장 연구 사례를 지속적으로 개발하고 축적해 나가야 할 필요가 있다.

그리고 이러한 성적 소수자 인권교육 모델에서 중요시되어야 하는 점은 성적 소수자에 대한 '인권 감수성'을 높이는 일이라 하겠다. 인권 감수성의 증진은 인권의 보편적 속성을 확인하고, 그 틀 안에서 성적 소수자의 문제를 바라보고 이해하려는 자연적인 동기를 학생들에게 불어넣어 줄 수 있는 교실수업을 통해 가능하다. 여기에는 그동안 우리 사회에 팽배해 왔던 성적 소수자에 대한 왜곡된 이미지에 대한 비판적인 검토와 더불어, 관용 교육 또는 배려의 윤리(ethics of caring) 등과 같은 사회적 타자로 규정된 사람들에 대한 배려와 존중의 실천 이론이 중심축을 이루어야 할 것이다. 이러한 측면에서 특히 박상준(2003), 송현정(2004), 문미희(2005), 최문선(2011), 조대훈(2011)의 최근 연구는 성적 소수자의 인권문제를 사회과 교실수업에서 다루는 데 있어 유용한 이론적 관점과 실천적 이론을 제시해 주고 있다고 평가하고 싶다.

둘째, 성적 소수자의 인권교육이 학교 교육에서 성공적으로 안착하기 위해서는 교육과정과 교수방법상의 노력뿐만 아니라, 보다 근원적으로 교사교육의 차원과 교직문화의 차원에서 의미 있는 사고의 전환이 필수적으로 요구된다. 앞서 논의된 바와 같이 교사는 이데올로기적이고 논쟁적인 주제에 대하여 가장 강력한 검열기관의 역할을 수행하는 존재이다. 우리는 이러한 교사의 조율 행위(teacher gatekeeping)가 학교 안에서 성적 소수자의 문제와 어떻게 결합하고 있는지를 면밀하게 살펴보아야 하며, 이를 위한 경험 연구가 앞으로 지속적으로 이루어질 필요가 있다.

교사 선발과 교사교육의 차원에서 우리는 '묻지도 대답하지도 말고', '긍정도 부정도 말라'는 암묵적인 원칙을 이제 버려야 할 것이다. 무엇보다도 성적 소수자로서의 교사가 떳떳하게 교단에 설 수 있는 그러한 학교 교직문화가 선행적으로 마련되어야 한다. 이러한 문화를 생성하기 위해 우리에게 혁신적인 교수 모델이나 이론이 필요한 것은 아닐 것이다. 최근 많은 성과를 올린 교직사회의 양성평등 교육과 유사한 전략으로, 성적 소수자의 인권에 대한 교사 및 행정가들의 인권 감수성을 높이는 작업이 시도되어야 한다. 물론 이 같은 작업은 사회 선체의 법적-제도적 차원의 인권 감수성과 비례한 수준에서 진행될 가능성이 높지만, 시민교육의 중추적 역할을 담당하는 사회과교육은 이 과정에서 동성애 공포증을 우리 사회가 극복하는 데 있어 보다 능동적인 역할을 담당해야 할 것이다.

❖ 주

1) 1969년 미국 뉴욕시의 그리니치 빌리지에 위치한 게이들의 단골 술집인 스톤월 인(Stonewall Inn)에 대한 경찰의 지속적인 단속에 저항하여 5일 동안 거리 시위를 벌인 소요 사건을 지칭한다. 특히 동성애자 인권운동의 분수령으로 평가받고 있으며, 스톤월 사건 이후 동성애자들의 정치 투쟁이 계속 이어졌고, 특히 이 사건을 기념하여 매년 6월마다 세계 각지에서 '동성애자 퍼레이드'가 열리게 되었다(김길님 외, 1999, pp. 193–212).

2) 예를 들면, 미국여론조사국(National Opinion Research Center, NORC)에 의해 실시된 사회 조사를 바탕으로 나온 90년대판 성 보고서는 가장 최근에 실시된 사회조사 결과를 담고 있으며, 상당한 신뢰도를 지닌 것으로 인정받고 있다. NORC의 보고서는 우선 킨제이 보고서의 통계 수치가 실제보다 약간 높게 나타난 것이라고 간주하였다. 3492명의 표본을 대상으로 조사한 결과, 자신들이 배타적 동성애자라고 응답한 사람들은 남성이 4%, 여성이 1.4%였고, 약 10%의 남성들이 동성연애의 경험이 있다고 털어놓았다. 남녀 각각 0.8% 그리고 0.9%의 응답자들이 양성애자라고 밝혔으며, 남녀 각 4.1% 및 3.9%의 사람들이 양성애적 성향을 느끼고 있다고 응답하였다(Laumann et al., 1994). 하지만 NORC 보고서에 나타난 성적 소수자의 인구 비율 역시 '이성애자들의 막연한 상식적 추측'에 비교한다면 여전히 높은 수치임이 분명하였다.

3) 아직도 "에이즈=동성애"라는 등식은 여전히 우리 사회에서 통용되고 있다. 예를 들면, "동성애자들 사이에서 최근 HIV 감염이 상대적으로 더 증가하고 있다"는 신문–뉴스 보도는 대중들로 하여금 동성애를 하면 에이즈에 걸린다는 지극히 비약적이고 비논리적인 사고를 갖게 만들었다. 하지만, 여기서 제대로 보도되지 않고 있는 분명한 사실 하나는, HIV나 에이즈 감염자의 절대다수는 바로 지구상의 다수를 점유하는 이성애자라는 점이며, 이 같은 치명적인 바이러스의 감염이 성행위 이외의 다른 여러 루트를 통해 이루어지고 있다는 점이다. 이성애주의가 통계수치가 지니는 과학적 힘과 결합하면서, 이러한 설명 방식은 성적 소수자에 대한 객관적 인식을 가로막고 있다.

4) 예를 들면, 2002년 국가인권위원회는 동성애자인권연대 등의 제 단체의 진정에 따라 각종 사전에서 동성애자를 차별하는 표현을 삭제할 것을 결정하였다(동아일보, 2002년 11월 15일자 인터넷판). 2006년에는 국가인권위원회의 권고를 수용하여, 국방부는 군대 내의 동성애자 차별을 막는 관련 군 법령의 시정 및 삭제를 약속하였다(동아일보, 2006년 3월 22일자). 한편, 2001년 정보통신윤리위원회의 동성애 사이트(엑스존) 유해매체 규정과 관련하여 동성애 단체와 관련 국가기관과의 법정 공방이 세간의 관심을 모았다. 동성애 사이트를 유해매체로 규정하는 것은 헌법에 규정된 행복추구권(제10조)과 평등권(제11조) 및 표현의 자유(제21조) 등을 침해하는 것으로 판단하고, 이를 시정–삭제해 줄 것을 요청한 국가인권위원회의 판단과는 달리, 헌법재판소는 정보통신윤리위원회의 손을 들어주었다(한겨레신문, 2002년 1월 9일자 인터넷판, 2004년 1월 30일 및 2월 4일자 인터넷판).

5) 특히 트랜스젠더에 대한 비교적 관용적인 사람들의 태도에 비하여 동성애자들에 대한 한국 사회의 인식이 상대적으로 더 보수적이고 경직되어 있다는 점은 흥미롭다. 김태명(2003) 이러한 현상이 부분적으로 동성애의 인정 문제가 (트랜스젠더의 인정 문제에 비하여) 혼인과 가족 제도에 대하여 더 포괄적이고 전면적인 재검토를 요구하고 있기 때문이라고 해석하였다. 하지만, 필자는 보다 근본적으로 '남성 중심적 사고'가 이 현상의 이면에 강하게 자리하고 있다는 점을 강조하고 싶다. 즉, 트랜스젠더에 대한 한국 대중의 일반적 인식은 남성에서 아름답고 섹시한 여성으로 재탄생한 하리수라는 아이콘에 의해 크게 영향받았으며, 이 과정에서 한국의 남성들이 보여준 트랜스젠더에 대한 예상 밖의 너그러운 관용의 태도는 성적 소수자로서의 트랜스젠더가 지니는 인권의 인정이라기보다는, 섹시한 여성의 이미지에 대한 대다수 남성들의 성적 호감을 반영하고 있는 것이라 하겠다. 따라서 한국 사회가 동성애자보다는 트랜스젠더에

더 유연한 태도를 보인다는 지적은 액면 그래도 받아들여져서는 안 되며, 이를 성적 소수자의 인권문제에 대하여 우리 사회의 감수성이 높아진 증거로 이해해서도 안 될 것이다. 이는 이성애주의와 남성 중심주의가 서로 교묘하게 결합하여 만들어진 현상으로 해석되어야만 한다.

6) 이에 대한 단적인 예로서, 사회과교육 관련 주요 전문학술지(| 사회과교육, 시민교육연구 등)에서 시민교육과 학교 교육의 관점에서 성적 소수자의(또는 동성애의) 개념과 역사에 대한 고찰이 연구주제로서 한 번도 등장하지 않았다는 사실은 주목할 만하다.

7) 저자 중 한 명은 최근 사범대학 전공 수업이나 교원직무연수 프로그램 등에서 성적 소수자에 관한 주제로 강의를 할 때 이와 같은 동성애 공포증을 한 번도 빠짐없이 관찰하곤 했다. 그냥 평범한 얼굴로 "혹시 오늘 이 자리에 계신 분들 중에 이성애자가 아닌, 동성애자가 있으신가요?"라는 질문을 던졌을 때 수강생들이 보이는 첫 번째 반응은 마치 약속이라도 한 듯 동시에 터져 나오는 '웃음소리'였다. 웃음을 유도한 질문이 아니었음에도 불구하고 일관되게 목격되는 그 웃음은 동성애 공포증을 대변해 주고 있었다. 어빙 고프만(Erving Goffman, 1967)의 분석을 참조한다면, 이 같은 상황에서 나온 '웃음'은 어색한 상황을 무마하는 상징적 몸짓임과 동시에, '나는 동성애자가 아니다'라는 무의식적인 외침을 표현하는 통로이기도 하다. 이러한 웃음에 대하여 스스로 분석해 보는 작업은 해당 강의의 주요 활동 중 하나를 구성하였다.

8) 여기서 미시권력은 개개인들 간의 사회적 상호작용 속에서 중요한 규범의 역할을 담당한다. 미시권력의 개념은, 마치 우리 몸속의 피가 모세혈관을 따라 구석구석 퍼져 나가는 것처럼, 권력도 사회적 삶의 세밀한 부분까지 자리하고 있다는 뜻을 지닌다. 인간의 성정체성에 대한 미시권력은 한국 사회의 가정, 학교, 병원, 직장, 가정, 군대 등의 장소에서 원활하게 작동하고 있다. 예를 들면, 한국의 학교 교무실에서 동성애자의 성적 지위는 오랫동안 존재하지 않는 개념이었는데, 이것이 가능했던 것은 동성애적 정체성을 가진 교원에 대하여 국가가 노골적인 감시와 처벌을 강력하게 지속해 왔기 때문이 아니라, 우리 학교 안에 동성애자로서의 사회적 지위를 드러내지 못하게 억누르는 일상적인 권력이 항시 작용하고 있고, 많은 학교 구성원들이 이에 집단적인 동참을 하기 때문이라고 볼 수 있다.

9) 2006년 봄, 저자 중 한 명이 서울 소재 남자고등학교 진로상담부장과 가진 심층면담은 특히 동성애자 학생들에 대한 공교육 차원의 배려와 지원이 얼마나 부실한가를 느낄 수 있게 해 주었다. 김희연(가명) 교사는 자신의 학교에 2명의 성적 소수자 학생이 존재한다는 사실을 감지하고 있었지만, 이에 대한 조치를 해 줄 수 없는 상황을 우려하였다. 김 교사는 마치 학교 당국이 "동성애자는 우리 학교에 있지도 않고, 만약 있다고 해도, 이를 공식적으로 언급해서는 안 된다"는 암묵적인 원칙을 가지고 있는 것 같다고 이야기하였다. 이러한 상황에서 김 교사가 할 수 있는 일은 그저 개인적으로 그 학생을 불러 정서적 안정을 위한 일상적인 상담을 해 주는 것이었다.

10) 또한, 한국청소년상담원의 한 연구보고서(장재홍, 2003)에 따르면, 조사 대상 청소년들은 동성애에 대해 '이해하기 어렵다'(34.7%)는 반응을 가장 많이 보였고, '징그럽다' '정신병이다' 등의 응답이 그 뒤를 이었다. 반면 '충분히 이해할 수 있다', '나와는 다르나 그럴 수 있다'는 긍정적인 대답은 9.3%에 그쳤다. 한국성적 소수자문화인권센터(2005, 한겨레21, 제588호에서 인용)는 2005년 10월 서울의 고등학생 101명(여성 49명, 남성 54명)을 대상으로 동성애에 대한 설문조사를 실시하였는데, 여기서도 63%의 학생들이 '남자와 여자만 서로 사랑하는 것이 자연의 섭리다'라고 믿고 있었고, 44%의 학생들이 '동성애는 정신병'이라고 생각하고 있었다는 결과를 보고하고 있다.

11) 예를 들면, 골롬복, 스펜서와 러터(Golombok, Spencer, & Rutter, 1983)는 레즈비언 부모 밑에서 양육된 아이들과 이성애자 부모 밑에서 양육된 아동 27명씩을 조사한 결과, 이들이 보인 교육 형태, 성 역할 행동, 성정체성의 발달 등에 별다른 차이가 없었음을 보여주고 있다. 그리고 이 밖의 여러 연구에서도 동성애 부모의 가족들과 이성애 부모의 가족들을 비교할 경우, 동성애 자녀가 나올 확률에는 아무런 차

이가 없음이 드러났다. 이러한 부류의 연구들은 동성애가 학습되지 않고 유전된다는 점을 입증하기 위한 제한적 성격의 증거들을 제시해 준다. 또한, 미국 국립과학원회보(PNAS) 최신호(6월 27일자)에 발표된 한 연구는 동성애 남자가 포함된 944명을 대상으로 실시한 조사 결과를 보고하고 있는데, 같은 어머니에게서 태어난 형이 많은 사람일수록 동성애 성향을 띨 가능성이 높다는 사실을 보여주었다. 이는 "같은 어머니에게서 태어난 형이 많으면 한집에 살든 따로 살든, 동성애 가능성이 높지만 배다른 형은 아무리 많아도 동성애와 연관이 없는 것"을 말하고 있으며, 이는 궁극적으로 "남성 동성애가 자라면서 환경적 요인으로 형성되는 것이 아니고 태어나기 전에 이미 결정된다는 사실을 보여주는 것"이라고 연구자는 해석하였다(한국일보, 2006년 6월 27일자 인터넷판).

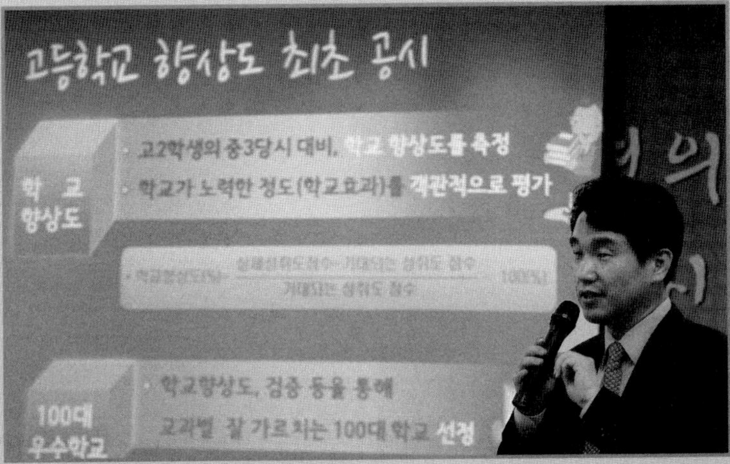

학업성취도평가시험이 학교 현장에 커다란 변화를 몰고 올 것이라는 관측이 지배적이다. 하지만 그 변화가 긍정적인 것인지 아니면 부정적인 것인지에 관해 학자들은 상반된 입장을 보이고 있다. 맨 위의 사진은 2011 국가수준 학업성취도평가 결과를 발표하고 있는 교육과학기술부장관의 모습, 아래 사진의 왼쪽 교실은 학업성취도평가시험을 보는 학생들의 모습, 그리고 오른쪽 교실은 시험을 거부한 일부 학생들을 위한 대체수업을 모습을 보여주고 있다.

제 8 장

고부담시험 시대의 사회과교육

일반인들은 좀처럼 믿기 힘든 이야기이겠지만, 국가가 단위 학교 교육의 질을 측정하기 위해 본격적으로 그 방법을 개발하여 현장에 적용하기 시작한 것은 아주 최근의 일이다. 교육계에서 '고부담시험(high-stakes testing)'이라고 통칭하는 학업성취도 측정 표준화 시험은 모든 학교에서 교육의 핵심 목표 중 하나인 학업성취도 향상 또는 학력 증진이 제대로 달성되고 있는지를 진단하기 위해 구안된 국가 수준의 평가 시스템이다. 미국의 경우, 1980년대 이후 특정 학년의 학력평가나 졸업인증시험 등의 형태로 텍사스 등 일부 주에서 부분적으로 실시되어 오던 것이 2001년 부시 행성부의 '낙오아동방지법안(No Child Left Behind Act)'의 공포를 기점으로 모든 주에 의무화 되었다. 우리나라의 경우 2002년 국가 수준 학업성취도 평가제도를 도입한 후 몇 년 간의 준비 작업을 거쳐 2008년 10월 역사상 처음으로 전국 모든 학교에 대한 학업성취도 평가가 실시되었다.

고부담시험 체제는 나라마다 그 내용과 방법에 있어 차이를 보이지만, 그 근본 목적이 학교 책무성(school accountability)의 실현, 즉 학교의 주요 교육적 책무인 학생들의 학업성취의 향상이 실현될 수 있도록 국가가 지역 교육청 및 단위 학교의 교육의 질을 체계적으로 진단 · 관리하여 교육의 수월성과 형평성을 동시에 확보하려 한다는 점에서 동일하다. 그리고 이 같은 책무성을 달성하기 위해서 국가는 고부담시험의 주체들인 학생, 교사 및 교육행정가에게 그 명칭에 걸맞은 높은 위험 부담을 부과하는 경향을 보인다. 단위 학교가 고부담시험에서 좋은 성적을 거두지 못할 때, 해당 학교는 상대적인 불이익을 받게 된다.

하지만 고부담시험은 그 도입 시기에 교원 및 학부모 단체 그리고 관련 학자들의 강력한 저항에 부딪혔다. 고부담시험제도를 정착시키려는 교육정책 결정자들과는 달리, 반대론자들은 고부담시험이 교육의 수월성을 달성하기는 커녕, 시험 위주 교육과 교사의 전문성을 떨어뜨리는 업무 환경을 조장하여, 궁극적으로 교육의 질을 저하시키고 교육과정 문서에 명시된 교육의 본질을 훼손할 가능성이 크다고 주장한다. 이러한 갈등 상황에서 우리에게 우선적으로 요청되는 것은 바로 고부담시험이라는 새로운 평가 및 관리 체제에 대한 객관적인 분석일 것이다.

이 장에서 우리는 고부담시험 체제가 학교 책무성의 개념과 학력, 그리고 사회과 교사 전문성 간의 관계를 어떻게 규정하고 있는지를 비판적으로 고찰해 볼 것이다. 이 작업을 위해 먼저 미국과 한국의 고부담시험의 의미와 역사를 비교교육적으로 살펴보고, 평가 도구로서의 고부담시험의 논리에 대한 타당성을 검토할 것이다. 그리고 고부담시험이 어느 정도 정착된 미국의 관련 연구 문헌을 중심으로 고부담시험이 학교 현장에 가져온 교육적 결과를 분석하고, 이를 토대로 미국 고부담시험 체제가 한국의 사회과 교실수업과 교사 전문성에 대해 가지는 시사점을 논하고자 한다.

I '교육 신화'로서의 학교 책무성

다음과 같은 질문이 우선 제기될 필요가 있다: 고부담시험 체제는 고부담시험 실시 이전과 비교할 때, 학교 교육의 의미에 어떠한 변화를 가져오는 것일까? 결론적으로 우리는 고부담시험 환경이 한국 사회에 내재된 다음과 같은 상호 연관된 '교육 신화'를 더욱 강력하게 만들었다는 점에 주목할 필요가 있다.

신화 1 : 학생들이 달성해야 하는 바람직한 학력에 대한 객관적인 정의가 존재한다.
신화 2 : 학생들의 학력을 관리하고 향상시키는 일은 공교육의 핵심 목표이다.
신화 3 : 표준화 시험은 국가가 교육의 질을 체계적으로 관리할 수 있게 해 주는 효과적인 도구이다.

사전적으로 신화(myth)는 고대로부터 전승되어 온 특정 민족 또는 국가의 기원이나 신격 또는 영웅에 관한 이야기를 지칭하지만, 현대사회에서도 신화는 중요한 사회적 기능을 수행하고 있다. 기호학자 바르테즈(Barthes, 1972)의 정의를 따르자면 신화란 '거짓된 믿음' 또는 '조작된 현실'을 뜻하는 것으로, 역사적 · 문화적인 것을 자연스럽거나 자명한 것으로 가장시키는 이야기이다(유혜령 · 박보경, 1999; 박정옥, 2008). 학교 교육에 관한 신화는 따라서 우리 사회의 구성원들이 학교 교육의 본질에 대해 보편적으로 공유하고 있지만 검증되지 않은 믿음이며, 주류 사회의 기득권층이 선호하는 교육 이데올로기를 효과적으로 전파하게 하는 역할을 담당한다. 학교 책무성과 고부담시험의 시대에 더욱 두드러진 위의 세 가지 교육 신화는 국가가 표준화 시험을 통해 교육의 질을 진단하는 방식, 그리고 학생과 교사에게 부과되는 고부담을 순수하고 정당한 교육의 논리로 포장한다.[1)]

II 고부담시험의 의미와 역사: 비교교육적 접근

흔히 일제고사라고 부르는 한국의 국가 수준 학업성취도 평가시험의 탄생에 많은 영향을 준 것은 미국의 고부담시험제도였다. 우리는 이하에서 한국과 미국의 고부담시험제도의 역사를 간략히 살펴봄으로써 두 제도 간의 유사점과 차이점을 이해하고, 이를 다음 장에서 전개될 고부담시험의 주요 주장(또는 가정)들에 대한 비판적 검토의 밑거름으로 삼고자 한다.

고부담시험의 발달사

학자들은 미국의 고부담시험제도가 1983년 레이건 행정부의 「위기의 국가(*A Nation at Risk*)」 보고서 이후 그 구체적인 형태를 갖추기 시작했다고 본다. 하지만, 보다 근본적으로 따져본다면 고부담시험의 역사는 20세기 전반에 걸쳐 미국 교육계 전반으로 그 세력을 확장한 표준화 시험(standardized testing)의 역사 속에 그 뿌리를 두고 있다(Natriello & Pallas, 2001). 교육과정 정책 결정자가 교육을 관리하고 통제하는 주요 수단으로서 '시험'을 적극 활용하기 시작한 것은 이미 20세기 전반기 미국 진보주의 교육의 전성기 때부터이며, 이 시절에 시험은 '과학'이라는 이름하에 학생들의 성취와 진로를 효율적으로 관리·통제·예측할 수 있는 평가 도구로 인식되었다(Kliebard, 1995).

1970년대에는 미국수학능력시험(SAT)의 성적 하락으로 인해 공교육의 질이 낮아지고 있다는 불안감이 제기되었고, 이에 대한 대응으로 나타난 것이 '최소능력시험운동(Minimum Competency Test Movement)이었다(박세훈, 2010). 특히 최소능력시험은 '시험이 교육개혁을 이끌어 내는 동인이 될 수 있다'는 믿음을 바탕으로 시험 결과를 개별 학생의 학년 진급이나 졸업 인증과 연결시켰다는 점에서 고부담시험의 출현에 징검다리 역할을 한 평가 체제라 볼 수 있다. 1980년 미국의 총 37개 주에서 최소능력시험을 고등학교 졸업인증과 연계시켰고, 그 결과 일정 수준 이상의 성적을 보이지 못했을 때 학년 진급이나 졸업을 할 수 없도록 하였다(박세훈, 2010, p. 6)

1983년에 발표된 '위기의 국가' 보고서로 인해 미국은 고부담시험의 가장 중요한 발판을 마련하게 된다. 수월성(excellence)을 추구하는 표준화(standardization)와 이를 뒷받침할 표준화 시험 체제의 필요성에 대한 공감대가 확산되는 계기가 이때 찾아왔다. '위기의 국가' 보고서는 80년대 두드러졌던 일본에 대한 무역 적자 심화와 국가 간 학력평가 비교 검사 결과에서 최하위를 기록한 미국 초등학교 학생들의 낮은 학력 수준 등을 주요 근거로 미국 공교육의 실패를 크게 부각시켰다(National Commission on Excellence in Education, 1983). 그리고 당시 시행되던 최소능력시험의 '최소능력' 개념이 향후 국제 사회의 국가 간 경쟁에서 앞서 나갈 수 있는 수월성 교육을 이룩하는데 근본적인 한계를 지닌다고 맹렬히 비판하면서, 진정한 수월성 교육을 위해서는 미국의 모든 학교가 핵심 기초 과목들(영어, 수학, 과학, 사회, 컴퓨터)을 중심으로 엄격한 교육과정 표준과 성취 기준을 새롭게 마련해야 한다고 역설했다.[2] 대다수의 주와 지역 교육청으로 확산된 표준화된 성취 기준과 표준화된 교육과정의 제정은 오늘날 고부담시험의 성취 기준 및 내용 영역 설정의 주된 근거가 되었다.

하지만 뭐니 뭐니 해도 오늘날 미국의 고부담시험 체제의 목표와 방법을 직접적으로 규정하고 있는 가장 중요한 보고서는 2002년 1월 부시 행정부가 공포한 '낙오아동방지법안(No Child Left Behind Act)'으로 더 잘 알려진 공법 제107-110호이다. 특히 이 법안은 인종, 성별, 장애, 사회경제적 지위 또는 영어구사 능력에 관계없이 모든 학생들, 특히 교육적으로 혜택을 받지 못한 불리한 위치에 있는 학생들(the disadvantaged students)이 질 높은 교육과 공정한 학업성취의 기회를 누릴 수 있도록 하는 것을 가장 중요한 목표로 설정하였고, 이러한 교육을 실천할 수 있는 질 높은 교사를 교육시키고 충원하기 위한 교사 전문성 기준을 제정하였다.[3] 그리고 이 목표를 달성하기 위한 첫 단계로서 미국 역사상 최초로 모든 주의 3학년부터 8학년 사이의 학생들이 매년 의무적으로 학업성취도 평가시험을 보도록 하였고, 2014년까지는 모든 학생들이 읽기(Reading)와 수학(Math) 과목에서 기준 이상의 성취도를 보일 수 있도록 의무화하였다.

낙오아동방지법안의 가장 논란이 되는 부분은 단위 학교의 고부담시험 성적이 주 단위로 설정된 '적정연간향상도(Adequate Yearly Progress)'에 미치지 못할 경우 제재를 가하는 조치라 할 수 있다. 모든 학교의 시험 성적은 구체적인 수준에서 일반에게 공개되고, 설정된 적정 수준의 학력 향상을 달성하지 못한 학교는 학부모의 선택에 따라 학업 수준이 떨어진 학생들에게 보충 교육 프로그램을 제공하거나, 원하는 타 학교로의 전학을 허용해야 하며, 최악의 경우에는 학교장 및 교사의 해고나 학교 폐쇄까지도 가능하게 하였다. 이러한 점에서 고부담시험은 학생보다 학교장과 교사에게 더 높은 위험 부담을 안겨주는 시험이라 할 수 있다.[4]

한편 오바마 행정부의 출범 이후 낙오아동방지법안이 가지는 다양한 문제점들을 해결하기 위한 추가적인 수정 방안이 연구되고 있다(염철현, 2010). 낙오아동방지법을 존속시키는 대신 교육 실패의 원인을 학교와 교사에게서만 찾는 접근 방식을 수정하고, 현행 고부담시험 유형의 한계로 인해 창의성 교육의 목표가 제대로 평가될 수 없는 문제점을 개선하며, 주마다 상이한 학업성취 표준을 종합하여 공통학력표준(common academic standards) 체계를 구축하려는 프로젝트가 현재 진행되고 있다고 한다.

미국의 고부담시험과 비교해 볼 때, 한국의 고부담시험은 상대적으로 짧은 기간 안에 구안되고 현장에 적용되었다. 국가 수준 학업성취도 평가의 실시는 「초중등교육법」 제9조 제1항 및 제4항과 동법 시행령 제10조에 근거하고 있다. 교육과학기술부는 2011년 국가 수준 학업성취도 평가 기본계획을 통해 학업성취도 평가의 실시 목적을 (1) 학생 개개인 및 단위 학교의 학업 성취 수준을 파악, (2) 교수·학습 강화를 통한 학력 신장, (3) 기초학력 미달 학생의 학습 결손 보충, (4) 교육과정 개선 및 행·재정적인 지원의 기초자료로 활용 등의 4가지로 제시하였다(교육과학기술부, 2011a).

표 8-1 국가 수준 학업성취도 시험의 근거 법령[5)]

「초중등교육법」
제9조 (평가) ① 교육인적자원부장관은 학교에 재학 중인 학생의 학업성취도를 측정하기 위한 평가를 실시할 수 있다. <개정 2001.1.29> ④ 평가대상기관의 장은 특별한 사유가 있는 경우를 제외하고는 제1항 및 제2항의 규정에 의한 평가에 응하여야 한다.
「초중등교육법 시행령」
제10조 (학생의 평가) 법 제9조제1항의 규정에 의한 학생의 학업성취도 평가에 관하여 필요한 사항은 교육부장관이 정한다.

위의 근거 법령에 따라 2002년부터 2007년 기간에 국가 수준 학업성취도 평가에 대한 기초 연구 및 예비 조사가 표집 학교를 대상으로 실시되었다. 그리고 2008년에 드디어 초등학교 6학년, 중학교 3학년 및 고등학교 1학년생 전수를 대상으로 하는 최초의 학업성취도 시험이 국어, 영어, 수학, 사회, 과학 교과 영역에서 실시되었다. 2008년 이후 매년 1회씩 고부담시험이 실시되고 있는데, 2010년에는 고등학교 1학년생 대신 2학년생들이 고부담시험에 참여하게 되었다. 특히 2010년에는 학생 부담을 완화한다는 취지 아래 고등학교의 경우 사회 및 과학 교과를 시험 과목에서 제외시켰으며, 2011년에는 초등학교에서도 마찬가지로 두 교과가 시험 대상에서 제외되었다. 평가 시간은 50분에서 60분이며, 2011년부터는 모든 대상학년에서 시험일수가 2일에서 1

일로 단축되었다.

개별 학생들에게 시험 결과는 과목별로 4단계 성취 수준(우수/보통/기초/기초 미달) 정보가 통지되며, 각 성취 수준을 구분하는 '분할 점수'와 학생의 '척도 점수' 위치 정보를 담은 그래프도 함께 제시된다. 학교별 결과는 응시 현황 및 3단계 성취 수준(보통학력 이상/기초학력/기초학력 미달)의 비율로 공시되며, 2011년부터는 미국의 적정연간향상도 개념과 유사한 '전년대비향상도'가 추가로 공시될 예정이다. 2010년부터는 학교 알리미 웹 사이트를 통해 학교별 3등급 성취 수준비율을 일반인에게 열람할 수 있도록 하고 있다.

그렇다면 학업성취도 시험 결과는 실제적으로 어떻게 활용되고 있을까? 우선 앞서 언급한 바와 같이, 시험 결과는 교육 관련 기관의 정보 공개 목적으로 활용되어 왔다. 그리고 2009년부터는 학교 단위 시험 결과를 '학력 향상 중점학교'의 선정 및 지원에 적극 활용해 오고 있다. 그러나 2011년 7월 실시되는 학업성취도 평가시험부터는 우리나라 역사상 처음으로 학교별 시험 결과가 교사 성과상여금 결정에 반영될 예정이다. 2011년 2월 8일 발표된 '교사 성과급 지급지침'에 따르면, 전국 초·중·고교 교사들에게 성과급을 지급할 때 총액의 10%는 학교 단위의 평가 실적을 반영해 차등 지급하게 된다(교육과학기술부, 2011b).[6] 학업성취도 평가 결과와 교원 성과급을 연계시키는 이 같은 정책은 교육부와 교원단체 그리고 학부모 단체들 간의 뜨거운 논쟁과 갈등을 야기할 것으로 예상된다.

고부담시험의 맥락적 차이

이상에서 살펴본 바와 같이 우리는 미국과 한국의 고부담시험제도 간의 유사점과 차이점을 동시에 발견할 수 있다. 우선 두 나라의 교육 당국은 학생 개개인 및 개별 단위 학교의 학업 성취 수준을 국가가 구체적으로 파악할 의무가 있다는 점에서 의견을 같이 한다. 또한 두 나라에서 실시되는 고부담시험은 불리한 교육 환경에 처한 학교와 학생들의 학력을 끌어올리려는 공통의 목적을 지니며, 교육정책 결정자들은 고부담시험의 결과를 경쟁의 원리에 입각한 학교 개혁의 효과적인 도구로서 인식하는 경향을 보여준다.

하지만 공통점 못지않게, 고부담시험과 관련하여 미국과 한국이 보이는 몇 가지 근본적인 차이점 역시 본 연구에 중요한 시사점을 제공한다. 첫째, 각 나라마다 특징적인 학교 구조와 문화의 차이로 인해 고부담시험에서 사용되는 핵심 개념들은 서로 다른 의미를 내포할 수 있다. 예를 들어 평가 목표로서의 '표준화'와 '통제'의 개념은 한국과 미국에서 상당한 의미의 차이를 보인다. 강력한 국가 교육과정 및 평준화 정책이 자리 잡은 한국에서의 표준화는 지방 분권적 성향이 강한 미국이 지향하는 표준화와 그 수준이 다를 수밖에 없다.

둘째, 고부담시험이 지니는 '고부담'의 대상에서도 두 나라 간의 차이는 뚜렷하다. 미국에는 있고 한국에는 없는 고부담시험의 구성 요인은 바로 '유급제도'와 '졸업인증제도'이다. 미국의 고부담시험은 유급제도 및 졸업인증제도와 불가분의 관계를 지니며, 이는 학생들에게 고부담을 전가하는 요인으로 작용한다. 하지만 진급이나 졸업에 영향을 미치지 않는 한국의 국가 수준 학업 성취도 평가는 실질적으로 학생들에게 고부담으로 인식되지 않는다.

셋째, 고부담시험 결과의 활용 정도에서도 한국과 미국은 현격한 차이를 보인다. 미국의 고부담시험 결과는 학교 및 교사에 대한 성과급은 물론이고, 교원의 해임이나 학교 폐쇄라는 강력한 제재 조치를 수반하지만, 한국의 고부담시험은 이제 막 교원 성과급에 부분적으로 반영되는 수준에 머물고 있다.

미국의 고부담시험 관련 연구를 중심으로 고부담시험에 내재된 주요 가정들을 비판적으로 검토하는 작업에 있어 이와 같은 맥락적 차이를 반드시 고려할 필요가 있다.

III 고부담시험의 주요 주장에 대한 비판적 검토

앞서 우리는 서론에서 학교 책무성을 실현하기 위해 고안된 고부담시험의 환경이 한국 사회에 잠재해 있는 교육의 신화들을 부활시켰다고 언급했다. 또한 이 신화들은 국가가 단일 표준화 시험을 통해 교육의 질을 진단하는 방식, 특히 단위 학교에 부과하는 고부담을 순수하고 정당한 교육의 논리로 간주하는데 기여했다고 보았다. 이하에서는 이러한 현대적인 교육 신화에 의해 만들어진 고부담시험의 세 가지 주요 주장들의 타당성을 사회 교과 영역의 연구 결과들을 중심으로 차례로 검토해 볼 것이다. 검토 대상이 되는 고부담시험 정책의 주요 주장들은 다음과 같다.

- 주장 1: 고부담시험은 공정하고 타당한 평가 도구이다.
- 주장 2: 고부담시험은 모든 학생들의 학력 증진에 기여한다.
- 주장 3: 고부담시험은 교사 전문성 신장에 기여한다.

이를 위해서 지난 30년 동안 축적된 미국의 관련 연구들을 종합적으로 분석해 보고, 그 결과를 바탕으로 학교 책무성과 고부담시험 체제가 사회과 교사 전문성과 시민교육에 대해 가지는 함의를 탐색해 보기로 하겠다.

고부담시험은 공정하고 타당한 평가 방식인가?

고부담시험의 내용과 형식은 교육적인 측면에서 볼 때 공정하고 타당한 평가라 할 수 있는가? 특히 고부담시험은 21세기 사회과교육이 추구하는 시민성의 목표에 비추어 효과적인 평가 도구라고 볼 수 있는가? 미국의 낙오아동방지법안에서 발견할 수 있는 고부담시험 타당성의 유일한 근거는 '책무성(accountability)' 개념이다. 전국의 모든 학생들의 현재 학력 수준 및 과거 대비

학력 향상 정도를 교육 당국이 매년 파악하는 것은 교육적으로 옳은 일이며, 이를 가능하게 해 주는 유일한 도구가 바로 고부담시험이라고 말한다. 하지만 이 같은 합리화는 고부담시험의 '정당성'에 대한 근거일 뿐, 평가 도구로서 고부담 표준화 시험이 가지는 '타당성'을 입증하지는 못한다. 이제 사회과교육의 목표와 관련하여 고부담시험의 타당성에 관한 검토를 다음 몇 가지 수준에서 시작해 보도록 하자.

첫째, 우리는 주 단위로 실시되는 표준화 시험으로서의 고부담시험이 과연 교육 당국이 주장하는 교육의 수월성 달성 여부를 진단할 수 있는 적절한 도구인지를 되물어야 한다. 미국과 한국의 고부담시험은 특정 교과 영역을 전제로 선택형이나 단답형 중심의 문항 구조를 보이는데, 고부담시험의 이 같은 특징은 1회의 표준화 시험만으로 그 성취 정도를 평가할 수 없는 다양한 사회과교육의 목표들(예 탐구의 태도, 비판적/창의적인 사고 기능, 관용/배려의 정신, 다문화적 감수성)을 자연스럽게 배제하도록 유도한다. 시겔(Siegel, 2004)은 미국 플로리다 주의 고부담시험(The Florida Comprehensive Assessment Test, 이하 FCAT)의 사례를 예로 들며, 수월성의 교육 목표가 경제적-도구적 관점에서 해석되는 분위기 속에서 고부담시험이 실제 측정하고 있는 내용이 성취 표준과 심각하게 괴리되고 있음을 빌견하였다.

또한 한국과는 달리 미국의 경우, 주별로 학업성취도 평가 도구의 내용과 방식 자체가 다르며, 이는 시험의 타당성과 관련된 또 다른 문제점을 야기한다. 특히 시험 도구의 난이도가 주마다 상이하다는 사실이 발견되었는데, 경우에 따라서 특정 주의 시험문제가 다른 주의 시험문제에 비해 더 쉽게 출제되고, 이것이 학생들의 학업성취도 향상으로 비칠 수 있다는 지적이 일찍이 제기되었다.[7] 고부담시험 체제가 성취 표준을 달성하는데 성공했는지 실패했는지를 말해주는 증거는 수치화된 정보, 즉 시험 점수로 표현된다. 그런데 이 시험 점수의 의미가 이러한 기술적인 문제들로 인해 허위적인 점수로 변질되는 상황은 평가 도구로서 고부담시험이 지니는 타당성을 약화시킨다.

둘째로, 우리는 '고부담(high-stakes)' 개념 그 자체의 교육적 타당성에 대해 이야기해 볼 필요가 있다. 그동안 고부담시험의 담론을 접하면서 한 가지 쉽게 간과했던 부분은 다름 아닌 '고부담'의 논리였다. 노딩스(Noddings, 2004)는 그동안 많은 사람들이 너무도 당연시했던 고부담의 논리에 근본적인 문제제기를 한다: "왜 학생들의 학력을 진단하고 이를 향상시키는데 있어 고부담이라는 도구가 반드시 필요한 것인가?". 주지하다시피 시험은 긍정적 · 부정적 모습을 모두 지니고 있으며, 사실 그 어떠한 시험도 그 자체로 교육적으로 선(善)한 행위로서 정당화될 수는 없다. 노딩스는 어떠한 시험도 학생들이 그 시험에 반드시 응하도록 강제하는 고부담을 필연적으로 내포하지는 않는다고 지적한다. 혹자는 고부담시험의 타당성을 절대평가의 방식으로 실시되는 운전면허자격시험이나 미국 변호사자격시험 또는 특수목적고 입학시험이 지니는 고부담과 비교하며 옹호하려고 한다. 하지만 학교 책무성의 확보 수단으로서의 고부담시험은 강제성을 띠고 있다는 점에서 다른 시험들과 차별화된다.

마지막으로, 고부담시험 결과를 학교와 교사에 대한 보상과 처벌의 근거로 삼으려는 입장에 대해 검토할 필요가 있다. 미국교육연구협회(American Educational Research Association, 이하 AERA)는 2000년 공개한 고부담시험 관련 성명서를 통해 표준화 시험에서 학생들이 보인 학업성취도 결과를 학교 행정가나 교사에 대한 보상과 처벌의 근거로 삼을 수 없다는 점을 분명히 하였다(AERA, 2000). 그리고 여기에는 법률적인 문제가 개입된다. 법률적인 문제는 고부담시험을 교사의 업무 능력을 평가하고 상벌의 잣대로 활용하는 것이 법률적으로 타당한지를 묻고 있다(Heubert & Hauser, 1999). 원래 학업성취도 평가의 목적은 학생들의 학력을 진단하기 위해 개발된 것이지, 학교 행정이나 교사진의 수행 능력을 평가하도록 고안되지 않았다는 점이 논란의 핵심이다. 즉 A라는 구성적 개념을 측정하기 위한 평가 도구가 엉뚱하게도 B라는 전혀 다른 구성적 개념의 평가에 활용될 때 문제의 소지가 발생한다는 것이다. 적어도 사회 교과의 경우, 학업성취도 평가 점수에 영향을 미치는 다양한 요인이 있다는 것을 알고 있음에도 불구하고, 학생들이 거둔 성적의 원인을 상당 부분 사회과 교사라는 단일 요인의 영향으로 환원하는 설명 방식 역시 고부담 시험을 단위 학교 및 교사의 상벌에 활용하는 정책의 논리적 타당성을 약화시키고 있다.

고부담시험은 사회과 교실의 학생들의 학력 향상에 기여하는가?

고부담시험 정책은 과연 1990년대 이후 과거 20년 동안 미국 학생들의 학력을 증진시켰을까? 고부담시험은 사회과 교실 안의 학생들에게 어떠한 영향을 미쳤을까? 그동안 축적된 다양한 연구 문헌의 결과들을 종합적으로 분석해 볼 때 우리는 두 가지의 주요 결론에 이르게 된다. 첫째, 고부담시험은 사회과 교실 안의 학생들의 학업성취도 향상에 그다지 기여하지 못했다. 둘째, 고부담시험은 교육적으로 혜택받지 못한 불리한 위치에 놓인 학생들의 전반적인 학력에 특히 더욱 부정적인 영향을 미쳤고, 이전보다 교육적 불평등을 더욱 심화시키는 결과를 가져왔다.

외견상 고부담시험의 학력 향상 효과에 관한 연구들은 크게 고부담시험 정책에 대한 찬성과 반대의 입장으로 뚜렷하게 나뉜다. 낙오아동방지법안 공포 이후 학업성취도 시험 결과에 관한 종단적 자료를 바탕으로 수행된 교육부 주관 정책 연구 보고서들은 학교 책무성과 고부담시험 정책이 학생들의 학업성취도 향상에 긍정적으로 기여했다고 평가한다(Carnoy & Loeb, 2002; Grissmer, Flanagan, Kawata & Williamson, 2000; Hanushek & Raymond, 2003; U.S. Department of Education, 2007). 그중에서도 미국 교육부가 비영리 연구기관 RAND에 의뢰하여 2007년에 공개한 낙오아동방지법안 정책 실행 결과 보고서는 2002년부터 2007년 사이의 종단적 자료 분석 결과를 담고 있는데, 이는 학업성취도 변화의 추이에 대한 교육 당국의 공식적 입장을 엿볼 수 있는 중요한 자료이다. 이 보고서는 모든 학생 집단에서 초등학교 4학년과 8학년 읽기와 수학 점수가 향상되었고, 특히 4학년 읽기, 수학, 과학 시험 전체에서 소수 인종 학생이나 저소득층 밀집 지역 학교의 학생들 점수가 향상되었다는 점을 강조한다. 하지만, 중등학교 수준에서의 학업성취도는 별다른 차이를 보이지 않았다고 보고하였다. 그리고 많은 사람들의 관심사인 흑인 및 히스패닉계 학생 및 저소득 계층 학생들(the disadvantaged students)과 백인 학생들 간의 학력 격차는 과목별로 아주 소폭 감소에 그치거나 전혀 변동이 없었다고 밝히고 있다(U.S. Department of Education, 2007, pp. xiv–xv).

하지만 고부담시험의 비판론자들은 미국 교육부가 주장하는 이와 같은 학력 향상의 증거들은 많이 과장된 측면이 있다고 주장한다(Armein & Berliner, 2002; Grant, 2006; Linn, Baker & Betebenner, 2002). 이 같은 주장을 뒷받침하는 핵심 근거 중 하나는 바로 주마다 채택된 고부담시험의 방식과 난이도 그리고 적정연간향상도(AYP)가 상이하다는 점이다. 이 때문에 주별 학업성취 향상 정도를 비교하고, 국가 수준에서 학력에 영향을 미치는 요인을 정확히 분석해내는 것이 무척 힘들게 된다. 미국 교육부도 이 점을 충분히 인정하면서 고부담시험 정책의 학력 향상 효과를 해석할 때 각별히 유의할 필요가 있다고 당부하였다. 예를 들어 학력이 향상된 증거가 발견되었더라도, 여기에는 낙오아동방지법안과 고부담시험 정책의 효과 이외에 다른 요인(예 낙오아동방지법안과 직접적으로 관계가 없는 주 정부 및 지역 자체의 교육개혁 노력)의 기여 부분도 반영될 수 있음을 지적하고 있다(U.S. Department of Education, 2007, p. xiii).

그렇다면 고부담시험은 사회 과목의 학업성취도에 어떠한 영향을 미쳤을까? 미국의 낙오아동방지법안에는 사회 과목이 필수 과목으로 의무화되지 않았기 때문에, 고부담시험이 사회과 학력 향상에 어떠한 영향을 미쳤는지에 대해 일반적인 결론을 제시하기는 어렵다. 하지만, 낙오아동방지법안과 무관하게 자체적으로 사회 과목에 대한 고부담시험을 실시하는 주를 중심으로 실시된 질적 연구 결과를 토대로 고부담시험이 사회과 학력 향상에 미치는 영향을 간접적으로 가늠할 수 있다.[8] 요약하면, 사회과 교실수업을 다루고 있는 고부담시험 관련 연구 문헌들은 지금과 같은 고부담시험 정책은 학생들의 학습 과정에 부정적인 영향을 미친다는 공통된 결론을 제시한다(Armein & Berliner, 2002; Crocco & Costigan, 2009; Grant, 2006; Hess, 2004; McNeil, 2000; McNeil, Coppola, Radigan & Heilig, 2008; McNeil & Valenzuela, 2001; Orfield & Kornhaber, 2001; Vogler, 2005; Yeager & Davis, 2005).

거의 대부분의 연구에서 일관되게 지적된 고부담시험의 영향 중 하나는 바로 '시험 위주의 교육과정 내용 선정(teaching to the test)', 그리고 그에 따른 '교육과정의 축약화(the narrowing of curriculum)'였다. 입시 위주의 폐해에 대한 한국의 오랜 경험에 비추어 쉽게 짐작할 수 있듯이, 미국 사회과 교사들의 이 같은 교육과정 및 교수상의 의사결정으로 인해 사회과 고부담시험을 목전에 둔 학생들은 시험 범위로서의 교육과정 표준과 연관되는 사실·지식 위주의 학습에 매몰되고, 기출 문항의 유형에 대비하는 기술적 능력을 길러주었다고 주장한다. 더 나아가 이 같은 교실수업의 경향은 사회과에서 강조하는 반성적 탐구와 비판적 사회 인식의 능력, 그리고 다문화 시민 사회에서 요구되는 다문화적 인식 및 태도와 관련된 학습 활동의 빈도를 현저히 떨어뜨려, 궁극적으로 사회과 학습 능력의 저해 요인이 된다는 점을 강조한다.

하지만 여기서 끝이 아니다. 고부담시험이 학생들의 학력에 미친 보다 심각한 영향을 학자들은 '중도 탈락하는 학생(the drop-out students)'의 비율 증가에서 찾고 있다. 학자들은 고부담시험의 긍정적 교육 효과를 담고 있는 정책 연구 보고서들이 평균 점수의 증감에만 지나치게 관심을 보인 나머지, 시험 결과로 인해 유급이나 제적을 당하는 중도 탈락 학생 비율의 증감 추이에 대해서는 주목하지 않았다는 점을 지적한다(Orfield & Kornhaber, 2001; McNeil, 2000, 2005;

McNeil, Coppola, Radigan, & Heilig, 2008; Wheelock, 2003). 맥닐 등(McNeil et al., 2008)은 학교 책무성 운동의 선봉에 섰던 텍사스 주의 성공 사례(일명 '텍사스의 기적')를 고부담시험과 중도탈락자 비율의 관계에 초점을 두고 면밀히 재검토하였다. 광범위한 양적·질적 자료의 분석을 통해 맥닐 등은 고부담시험 체제가 학생들의 중도탈락률을 높였고, 궁극적으로 학생들의 교육 기회를 박탈하고 있다는 사실을 발견하였다. 또한 학자들은 고부담시험 점수가 상대적으로 크게 올라간 학교에서 중도탈락자 비율이 더 높게 나타나는 기이한 현상을 목격하였다(Heilig & Darling-Hammond, 2008; McNeil, 2001, 2005; McNeil et al., 2008; Wheelock, 2003). 하이릭과 달링-해몬드(Heilig & Darling- Hammond, 2008)는 이 같은 현상을 지역 학교들이 고부담시험 체제하의 무한 경쟁 속에서 살아남기 위해 개발한 일종의 편법적인 적응 전략의 결과로 설명한다. 이러한 적응 전략은 모두 공통적으로 학교 평균을 떨어뜨리는 하위권 학생들을 학업성취도 계산 공식에서 사라지게 하기 위한 전략들이었으며, 여기서 최대 피해자는 바로 저소득 계층의 흑인계 및 히스패닉계 학생들이었다.[9)]

요약하자면 관련 연구들은 고부담시험이 학생들의 중도탈락률을 높이는 요인 중 하나라고 보았으며, 고부담시험 성적의 향상을 근거로 학교 책무성의 성공 사례라고 치켜세운 몇몇 모범 사례들의 이야기는 일종의 조작된 '환상(illusion)'에 가깝다고 결론지었다. 이러한 분석 결과는 '고부담시험 점수의 향상은 수월성 교육의 진전과 교육 불평등의 완화를 의미한다'는 주장이 얼마나 기만적인 해석인가를 보여준다. 부인할 수 없는 분명한 사실은 고부담시험 제도가 확산되기 시작한 1990년대 이후 지금까지 미국 학생들의 중도탈락률은 전혀 감소하지 않았고, 특히 비백인계·저소득층 학생들의 경우 오히려 증가 추세를 보였다는 점이다. 학력 결손이나 교육적 여건의 열악함으로 인해 뒤처진 아이들을 책임지고 끌어올리겠다던 낙오아동방지법안의 구호가 무색해지는 대목이다.

고부담시험은 사회과 교사 전문성 신장에 기여하는가?

고부담시험이 사회과를 포함한 모든 해당 교과의 교사 전문성에 미치는 영향에 대한 연구들은 대체적으로 부정적인 결과를 보고하고 있다(예 Au, 2007; Crocco & Costigan, 2007; Daniels, 2002; Gerwin & Visone, 2006; Grant, 2001, 2006; McNeil, 2000; Sirotnik, 2002). 관련 연구들은 고부담시험이 궁극적으로 교사 전문성의 핵심인 '주체적이고 반성적인 실천가로서의 교수 능력'을 현저하게 약화시킬 수 있다는 점을 공통적으로 지적한다.

앞서 이미 언급한 것처럼, 고부담시험은 교육과정 통제의 방식을 통해 교사의 수업 능력에 커다란 영향을 미치는 것으로 나타났다. 아우(Au, 2007)는 49편의 고부담시험 관련 연구 문헌에 대한 질적 메타 분석(qualitative metasynthesis)을 통해 미국의 고부담시험이 교사에 대해 가지는 교육과정 통제 효과를 분석하였고, 그 결과 1) 교육과정 내용에 대한 통제(content control), 2) 교육과정 지식 유형에 대한 통제(formal control) 및 교수적 통제(pedagogic control)라는 3가지 유형의 통제 효과를 발견하였다. Au가 분석한 대부분의 연구 사례에서 '시험 위주의 교육과정 내용 선정'과 그로 인해 나타나는 '교육과정의 축약화' 현상이 관찰되었고, 수업 중에 다루어지는 지식의 형태는 통합적이기보다는 분질적인 시식의 형태를 보였으며, 학생 중심보다는 교사 중심 수업이 지배적으로 나타났다.

그런데 학자들은 고부담시험이 사회과 교사의 전문적 능력에 미치는 영향이 학교급별 · 지역별로 다르게 나타날 수 있다고 지적한다. 우선 학교급별로 볼 때, 고부담시험은 초등 교사와 중등 교사에게 다른 의미를 지닌다. 초등학교의 경우, 현행 고부담시험 체제가 '읽기'와 '수학'을 우선적으로 강조하는 흐름 속에 사회과의 입지는 최근 10년 동안 점차적으로 좁아지는 모습을 보였다(Center on Educational Policy, February 2008; Howard, 2003; VanFossen, 2005). 주당 사회 과목 수업 시수의 감소 현상이라든지, 기존 사회 수업이 '읽기'의 성취 수준을 높이기 위해 '읽기' 과목과 결합되는 경우 등이 그 대표적인 사례이다. 따라서 초등 사회과 교사들에게는 해당 교과 영토의 축소가 교수적 자율성의 문제보다 더 긴박한 현안으로 인식된다. 반면 중등학교 사회과의 경우 초등학교와는 다른 고민거리를 안고 있다. 주 단위의 고부담시험 대상 과목에 사회 교과가 포함되는 경우, 사회과 교사들은 '학업성취도 시험 점수 올리기'와 '시험 위주의 수업'에 대한 압박을 호소한다.[10)]

고부담시험이 교사의 자율성과 전문성을 침해하는 정도는 학교의 맥락에 따라서도 차이가 있을 수 있다. 교육 환경이 열악한 도심 학교(urban schools)의 교사들이 교육 환경이 풍족한 부유한 교외 학교(suburban schools) 교사들보다 고부담시험의 영향을 훨씬 더 크게 받고 있는 것으로 나타났다. 이미 학력 면에서 월등한 학생들이 주로 입학하는 교외 학교의 학생들은 고부담시험에 거의 전원이 통과하는 편이며, 따라서 교사는 고부담시험 성적에 크게 부담을 받지 않고 자신의 교과관을 교실수업에 접목시킬 자율성을 더 많이 보유하게 된다. 반면 고부담시험의 탈락률이 50%를 훨씬 웃도는 열악한 도심 학교의 교사들은 그만큼 고부담시험 성적에 대한 압박을 많이 받게 되고, 고부담시험 준비에 더 많은 시간을 할애할 수밖에 없다.

한편 고부담시험은 최근 사회과에서 강조되는 다문화 교수 역량을 중시하는 교사들에게도 적지 않은 영향을 미치고 있다. 본과 슬리터(Bohn & Sleeter, 2000) 및 헤스(Hess, 2004)의 연구는 고부담시험 체제하의 교육과정 표준을 결정하는 과정에서 여러 이익집단들 간의 정치적 갈등·투쟁·타협은 결과적으로 보다 안전한 내용 표준을 채택하게 유도하는 경향이 있다고 보았는데, 여기서 다문화 교육과정은 적지 않은 타격을 입는다고 주장하였다. 상대적으로 그 내용이 고부담시험의 측정 대상으로서 모호하거나, 이익집단들 간의 견해 차이로 인해 논쟁적일 수밖에 없는 내용은 점차로 시험에서 제외되며, 다문화 교육의 요소는 그중 하나에 해당한다고 보았다. 고부담시험 시대에 다문화교육의 공간은 점차 줄고 있으며, 이로 인해 사회과 교사들의 다문화 수업을 실천하고 다문화 역량을 시험할 공간 역시 줄고 있는 것이다.

이처럼 교사 전문성을 약화시키는 고부담시험 시대의 수업 환경은 교사들의 사기 저하와 교직 이탈 현상을 가중시키는 결과를 낳는다. 크로코와 코스티건(Crocco & Costigan, 2007)의 질적 사례 연구는 뉴욕의 고부담시험인 '리전스 시험(Regents exam)'이 5년 이하 경력의 사회과 및 영어과 초임 교사들의 직업 진로 선택에 어떠한 영향을 주는지를 잘 보여준다. 연구자들은 고부담시험 환경이 신임 교사들의 교수적 자율성을 해치는 결과를 가져왔다고 지적하였다. 그리고 교사가 되기 전에는 예상치 못했던 이 같은 교수 환경에 대한 실망은 젊은 교사들이 저소득 계층 자녀가 다니는 열악한 도심 학교를 떠나거나 아예 교사의 삶을 포기하도록 유도하고 있다고 결론지었다.

그런데 이상의 연구 결과들을 종합해 볼 때 우리가 특히 눈여겨보아야 할 대목은, 교육정책 결정자들의 예상과는 다르게 고부담시험이 상대적으로 더욱 열정적이고 수업 능력이 탁월한 교사들에게 더 부정적인 영향을 미치는 경향이다. 모든 학생들에게 학업성취 향상의 기회를 주는 것과 더불어 고부담시험 정책이 가지는 또 다른 중요한 목표는 개선의 여지가 많은 자격 미달의 교사들을 자극하고 변화를 유도하는 것이다. 낙오아동방지법안의 숨겨진 가정은 바로 "고부담시험 체제는 전문성이 떨어지는 교사에게는 불리한 환경을, 전문성을 갖춘 뛰어난 교사에게는 유리한 환경을 제공할 것이다"라는 것이다. 하지만 공교롭게도 고부담시험 체제하에서 가장 피해를 입은 교사 집단은 바로 가장 능력 있고 열성적인 교사들이라는 증거가 속출하였다(예 McNeil, 2000). 능력 있는 교사들의 상당수가 고부담시험 체제에 적응하는 과정에서 자신이 보유한 실천적 교수 지식이나 이론들을 포기하고, 상대적으로 덜 논쟁적인 내용들을 중심으로 정답 수렴식의 수업 행동을 보인 것이다.

이러한 상황이 지속적으로 누적될 때 사회과 교사들의 교수적 전문성은 약화될 가능성이 커진다. 외부로부터의 교육과정 통제가 늘어나고 그로 인해 교수적 자율성에 대한 침해가 일어날 때 나타나게 되는 치명적인 문제점은 다름 아닌 교사의 '탈숙련화(deskilling)' 현상이다. 교사의 탈숙련화란 교사가 자신의 주체적인 의사결정을 바탕으로 실천해야 하는 주요 업무들이 점차 학교 외부로부터 이미 처방된 교육 목표 및 프로그램에 의해 관리·통제·대체됨으로써 전문성을 이루는 핵심 기술이나 능력을 상실해 가는 현상을 의미한다(Apple, 1982, 1986; 조대훈, 2004). 그리고 교사의 탈숙련화와 전문성 약화는 궁극적으로 학교 안에서 왜곡된 교육의 관점, 즉 학교 외부로부터 주어진 준거와 표준들에 의해 학교 교육이 관리·평가되는 것을 교육적으로 바람직하다고 여기는 관점을 확산시킨다. 이는 교육 행위 그 자체로부터 교사 자신을 소외시키는 것이며, 비교육적인 것을 교육적인 것으로 착각하게 만드는 결과를 가져온다.

하지만, 마지막으로 우리가 간과해서는 안 되는 또 다른 중요한 발견은 고부담시험이 사회과 수업을 전적으로 결정하지는 않으며, 교사는 여전히 변화의 동인으로서 중요한 역할을 담당한다는 평범한 진리이다. 낙오아동방지법안이 발효된 2002년 이후 고부담시험 시대에 지혜롭게 적응해 가고 있는 사회과 교사들의 사례들이 보고되고 있다. 그랜트(Grant, 2001)는 뉴욕 주의 고부담시험에 대해 다른 교수적 대응 방식을 보이는 같은 학교의 두 사회과 교사의 사례를 통해, 교사들이 고부담시험의 환경을 그대로 수용하는 것이 아니라 자신의 교과적 관점에 입각하여 능동적으로 적응해 나가고 있다는 점을 기술하였다. 또한, 볼가츠(Bolgatz, 2006), 그래드웰(Gradwell, 2006) 및 야거와 데이비스(Yeager & Davis, 2005) 등이 소개하고 있는 사회과 교사들의 이야기는 여러 주의 다양한 학교 환경에서 근무하고 있는 교사들이 고부담시험의 압력 속에서도 어떻게 창의성과 고급 사고력을 지향하는 야심 찬 수업(ambitious teaching)을 이끌어 내기 위해 고군분투하는지를 잘 묘사하고 있다. 이러한 사례들은 변화의 동인으로서 교사가 가지는 힘을 잘 보여주며, 고부담 정책의 효과를 최종적으로 결정하는 것은 현장의 교사들이라는 점을 말해준다.

IV 논의: 미국 고부담시험 체제로부터의 교훈

이상에서 우리는 학교 책무성의 이데올로기가 21세기 한국과 미국에 새로운 교육 신화를 창출하고 있다는 믿음에서부터 출발하여, 고부담시험 체제가 미국과 한국의 사회과 교사에게 어떠한 교수 환경을 제공하고, 그들의 교사 전문성에 어떠한 영향을 미칠 수 있는지를 살펴보았다. 그 결과 우리는 다음과 같은 결론에 도달하였다.

첫째, 한국과 미국의 고부담시험 체제는 상당히 다른 맥락에서 전개되고 있으며, 고부담시험의 핵심 개념들(예 표준화와 통제)은 두 나라 사이에서 서로 다른 의미로 해석되는 경향이 있었다.

둘째, 현행 고부담시험은 미국 교육부가 제시한 '수월성' 또는 '수준 높은 성취 표준'을 측정하는 평가 도구로서의 기술적 · 논리적 · 직업 윤리적 타당성을 모두 결여하고 있었나. 현행 고부담시험 체제는 사회과교육이 추구하는 핵심 목표들을 제대로 측정하기 어려운 형식을 지녔으며, 학생들의 학력을 진단하는 도구로 교사들의 능력을 평가하려는 평가 활용 방식의 오류를 나타내고 있었다.

셋째, 미국 교육 당국이 주장한 고부담시험 성적과 책무성의 상관관계는 허위적인 관계임이 드러났다. 이제까지의 관련 연구들은 고부담시험이 사회과 교실 안의 학생들의 학업성취도에 별다른 영향을 주지 못했으며, 오히려 교육 여건이 열악한 학교의 소수 인종 · 민족 학생 및 저소득 계층 학생들의 교육 기회를 박탈하는 비교육적 상황을 초래하고 있었다.

넷째, 고부담시험은 전문성을 갖춘 훌륭한 교사들을 지원하고 고무하는 기능을 하는 것이 아니라, 오히려 교사 전문성을 약화시키고 탈숙련화를 가속화시키는 평가 체제였다. 하지만, 고부담시험 체제가 전적으로 교사 전문성을 결정하는 것은 아니었으며, 현장 교사들은 영향력 있는 교육적 변화의 동인으로서 새로운 교육 환경에 적응·타협하면서 고부담시험의 의미를 능동적으로 해석해 나가고 있었다.

그렇다면 이상의 발견들은 한국의 국가 수준 학업성취도 평가와 사회과 교사 전문성 그리고 바람직한 시민교육의 실천 방향에 대해 무엇을 시사하고 있는가? 우리는 다음의 세 가지 점에 주목하고자 한다.

점수로 환원되는 '좋은 학교'의 의미

학업성취도 평가의 방식인 표준화 시험은 한 나라의 교육의 질을 관리하는 데 필수적인 정보를 제공한다. 바람직한 시민교육의 실천에 있어 고부담시험이 가지는 문제점을 비판적으로 검토한 연구자 역시 표준화 시험의 장점을 충분히 인정하고 있음을 밝힌다. 고부담시험에 대하여 우리가 문제 삼는 것은 표준화 시험으로서의 고부담시험 자체가 아니라, 학교 교육의 질을 높인다는 목적으로 그 진단 결과를 활용하는 방식이다.

2010년 2월 18일 전국 단위 학업성취도 시험의 부활을 예고하는 당시 교육과학기술부 장관의 언론 브리핑 내용이 전국을 뜨겁게 달구었다. 대한민국 역사상 처음으로 각 교육청별·학교별로 공개되는 학력평가 결과는 학교 행정가의 인사 등 성과급 실적에 반영하려는 움직임으로 이어지고 있고, 이에 대해 많은 교육단체와 전문가들의 비판이 이어지고 있다. 국민의 알 권리와 교육 정보에 대한 접근 권한을 존중한다는 취지 아래 해마다 신문지상에는 학교 유형별로 단위 학교의 전국 및 지역 석차가 공개된다. 이로 인한 가장 커다란 동요는 학부모들 사이에서 관찰되었다. 지역별·학교별 학력평가점수는 일반인들에게는 곧바로 좋은 학군과 나쁜 학군, 좋은 학교와 나쁜 학교를 구분하는 강력한 판단 기준이 되었다.

우리는 위에서 미국 사회에서 시험 평균 점수의 적정연간향상도(AYP)로 대변되는 학업성취도의 의미가 대중을 기만하고 바람직한 교육의 의미를 쉽게 왜곡할 수 있다는 점을 살펴보았다. 한국에서도 이미 이와 같은 현상이 벌어지고 있다. 그런데 여기서 반드시 유념해야 할 사항은 단위 학교 학생들의 학업성취도에 대한 국민의 알 권리도 중요하지만, 그보다 더 중요한 교육 당국의 과제는 '공개된 수치가 어떠한 교육적 의미를 담고 있는지'를 시민들이 제대로 이해할 수 있도록 도와주는 일이라는 점이다. 단 1회의 학력평가 시험점수는 진정 어떠한 교육 정보를 담아내고 있는 것일까? 교육정책 결정자들은 관련 통계 수치가 표방하는 의미에 대해 의도적으로 침묵하고 있는 듯하다. 그리고 이러한 방관은 결과적으로 시민들이 고부담시험의 점수를 좋은 학교와 나쁜 학교를 구분하는 판단 준거로 활용하도록 유도한다.

학력 논쟁 및 교육의 위기 담론의 신화적 허구성

한국과 미국, 그리고 다른 여러 나라에서도 학생들의 학력과 관련한 '교육위기'는 지속적으로 창출되고 있다. 미국의 경우 일찍이 정치적 · 사회적 돌파구로서 교육위기의 담론을 활용한 역사적 경험이 있다(김영석, 2010; Evans, 2004; Ross, 2006). 1950년대 스푸트니크 인공위성 발사를 배경으로 촉발된 학문중심 교육과정의 등장과, 1980년대 대일 무역적자 심화와 국가 간 학력진단평가에서의 저조한 성적을 근거로 당시 상황을 교육의 위기 상황으로 규정한 '위기의 국가' 보고서의 발간 등은 21세기 학교 책무성과 고부담시험의 담론과 여러 가지 면에서 유사한 접근을 보인다. 이 모든 개혁 정책들은 공통적으로 학력의 위기를 강조함과 동시에, 그 학력이 한 국가의 경쟁력을 잘 대변해 준다는 믿음을 반영하고 있다.

하지만 이러한 믿음은 타당한 근거를 결여한 교육 신화에 가깝다. 물론 개인의 수준에서 학력은 사회적 이동성이나 직업 성취의 의미 있는 변수라는 점은 주지의 사실이다. 즉, 어느 고등학교 2학년생의 만점에 가까운 수학 성적은 자신이 원하는 대학에 입학하고, 많은 사람들이 원하는 높은 보수의 직장에 취업을 하는데 기여하는 주요 요인 중 하나일 수 있다. 하지만 국가 수준에서, 국가의 경쟁력에 대해서도 이 같은 설명이 그대로 적용될 수 있을까? 한국의 고등학교 2학년생들의 학업성취도 수학 성적 평균이 과연 한국이 세계화 시대의 무한 경쟁 체제 속에서 앞서 나가는데 영향을 미치는 요인이라고 볼 수 있을까? 안타깝게도 이러한 가설을 검증할 수 있는 현실적인 방법은 존재하지 않으며, 학력고사의 평균 점수와 국가 경쟁력 사이의 관계를 인과관계로 설정하는 것은 논리적 비약의 위험을 안고 있다. 학력이 개인의 수준과 국가의 수준에서 가지는 의미를 보다 철저하게 구분하여 이해할 필요가 있다.

마찬가지의 논리적 비약이 한국과 미국의 교육 당국이 제시하는 학력 위기의 설명 방식에 존재한다. A라는 학교의 학업성취도 평균 점수가 B라는 학교에 비해 현저히 낮은 이유는 무엇일까? 분명 여기에는 여러 가지 요인이 복합적으로 작용하고 있음을 예상해 볼 수 있다. 하지만, 그 원인을 국가가 지역 학교 학생들의 학력 진단을 소홀히 하고, 학교장과 교사에 대한 엄격한 관리 감독을 하지 않은 탓으로 돌리고, 이를 지역 학교에 대한 차별적인 교육 지원의 기초 자료로 삼는다면, 이는 지극히 단순하고도 엉뚱한 사고라고밖에는 볼 수 없다. 교육사회학의 연구 성과가 이미 말해주고 있듯이, 단위 학교의 학업성취 수준에는 교사 요인, 학교장의 리더십 요인, 교육과정 요인 이외에도 지역사회의 교육 수준과 경제 수준, 그리고 소수민족의 문화적 요인 등이 복합적으로 영향을 미칠 수 있다.

효율성의 이데올로기와 교사 전문성

책무성 개념은 효율성 이데올로기의 '도플갱어'이다. 표준화와 고부담시험을 양 축으로 하는 학교 책무성 운동은 미국 역사상 그 어느 때보다도 강력한 중앙집권적 교육정책을 상징하기도 하지만, 다른 한편으로 20세기 전반 '과학'의 이름으로 학교 교육의 모든 것을 풀어나가려고 했던 효율성(efficiency)의 이데올로기의 화려한 부활로도 해석할 수 있다(Kliebard, 1995). 21세기 사회에 다시 나타난 효율성의 이데올로기는 이제는 '과학' 대신 '책무성'이라는 매력적인 수사를 내걸고 사람들의 마음을 사로잡고 있다. '수월성의 교육을 추구한다', '학생들의 교육 성취에 대해 책임을 진다', '국가는 모든 학생들이 낙오되지 않게 한다', '질 높은 교육의 혜택을 누릴 수 있도록 학교를 관리하고 지원한다' 등의 학교 책무성 구호들은 군대, 영웅, 위기, 과학적 관리와 관련된 은유법을 사용하며 관리적 효율성(managerial efficiency)을 참된 교육으로 변신시킨다.

앞서 기술한 바와 같이 효율성의 이데올로기에 의해 지배받는 학교 책무성 개념은 교사의 탈숙련화(deskilling)를 조장하고, 이는 다시 교사 전문성의 핵심인 교실수업의 능력을 감퇴시키는 일련의 결과를 가져온다. 교사가 본연의 업무인 가르치는 일에 대한 선눈성을 잃게 되고, 외부로부터의 통제로 인해 교수 행위 자체로부터 소외될 때 교사의 존재 의미는 사라지게 되고, 마치 쉽게 대체될 수 있는 부품과도 같은 존재로 전락하는 것이다. 또한 교육자들이 관리적 효율성을 숭배할 때 교사, 학생, 교육과정에 대한 모든 가시적인 관리 행태들은 '무엇인가 새로운 변화가 일고 있다'는 긍정적인 의미로 해석될 수 있다. 수치화되고 측정될 수 있는 것만이 교육적인 증거로 간주된다. 이러한 환경에서 가르친다는 것에 자부심을 느끼는 교사는 아마 한 명도 없을 것이다.

V 한국의 학업성취도 평가 정책에 대한 제언

학력은 아무리 강조해도 지나침이 없다는 일반적인 정서가 교육계에 존재하며, 앞으로도 새로운 교육 리더가 등장할 때마다 학력에 대한 위기의식과 그에 따른 학력 개념의 재정의가 시도될 가능성이 있다. 하지만, 우리가 크게 경계해야 하는 것은 복합적인 구성 개념인 학력을 측정하기 편리한 단일 요인으로 환원하여 수량화하는 관점의 확산이며, 이를 교사 전문성의 함양을 위한 채찍으로 사용하려는 관점이다.

국가 수준 학업성취도 평가는 단위 학교의 상벌을 위한 도구로 활용되어서는 안 되며, 철저하게 학력 진단의 목적으로, 그리고 전수 조사가 아닌 표본 조사의 방식으로 실시되어야 할 것이다. 또한 학력의 개념 역시 보다 포괄적으로 해석될 필요가 있다. 사회과교육이 바람직한 학습 목표로 삼고 있는 창의력과 문제해결력 그리고 다문화적 인식 및 태도를 평가할 수 있는 학력의 개념이 전제되고, 이를 평가할 수 있는 도구에 대한 개발이 요청된다. 고부담 시험 시대는 학교 교사, 대학의 교사교육자, 교육 행정가 그리고 교육 전문가들이 너무도 당연하게 여겼던 학력의 향상, 가르치는 행위, 능력 있는 교사의 본질적 의미에 대해 반성해 볼 수 있는 값진 기회를 제공해 주었다는 점에서 그 의의를 찾을 수 있을 것이다.

❖ 주

1) 교육 신화는 공교육과 사교육 영역에서 모두 지속적인 영향력을 행사한다. 콘블레스(Cornbleth, 1987)는 미국의 교사교육과 교수 행위에 잠재해 있는 교육 신화의 사례 중 하나로 '정답의 신화(the myth of the right answer)'를 제시한다. 정답의 신화란 "교사 또는 교재가 제시한 질문에 대해 학생이 정답을 제시할 경우, 이를 학생이 사고하고 학습하고 있는 증거로 간주하는 믿음"을 지칭한다(p. 194). 사교육 광고를 대상으로 한 유혜령 · 박보경(1999)과 박정옥(2008)의 연구는 TV 학습지 광고 영상에 대한 기호학적 분석을 통해 사교육 시장에 팽배해 있는 교육 신화의 유형들을 분석하고 있다.

2) 하지만 '위기의 국가' 보고서에서 제시 "기초교육으로의 복귀운동"(Back-to-Basics Movement)의 방법은 중등학교의 졸업요건을 강화하거나, 전체 수업 시간과 과제의 증가, 그리고 잦은 시험의 실시 등이었다.

3) 낙오아동방지법을 구성하는 여러 개의 하위 핵심 내용 중 우리가 주목할 부분은 "Title I. Improving the Academic Achievement of the Disadvantaged"와 "Title II. Preparing, Training, and Recruiting High Quality Teachers and Principles"이다. 본 법안은 다음 웹주소에 공개되어 있다(http://www2.ed.gov/policy/elsec/leg/esea02/107-110.pdf). 이 자료 이외에도 최근까지 낙오아동방지법안의 후속연구보고서 내용 역시 미국 교육부 홈페이지(http://www.ed.gov)의 NCLB 섹션에서 확인할 수 있다.

4) 2006년 실시된 조사에 따르면, 미국의 총 24개 주에서 고등학교 졸업장을 얻기 위해 주 정부 수준의 시험에 통과하도록 하는 규정이 존재하며, 총 16개 주에서는 고부담시험 성적이 우수한 학교에 대해서 재정적인 지원 · 보상을 해 주고 있었다. 또한 14개 주에서는 학업성취도 향상에 실패한 학교의 경영권을 기업 경영자에게 위탁하는 결정을 내렸고, 10개 주에서는 학교 폐쇄 조치도 내려졌다(Johnson & Johnson, 2006: 박세훈(2010)에서 재인용, p. 7).

5) 670쪽에 달할 정도로 방대하고도 상세하게 기술된 미국의 낙오아동방지법안과 비교한다면 우리나라의 관련 법령은 고부담시험의 본격적인 실시라는 선언적인 의미만을 담고 있는 듯하다. 고부담시험의 기술적 측면뿐만 아니라, 시험 결과를 어떻게 활용할 것인가에 대한 보다 구체적인 논의가 향후 요청되며, 실제로 이에 대한 정책 연구가 현재 진행 중인 것으로 알려졌다.

6) 학교별 평가는 시 · 도별로 비슷한 여건의 학교끼리 묶어 3개 등급으로 평가하는 학교군별 평가 방식으로 이루어진다. 각 등급별 비율은 '가' 등급 30%, '나' 등급 40%, '다' 등급 30%로 정해졌으며, 이는 궁극적으로 학교 간 상대평가 비율인 셈이다. 한편 당시 교과부 1차관이었던 현 이주호 교육과학기술부 장관은 언론브리핑에서 학교군별 평가를 통해 여건이 열악한 학교에서 상대적으로 좋은 성과를 내면 '가' 등급을 부여하는 융통성을 발휘하겠다고 언급하였다(한겨레신문, 2010년 2월 8일자 인터넷판).

7) 실제로 이와 같은 난이도 조정의 기술적 편법을 통해 해당 주의 학업성취 적정연간향상도(AYP)를 상대적으로 높이려는 움직임이 여러 차례 포착된 바가 있다. 미국 교육부조차도 이와 같은 평가 도구의 다양성이 지니는 문제점을 이미 인정하고 있으며, 이 문제를 해결하기 위해 주별 시험 결과의 해석 시 보정 작업을 반드시 거치거나, 아니면 공통의 교육과정 표준에 입각한 공통의 학업성취도 평가 도구가 필요하다는 점에 공감하고 있다.

8) 참고로, 2007년 기준으로 초 · 중등학교에서 사회 과목의 고부담시험을 실시하는 주의 현황은 다음과 같다(Vogler & Virtue, 2007, p. 55).
   - 초등학교: 12개 주에서 사회 과목 학업성취도 시험 실시
   - 중학교: 15개 주에서 사회 과목 학업성취도 시험 실시
   - 고등학교: 9개 주에서 사회 과목 졸업 필수 시험 실시

9) 하이리그와 달링-해몬드(Heilig & Darling-Hammond, 2008)는 고부담시험이 실시되는 주의 많은 학교들 사이에 명백히 불법이라고는 할 수 없지만 결코 교육적으로 떳떳하지 못한 다음과 같은 4가지의 적응 전략이 확산되고 있다고 지적하였다: (전략 1) 성적 하위권 학생들을 특수교육반으로 편입시키기; (전략 2) 고부담시험 학년인 10학년으로의 진학 요건을 엄격하게 하여 하위권 성적의 학생들을 의도적으로 9학년에 유급시키거나 퇴출시키기; (전략 3) 학년별 중퇴자 수와 비율을 상부기관에 잘못 보고하기; (전략 4) 상담을 통해 검정고시(GED) 응시나 다른 학교로의 전학을 권유하기.

10) 신보수주의적 교육개혁이 사회 교과에 미치는 영향을 본격적으로 조명한 김영석(2010)은 이와 같은 상황을 "시험 때문에 (사회) 교과의 존재가 위협받고 있는데도 선뜻 시험 과목에 사회과를 포함시키고 못하고 있는" 딜레마적 상황으로 묘사하였다(p. 40).

Appendix

참고문헌

* 한글

강대현(2003). 사회과 수업 현실에 대한 진단과 처방. 『2003년도 한국사회과교육학회 정기학술대회 자료집』(pp. 133−172). 한국사회과교육학회.

강대현(2010). 사회과 교육과정 개정 논의와 결과에 대한 반성: 2007 개정 사회과 일반사회 영역 교육과정을 중심으로. 『사회과교육』, 49권 1호, pp. 83−95.

강운선(1998). 제7차 교육과정에서 사회과 교육과정 운영방안 및 교수-학습자료, 『한국교육과정평가원 세미나 자료집』, 연구자료 ORM 98-4-6. 한국교육과정평가원.

교육과학기술부(2011a). 2011년 국가 수준 학업성취도 평가 기본계획. 교육과학기술부.

교육과학기술부(2011b). 2011년 교육공무원 성과상여금 지급 지침. 교육과학기술부.

교육인적자원부(2001). 『고등학교 교육과정 편성-운영자료(II): 수준별 교육과정 편성-운영의 실제』. 교육인적자원부 교육과정 정책과 교육과정지원센터.

교육인적자원부(2001a). 『중학교 성교육 교사용 지도 지침서』. 교육인적자원부.

교육인적자원부(2001b). 『고등학교 성교육 교사용 지도 지침서』. 교육인적자원부.

교육인적자원부(2007). 『2007 개정 교육과정 개요』. 교육인적자원부.

구정화(1997). 사회과교육에서 인권교육의 방향에 관한 연구. 『사회와 교육』, 25집, pp. 95−115.

국가인권위원회(2005). 『국가인권정책기본계획 수립을 위한 성적 소수자 인권 기초현황조사』(2005년국가인권위원회인권상황실태연구용역보고서). 국가인권위원회.

김복영(2002). 사회과 교육에서의 미디어 리터러시 교육. 『사회과교육』, 41권 4호, pp. 23−45.

김아영(2006). 『초등교사의 다문화교육 인식 실태조사』. 서울교육대학교 석사학위논문.
김영석(2010). 신보수주의 교육개혁 이후 사회 교과 위상의 변화와 도전: 영국과 미국의 사례를 중심으로. 『시민교육연구』, 41권 2호, pp. 25-46.
김영순 · 박지선(2006). 민주시민교육과 미디어 문화 리터러시. 『한국민주시민교육학회보』, 11권 1호, pp. 91-110.
김왕근(2010). 『사회과 교육에의 표류』. 원미사.
김재춘(1999). 『수준별 교육과정의 이해』. 교육과학사.
김태명(2003). 성적 소수자에 대한 법의 태도 변화: 동성애와 성전환을 중심으로. 『성평등연구』, 7권, pp. 113-130.
김혜숙(2006). 『교실생태학적 관점에 근거한 중등 지리수업의 질적 사례연구』. 고려대학교 박사학위논문.
김혜숙 · 박선미(2011). 교과교실제 도입으로 인한 사회과 교실환경과 수업의 변화. 『사회과교육』, 50권 4호, pp. 43-62.
대통령자문교육개혁위원회(1995). 『신교육체제 수립을 위한 교육개혁 방안(I)』. 대한교과서주식회사.
대통령자문교육개혁위원회(1996). 『신교육체제 수립을 위한 교육개혁 방안(II)』. 대한교과서주식회사.
동아일보(2002년 11월 15일자 인터넷판). 인권위, 사전에 동성애 차별 표현 수정 권고. (http://www.donga.com/fbin/output?sfrm=2&n=200211150354)
동아일보(2006년 3월 22일자 인터넷판). 국방부 '동성애자 관리 규정' 만들기로. (http://www.donga.com/fbin/output?sfrm=2&f=total&&n=200603220317)
모경환(2007). 가족형태의 다양화와 청소년: 다문화 가족의 증가와 청소년 시민교육의 과제. 『제19회 서울 YMCA 청소년상 심포지엄 발표논문집』, pp. 31-60.
모경환 · 황혜원(2007). 중등 교사들의 다문화적 인식에 대한 연구-수도권 국어 · 사회 교사를 중심으로. 『시민교육연구』, 39권 3호, pp. 79-100.
문미희(2005). 『예비교사를 위한 인권교육 프로그램의 개발과 적용』. 한국학술정보(주).
미셸 푸코(이규현 譯, 1978/1990). 『성의 역사: I. 앎의 의지』. 나남.
박남수(2004). 주체적 정보활용 능력 육성을 위한 사회과교육에서의 미디어 리터러시 교육. 『사회과교육연구』, 11권 1호, pp. 65-81.
박상준(2003). 인권교육의 통합적 접근에 대한 이론적 연구. 『시민교육연구』, 35권 1호, pp. 115-141.
박선미(2003). 사회과 내용의 통합 수준과 구성 방안. 『사회과교육』, 42권 2호, pp. 29-51.

박선웅·박길자(2007). 사회과에서 미디어 리터러시를 통한 문화교육. 『시민교육연구』, 39권 1호, pp. 1-23.

박세훈(2010). 미국의 고부담시험의 가능성과 한계. 『비교교육연구』, 20권 5호, pp. 1-21.

박윤경(2003). 『교육과정 변화기 사회과 교사의 교육과정 실행에 대한 사례 연구』. 서울대학교 박사학위논문.

박윤경(2004). 사회과 교육과정 실행기제에 관한 연구」. 『사회과교육』, 43권 1호, pp. 35-59.

박윤경(2007). 다문화 접촉 경험의 교육적 의미: 초등 예비교사들의 문화 다양성 관련 변화를 중심으로. 『시민교육연구』, 39권 3호, pp. 147-183.

박윤경(2011). 초등 사회과 다문화 교육과정 및 수업안 개발 연구. 『시민교육연구』, 43권 2호, pp. 57-90.

박정옥(2008). TV 광고에 나타난 '교육신화'의 기호학적 분석. 한국교원대학교 석사학위논문.

박형준(2005). 중등학교 사회과 교사의 사회과 교과 성격에 대한 이해. 『시민교육연구』, 37권 1호, pp. 81-100.

배현주(2009). 미디어를 활용한 다문화교육의 가능성 모색, 『교육문화연구』, 15권 1호, pp. 139-164.

서동진(2001). 성적 소수자의 인권: 같음과 다음 사이에서. 『인권과 평화』, 2권 1호, pp. 37-51.

서울특별시교육청(2000). 『중학교 교사연수를 위한 제7차 교육과정 편성과 운영』. 서울특별시교육청.

서울특별시교육청(2001a). 『제7차 중학교 학교 교육과정 편성-운영의 이해』. 서울특별시교육청.

서울특별시교육청(2001b). 『제7차 중학교 학교 교육과정: 시범학교 운영 공개보고자료』. 서울특별시교육청.

서현진(2003). 미국의 소수자 권리 보호에 관한 연구: 동성애자 권리 문제를 중심으로. 『국제정치논총』, 43권 4호, pp. 269-293.

송륜진·노선숙·주미경(2011). 우리나라 초·중등학교 다문화 수학 교실의 수업실태 분석. 『학교수학』, 13권 1호, pp. 37-63.

송현정(2004). 현대 시민교육의 목표로서의 인권에 관한 연구. 서울대학교 박사학위논문.

스가야 아키코(안해룡·안미라 공역, 2001). 『미디어 리터러시』. 커뮤니케이션북스.

안정임(2000). 미디어교육의 한국형 모델 개발 전략에 관한 연구. 『한국방송학보』, 14권 2호, pp. 37-79.

안정임 · 전경란(1999). 『미디어교육의 이해』. 한나래.
에릭 마커스(컴투게더 譯, 2000). 『커밍아웃: 동성애자에게 누구나 묻게 되는 300가지 질문과 대답』. 박영률 출판사.
염철현(2010). 오바마 정부 교육개혁의 동향과 시사점. 『비교교육연구』, 20권 2호, pp, 149-168.
오경석(2007). 『한국에서의 다문화주의: 현실과 쟁점』. 한울아카데미.
오연주(2006). 미국의 초기 사회과 전통에서 Harold Rugg의 교육이념 및 실천 노력의 위상 탐색. 『시민교육연구』, 38권 2호, pp. 63-96.
유네스코한국위원회(2000). 『인권교육 어떻게 할 것인가』. 도서출판 오름.
유혜령 · 박보경(1999). 학습지 광고의 영상 텍스트에 나타난 아동교육의 신화. 『아동교육』, 8권 1호, pp. 105-119.
윤가현(1998). 『동성애의 심리학』, 학지사.
은지용(2005). 사회과에서 매체 해독을 활용한 비판적 담론 교육 방안에 관한 연구. 『사회과교육』, 44권 2호, pp. 5-34.
은지용(2009). 다문화적 인성 발달 이론에 기반한 다문화 학습 모형 탐색. 『시민교육연구』 41권 1호, pp. 107-139.
이미나(2009). 미디어 리터러시로서의 미디어교육 수업사례 제안. 『시민교육연구』, 41권 3호, pp. 139-181.
이미나(2011). 청소년 수용자들의 뉴스 리터러시 교육 효과 연구—파당적 뉴스에 대한 프레이밍과 객관보도규범 교육효과를 중심으로. 『시민교육연구』, 43권 1호, pp. 111-155.
이정우(2007). 다양한 인종, 민족, 집단에 대한 예비교사의 고정관념: 사회과 예비교사 교육에의 함의. 『시민교육연구』, 39권 1호, pp. 153-178.
이진석(1992). 『해방 후 한국 사회과의 성립 과정과 그 성격에 관한 연구』. 서울대학교 박사학위논문.
이혁규(1996). 『한국 중학교 사회과 교실수업에 대한 일상생활 기술적 사례 연구』. 서울대학교 박사학위논문.
이혁규(1999). 수준별 교과서 예시단원 현장 적용 연구. 『시민교육연구』, 29집, pp. 111-133.
이혁규(2000). 제7차 사회과 교육과정 개정 과정에 대한 문화기술적 연구. 『교육인류학연구』, 3권 3호, pp. 89-139.
이혁규(2001). 제7차 사회과 교육과정 개정 과정에 대한 문화기술적 연구: 7-9학년을 중심으로. 『시민교육연구』, 32권 1호, pp. 249-292.

장인실 · 김명희(2011). Bennett 모형에 근거한 다문화교육 프로그램이 다문화 인식과 자아존중감에 미치는 영향. 『교육연구』, 50집, pp. 123-146.

장재현(2003). 『청소년의 고민: 내가 동성애자인가요?』. 한국청소년상담원연구보고서(49). 한국청소년상담원.

전국사회교사모임(대안교육분과)(2004). 『주제가 있는 사회교실: 사회교사를 위한 대안수업 길라잡이』. 돌베개.

전국사회교사모임(인권교육분과)(2005). 『땅콩선생, 드디어 인권교육하다』. 우리교육.

전현희(2000). 동성애의 법적 고찰. 『시민과 변호사』, 83호, p. 73.

조난심 외(1997). 『제7차 교육과정 개정에 따른 수준별 교육과정 편성 및 운영 방안에 관한 연구』. 한국교육개발원 교육과정개정연구위원회.

조대훈(2000). Two perspectives on the study of the effect of school structure on social studies classroom practices. 『사회과교육』, 33집, pp. 410-424

조대훈(2002). 사회과 교사에 의해 재구성되는 학습평가의 실제적 의미. 『사회과교육』, 41권 3호, pp. 9-40.

조대훈(2004). 교수행위를 바라보는 세 가지 이론적 모델의 고찰. 『시민교육연구』, 36권 1호, pp. 231-260.

조대훈(2011). 동성애에 대한 교수적 태도의 영향 변인 연구: 다문화교육과 교사교육에 대한 시사점. 『시민교육연구』, 43권 1호, pp. 205-237.

조대훈 · 박민정(2007). 사회과 교실에서의 다문화교육을 위한 수업모형 개발. 『교육연구』, 46집, pp. 25-69.

조대훈 · 이주영(2011). 고등학교 사회과 다문화 수업 프로그램이 학생들의 간문화적 태도에 미치는 영향 연구. 『교육연구』, 52집, pp. 43-70.

조영달(1992). 한국 고등학교의 경제 수업 연구: 사회적 상호작용을 중심으로. 『서울대학교 사대논총』, 44-45호 합본, pp. 309-363.

조영달(2001a). 교육과정의 정치학 : 7차 사회과 교육과정 결정의 참여구조. 조영달(편), 『교육과정의 정치학: 사회과 제7차 교육과정의 형성과 이행』(pp. 13-44). 교육과학사.

조영달(2001b). 『한국 중등학교 교실수업의 이해』. 교육과학사.

조영달(2006). 『다문화가정의 자녀 교육 실태 조사』(정책연구과제2006-이슈-3). 교육인적자원부.

조영달 · 박윤경 · 성경희 · 이소연 · 박하나(2010). 학교 다문화교육의 실태 분석. 『시민교육연구』, 42권 1호, pp. 151-184.
차경수(1998). 사회과 통합 교육과정의 문제점과 해결 대안. 『사회과학교육』, 2집, pp. 71-96.
차경수 · 모경환(2009). 『사회과교육』. 동문사.
차경수 · 조도근 · 이진석(1997). 『고등학교 공통사회의 완전통합단원 구성 연구』. 1996년 한국교원대학교 교과교육공동연구소 연구결과보고서(연구보고 RR 96-3).
최문선(2011). 사회과 예비교사의 젠더 인식과 교사교육. 『사회과교육』, 50권 1호, pp. 31-51.
최병모(2000). 제7차 사회과 교육과정의 통합적 운영 방안. 『사회과교육학연구』, 4호, pp. 1-36.
최병모 · 박길자(2004). 사회과 교육에서 미디어를 통한 문화교육의 방향 모색. 『시민교육연구』, 36권 1호, pp. 261-280.
최안복 · 이윤옥(2010). 다문화교육 프로그램이 유아의 국가정체성 및 인종에 대한 태도에 미치는 효과. 『교육연구』, 47집, pp. 159-191.
케빈 제닝스(김길님 · 김호세 · 양지용 공역, 1999). 『역사 속의 성적 소수자』. 도서출판 이연 문화.
한겨레21(2005년 12월 6일자). 청소년 동성애자들이 신음하고 있다. 『한겨레21』, 555호. http://hani.co.kr/section-021003000/2005/12/021003000200512060588013.html.
한겨레신문(2002년 1월 9일자 인터넷판). 동성애 사이트 유해 결정 최소 소송. http://www.hani.co.kr/section-005000000/2002/01/005000000200201091424680.html.
한겨레신문(2004년 1월 30일자 인터넷판). 헌재, 동성애 유해 매체 합헌. http://www.hani.co.kr/section-005100030/2004/01/005100030200401301917278.html
한겨레신문(2004년 2월 4일자 인터넷판). 동성애, '청소년유해매체'서 뺀다. http://www.hani.co.kr/section-005000000/2004/02/005000000200402041856288.html
한겨레신문(2010년 2월 8일자 인터넷판). http://www.hani.co.kr/arti/society/schooling/403639.html.
한광웅(2011). 『'나'의 사회과수업의 알레고리적 해석』. 한국교원대학교 박사학위논문.
한국교육개발원(1998). 『제6차 교육과정에서의 중등학교 수준별 수업 방안 연구』. 수탁연구과제보고서(CR 98-7). 한국교육개발원.
한국교육과정평가원(2002). 『학교 교육 내실화 방안 연구(II): 사회과교육 내실화 방안 연구-좋은 수업사례에 대한 질적 접근(연구보고 RRC 2002-4-4)』. 한국교육과정평가원
한국일보(2006년 2월 10일자 인터넷판a). 청소년 동성애 "긁어 부스럼", 교사들 외면.

http://news.hankooki.com/lpage/society/200602/h2006021013450181030.htm.

한국일보(2006년 2월 10일자 인터넷판b). 청소년 동성애 “소문나면 학교생활 끝이에요” http://news.hankooki.com/lpage/society/200602/h2006021013422281030.htm

한국일보(2006년 6월 27일자 인터넷판). 남성 동성애는 ‘태생적’. http://article.joins.com/article/article.asp?total_id=2336911.

한정선(2000). 미디어교육의 새로운 해석과 접근: 멀티리터러시(Multiliteracy). 『교육공학연구』, 16권 2호, pp. 165−191.

허경철 외(1996). 『교육과정 2000 연구 개발-수준별 교육과정안』. 한국교육개발원 교육과정개정연구위원회.

허창수 · 장인실 · 박철희 (2010). 다문화교육 교사연수 프로그램 분석을 통한 교육과정 제언. 『교육과정연구』, 28권 4호, pp. 77−101.

＊ 영문

Ad Hoc Committee on Ability Grouping (1992). *NCSS position statements: Ability grouping in social studies*. Washington, DC: National Council for the Social Studies. Retrieved from http://databank.ncss.org/article.php?story=20020402122506485

Adams, B. (1995). *The growth of a gay and lesbian movement* (2nd ed.). Boston: Twayne.

Adler, S. (1984). A Field Study of Selected Student Teacher Perspectives toward social studies. *Theory and Research in Social Education*, *12*, 3−30.

Ahmad, I., Brodsky, H., Crofts, M. S., & Gaynor, E. G. (2003). *World cultures: A global mosaic* (Teacher’s edition). Englewood Cliffs, NJ: Pearson Prentice Hall.

Alexander, K. L. & Cook, M. A. (1982). Curricular and coursework: A surprise ending to a familiar story. *American Sociological Review*, *47*, 626−640.

Allport, G. W. (1954). *The nature of prejudice*. Cambridge, MA: Addison-Wesley.

American Educational Research Association (2000). *AERA position statement concerning high stakes testing in Pre K-12 Education*. Retrieved from http://www.aera.net.about/policy/stakes.htm

Amrein, A. L., & Berliner, D. C. (2002). High-stakes testing, uncertainty, and student learning. *Education Policy Analysis Archives*, *10*(18). Retrieved from http://epaa.asu.edu/ojs/article/view/297/423

Apple, M. W. (1982/1995). *Education and power*. New York: Routledge.

Apple, M. W. (1986). *Teachers and texts: A political economy of class and gender relations in Education.* New York: Routledge.

Apple, M. W. (1993). *Official knowledge*. New York: Routledge.

Au, W. (2007). High-stakes testing and curricular control: A qualitative metasynthesis. *Educational Researcher*, *36*(5), 258–267.

Ball, S. J. & Lacey, C. (1984). Subject disciplines as the opportunity for group action: A measured critique of subject sub-cultures. In A. Hargreaves & P. Woods (Eds.), *Classrooms and staff rooms: The sociology of teachers and teaching* (pp. 232–244). Milton Keynes, England: Open University Press.

Banks, J. A. & Banks, C. A. M. (1998). *Teaching strategies for the social studies: Decision-making and citizen action* (5th ed.). Reading, MA: Addison Wesley Longman.

Banks, J. A. (2006). *Cultural diversity and education: Foundation, curriculum and teaching*. Boston: Pearson Education, Inc.

Banks, J. A. (2007a). Multicultural education: Characteristics and goals. In J. A. Banks and C. A. M. Banks (Eds.), *Multicultural education: Issues and perspectives* (6th ed.) (pp.3–32). New York: John Wiley & Sons, Inc.

Banks, J. A. (2007b). Approaches to multicultural curriculum reform. In J. A. Banks and C. A. M. Banks (Eds.), *Multicultural Education: Issues and perspectives* (6th ed.) (pp. 247–270). New York: John Wiley & Sons, Inc.

Barr, R. D., Barth, J. L., & Shermis, S. S. (1977). *Defining the social studies.* Arlington, VA: National Council for the Social Studies.

Barthes, R. (1972). *Mythologies*. London: Paladin Books. 이화여자대학교 기호학연구소 (역)(1997). 『현대의 신화』. 동문선.

Baudrillard, J. (1995a). *Simulacra and Simulation*. (S. F. Glaser, Trans.). Ann Arbor, MI: University of Michigan Press.

Baudrillard, J. (1995b). *The Gulf War did not take place*. (P. Patton, Trans.). Bloomington, IN: Indiana University Press.

Beane, J. A. (1997). *Curriculum integration: Designing the core of democratic education.* New York: Teachers College Press.

Becker, H. S. (1966). *Outsiders: Studies in the Sociology of deviance*. New York: Free

Press.

Bennett, C. & Spalding, E. (1992). Teaching the social studies: Multiple approaches for multiple Perspectives. *Theory and Research in Social Education, 20*(3), 263−292.

Bennett, M. J. (1993). Towards ethnorelativism: A developmental model of intercultural sensitivity. In R. M. Paige, (Ed.), *Education for the intercultural experience* (pp. 21−71). Yarmouth, ME: Intercultural Press, Inc.

Ben-Peretz, M. (1989). *The teacher-curriculum encounter*. Anbany: State University of New York Press.

Berends, M. (1995). Educational stratification and students' social bonding to school. *British Journal of Sociology of Education*, *16*(3), 327−351.

Bickmore, K. (2002). How might social education resist heterosexism?: Facing the impact of gender and sexual identity ideology on citizenship. *Theory and Research in Social Education*, *30*(2), 198−216.

Bidwell, C. E. (1965). The school as a formal organization. In J. G. March (Ed.), *Handbook of organization* (pp. 972−992). Chicago: Rand McNally & Company.

Bogdan, R. C. & Biklen, S. K. (1998). *Qualitative research for education: An introduction to theory and methods*. Boston, MA: Allyn and Bacon.

Bohn, A. P. & Sleeter, C. E. (2000). Multicultural education and the standards movement: A report from the field. *Phi Delta Kappan*, *82*(2), 156−159.

Bolgatz, J. (2006). Using primary documents with fourth-grade students: Talking about racism while preparing for state-level tests. In S. G. Grant (Ed.), *Measuring history: Cases of state-level testing across the United States* (pp. 133−156). Greenwich, CT: Information Age Publishing.

Bourdieu, P. & Passeron, J. C. (1977). *Reproduction: In education, society, and culture.* London: Sage.

Braddock, J. H. & Slavin, R. E. (1993). Why ability grouping must end. *Journal of Intergroup Relations*, *20*(1), 51−64.

Brophy, J. (Ed.) (1993). *Advance in research on teaching: Vol. 4. case studies of teaching and learning in social studies.* Greenwich, CT: JAI Press, Inc.

Bruner, J. (1977). *The process of education.* Cambridge, MA: Harvard University Press.

Buckingham, D. (2004). *Media education: Literacy, learning and contemporary culture.* Oxford, UK: Blackwell.

Bulter, J. (1993). *Body that matters: On the discursive limits of "sex"*. New York: Routledge.

Camarena, M. (1990). Following the right track: A comparison of tracking practices in public and catholic high schools. In R. N. Page & L. Valli (Eds.), *Curriculum differentiation: Interpretive studies in U.S. secondary schools* (pp. 159–182), New York: State University of New York Press.

Carey, N., Farris, E., & Carpenter, J. (1994). *Curricular differentiation in public high schools: Fast response survey system*. Rockville, MD: Westat.

Carnoy, M., & Loeb, S. (2002). Does external accountability affect student outcomes?: A cross state analysis. *Education Evaluation and Policy Analysis*, *24*(4), 305–332.

Center on Education Policy (2008 February). *Instructional time in elementary schools: A closer look at changes for specific subjects*. Washington, DC: Author.

Cherryholmes, C. H. (1982). Discourse and criticism in the social studies classroomg. *Theory and Research in Social Education, 9*(4), 57–73.

Cherryholmes, C. H. (1988a). An exploration of meaning and the dialogue between textbooks and teaching. *Journal of Curriculum Studies, 20*(1), 1–21.

Cherryholmes, C. H. (1988b). *Power and criticism: Poststructural investigation in education*. New York: Teachers College Press.

Cho, Y. (1989). *Interaction patterns in a Korean economics education classroom: A micro-ethnographic case study*. Unpublished doctoral dissertation, University of Pennsylvania.

Cohen, E. G. & Lotan, R. A. (1997). *Working for equity in heterogeneous classrooms: Sociological theory in practice*. New York: Teacher College Press.

Cohen, M., March, J., & Olsen, J. (1972). A garbage can theory of organizational decision making. *Administrative Science Quarterly, 17*, 1–25.

Cornbleth, C. (1987). The persistence of myth in teacher education and teaching. In T. S. Popkewitz (Ed.), *Critical studies in teacher education* (pp. 186-210). New York: Falmer Press.

Cornbleth, C. & Waugh, D. (1995). *The great speckled bird: Multicultural politics and education policymaking*. New York: St. Martin's Press.

Cornett, J. W. (1987). *Teacher personal practical theories and their influence upon curricular and instructional actions: A case study of a secondary social studies teacher.* Unpublished doctoral dissertation. Columbus, OH: The Ohio State University.

Corwin, R. G. (1981). Patterns of organizational control and teacher militancy: Theoretical continuities in the idea of "loose coupling". In R. G. Corwin (Ed.), *Research in Sociology of Education and Socialization* (Vol. 2) (pp. 261–291). Greenwich, CT: JAI Press.

Cremin, L. (1964). *Transformation of the school: Progressivism in American education, 1876–1857.* New York: Vintage Books.

Crocco, M. S. (2001). The missing discourse about gender and sexuality in the social studies. *Theory into Practice, 40*(1), 65–71.

Crocco, M. S. (2002). Homophobic hallways: Is anyone listening? *Theory and Research in Social Education, 30*(2), 217–232.

Crocco, M. S. & Costigan, A. T. (2007). The narrowing of curriculum and pedagogy in the age of accountability urban educators speak out. *Urban Education, 42*(6), 512–535.

Daniels, L. M. (2002). *An ethnographic study of the effects of legislated high stakes testing on the curriculum landscape of public schools in Texas, Massachusetts, and New York.* Unpublished doctoral dissertation. Texas A&M University.

Delpit, L. (1995). *Other people's children: Cultural conflict in the classroom.* New York: The New Press.

Densmore, K. (1987). Professionalism, proletarianization and teachers' work. In T. Popkewitz (Ed.), *Critical studies in teacher education: Its folklore, theory and practice.* New York: Falmer Press.

Denzin, N. K. & Lincoln, Y. S. (Eds.) (1998). *The landscape of qualitative research: Theories and Issues (Vol. 1).* Thousands Oaks, CA: Sage.

Derman-Sparks, L. & the A. B. C. Task Force (1989). *Anti-bias curriculum: Tools for empowering young children.* Washington, DC: National Association for the education of Youth.

Dewey, J. (1916/1966). Democracy and education. New York: Collier.

Dewey, J. (1938/1997). Experience and education. In S. M. Cahn, *Classic and contemporary readings in the philosophy of education* (pp. 325–363). New York: McGraw-Hill.

Diamond, B. J. & Moore, M. A. (1995). *Multicultural literacy: Mirroring the reality of the classroom.* New York: Longman.

Drake, S. M. (1993). *Planning integrated curriculum: The call to adventure*. Alexandria, VA: The Association for Supervision and Curriculum Development.

Dreeben, R. (1976). The organizational structure of schools and school systems. In J. Loubser, R. C. Baum & V. M. Lidz (Eds.), *Explorations in general theory in social science: Essays in honor of Talcott Parsons (Vol. 2)* (pp. 857–873). New York: Free Press.

Eggleston, J. (Ed.) (1979). *Teacher decision-making in the classroom: A collection of papers*. London: Routledge & Kegan Paul.

Eisner, W. (1998). *The enlightened eye: Qualitative inquiry and the enhancement of educational practice*. New York: Macmillan Publishing Company.

Elbaz, F. (1983). *Teacher thinking: A study of practical knowledge*. New York: Croom Helm.

Elmore, R. F., Peterson, P. L., & McCarthey, S. J. (1996). *Restructuring in the classroom: Teaching, learning, and social organization.* San Francisco: Jossey-Bass.

Engle, S., & Ochoa, A. (1988). *Education for democratic citizenship: Decision making in the social studies.* New York: Teachers College Press.

Erickson, F. & Mohatt, G. (1982). Cultural organization and participation structures in two classrooms of Indian students. In G. Spindler (Ed.), *Doing the ethnography of schooling* (pp. 131–174). New York: Holt, Rinehart & Winston.

Erickson, F. (1986). Qualitative methods in research on teaching. In M. Wittrock (Ed.), *Handbook of research on teaching* (3rd ed.) (pp. 119–161). New York: Macmillan.

Evans, R. W. (2004). *The social studies wars: What should we teach the children?*. New York: Teachers College Press.

Fenton, E. (1966). *Teaching the new social studies in secondary schools: An inductive approach.* New York: Holt, Reinhart & Winston, Inc.

Firestone, W. A. (1985). The study of loose coupling: Problems, progress, and prospects. In A. Kerckhoff (Ed.), *Research in sociology of education and socialization (Vol. 5)* (pp. 3–30). Greenwich, CT: JAI Press.

Flinders, D. J. (1988). Teacher isolation and the new reform. *Journal of Curriculum and Supervision*, *4*, 17–29.

Flinders, D. J. (1989). *Voices from the classroom: Educational practice can inform policy*. Eugene, OR: ERIC Clearing house on Educational Management, University of Oregon.

Foucault, M. (1976/1990). *The history of sexuality, Vol. 1: An introduction.* (R. Hurley Trans.). New York: Vintage Books.

Foucault, M. (1979). *Discipline and punishment: The birth of the prison.* (A. Sheridan, Trans.). New York: Vintage.

Foucault, M. (1980). *Power/knowledge: Selected interviews and other writings, 1972–1977* (C. Gordon, Ed.). New York: Vintage.

Freire, P. (1968). *The pedagogy of the oppressed.* New York: Seabury.

Freire, P. & Shor, I. (1987). *A pedagogy for liberation: Dialogues for transforming education.* South Hadley, MA: Bergin & Garvey.

Fullan, M. G. (1991). *The new meaning of educational change.* New York: Teachers College Press.

Fullan, M. G. (1993). *Change forces: Probing the depths of educational reform.* New York: Taylor and Francis.

Gamoran, A. & Berends, M. (1987). The effects of stratification in secondary schools: Synthesis of survey and ethnographic research. *Review of Educational Research*, *57*(4), 415–435.

Gamoran, A. (1992). The variable effects of high school tracking. *American Sociological Review*, *57*, 812–828.

Gamoran, A. (1993). Alternative uses of ability grouping in secondary schools: Can we bring high-quality instruction to low ability classes?. *American Journal of Education*, *102*, 1–22.

Gamson, J. (2000). Sexualities, queer theory, and qualitative research. In N. K. Denzin & Y. S. Lincoln (2000) (Eds.), *Handbook of Qualitative Research* (pp. 347–365). Thousand Oaks, CA: Sage.

Gay, G. (2000). *Culturally responsive teaching: Theory, research, and practice*. New York: Teachers College Press.

Gerwin, D. & Visone, F. (2006). The freedom to teach: Contrasting history teaching in elective and state-tested course. *Theory and Research in Social Education*, *34*(2), 259–282.

Gilbert, R. & Gilbert, P. (1998). *Masculinity goes to school*. London: Routledge.

Giroux, H. (1981). *Ideology, culture, and the process of schooling*. Philadelphia, PA:

Temple University Press.

Giroux, H. (1988). *Teachers as intellectuals: Toward a critical pedagogy of learning.* South Hadley, MA: Bergin & Garvey.

Goffman, E. (1967). *Interaction ritual: Essays on face-to-face behavior.* New York: Pantheon Books.

Golombok, S., Spencer, A., & Rutter, M.(1983). Children in Lesbian and Single-Parent Households: Psychosexual and Psychiatric Appraisal. *Journal of Child Psychology and Psychiatry*, *24*, 551–572.

Good, T. & Marshall, S. (1984). Do students learn more in heterogeneous or homogeneous groups?. In P. Peterson, I. C. Wilkinson, & M. Hallian (Eds.), *The social context of instruction: Group organization and group processes* (pp. 15–38). New York: Academic Press.

Gradwell, J. M. (2006). Teaching in spite of, rather than because of, the test: A case study of ambitious history teaching in New York State. In S. G. Grant (Ed.), *Measuring history: Cases of state-level testing across the United States* (pp. 157–176). Greenwich, CT: Information Age Publishing.

Grant, S. G. (2001). An uncertain lever: The influence of state-level testing in New York State on teaching social studies. *Teachers College Record*, *103*(3), 398–426.

Grant, S. G. (2006). *Measuring history: cases of state-level testing across the United States.* Greenwich, CT: Information Age Publishing.

Gregg, L. & Thompson, S. C. (2004). Beyond tolerance: A place for acceptance of gay, lesbian, bisexual, and transgendered people in our schools. In S. Adler (Ed.), *Critical issues in social studies teacher education* (pp. 117–130). Greenwich, CT: Information Age Publishing.

Grissmer, D. W., Flanagan, A., Kawata, J., & Williamson, S. (2000). *Improving student achievement: What NAEP state test scores tell us*. Santa Monica, CA: RAND Corporation.

Grossman, P. L. & Stodolsky, S. S. (1994). Considerations of Content and the Circumstances of Secondary School Teaching. In L. Darling-Hammond (Ed.), *Review of research in education (Vol. 20)* (pp. 179–221). Washington, DC: American Educational Research Association.

Grossman, P. L. & Stodolsky, S. S. (1995). Content as context: The role of school subjects in secondary school teaching. *Educational Researcher, 24*(8), 5−11.

Hallinan, M T. (1996). Track mobility in secondary school. *Social Forces*, *74*(3), 983−1002.

Hammer, M. R. & Bennett, M. J. (1998). *The intercultural development inventory (IDI) manual.* Portland, OR: The Intercultural Communication Institute.

Hammer, M. R., Bennett, M. J. & Wiseman, R. (2003). Measuring intercultural sensitivity: The intercultural development inventory. *International Journal of Intercultural Relations*, *27*, 421−443.

Hanushek, E. A., & Raymond, M. E. (2005). Does school accountability lead to improved student performance?. *Journal of Policy Analysis and Management*, *24*(2), 297−327.

Hargreaves, A. & Dawe, R. (1990). Paths of professional development: Contrived collegiality, collaborative culture, and the case of peer coaching. *Teaching and Teacher Education, 6*, 227−241.

Hargreaves, A. (1994). *Changing teachers, changing times: Teachers work and culture in the postmodern age.* New York: Teacher College Press.

Heilig, J. V. & Darling-Hammond, D. (2008). Accountability Texas-style: The progress and learning of urban minority students in a high-stakes testing context. *Educational Evaluation and Policy Analysis*, *30*(2), 75−110.

Hertzberg, H. W. (1981). *Social studies reforms: 1880-1980*. Boulder, CD: Social Studies Education Consortium.

Hess, F. M. (2004). Inclusive ambiguity: Multicultural conflict in an cra of accountability. *Educational Policy*, *18*(1), 95−115.

Heubert, J. P. & Hauser, R. M. (1999). *High stakes: Testing for tracking, promotion and graduation*. Washington, DC: National Academy Press.

Hirsch, E. D. (1987). *Cultural literacy: What every American needs to know*. Boston: Houghton Mifflin.

Hoffer, T., Greeley, A. M., & Coleman, J. S. (1985). Achievement growth in public and Catholic schools. *Sociology of Education*, *58*, 74−97.

Huberman, M. (1993). The model of the independent artisan in teachers' professional Relations. In J. W. Little & M. W. McLaughlin (Eds.), *Teachers work: Individuals, colleagues, and contexts* (pp. 11−50). New York: Teachers College Press.

Hunt, M. P. & Metcalf, L. E. (1969). *Teaching high school social studies: Problems in reflective thinking and social understanding* (2nd ed.). New York :Harper & Row.

Ingersoll, R. M. (1993). Loosely coupled organizations revisited. *Research in the Sociology of Organizations*, *11*, 81–112.

Ingersoll, R. M. (1994). Organizational control in secondary schools. *Harvard Educational Review, 64*(2), 150–172.

Jackson, P. W. (1968). *Life in classrooms.* New York: Holt, Rinehart & Winston.

Jackson, P. W. (1986). *The practice of teaching.* New York: Teachers College Press.

Jacobs, H. H. (1989). *Interdisciplinary curriculum: Design and implementation.* Alexandria, VA: The Association for Supervision and Curriculum Development.

Jenkins, J. M. & Tanner, D. (Eds.) (1992). *Restructuring for an interdisciplinary curriculum.* Reston, VA: National Association of Secondary School Principals.

Jenness, D. (1990). *Making sense of social studies.* New York: Macmillan.

Jho, D. (2001). The making of teachers' work: *Social studies teacher gatekeeping in the institutional culture of a Korean public middle school.* Unpublished doctoral dissertation. Teachers College, Columbia University.

Jho, D. (2008). Negotiating ideological borderlines: Korean social studies teacher gatekeeping in the teaching about North Korea. In D. L. Grossman and T. L. Joe (Eds), *Social Education in Asia: Critical issues and multiple perspectives* (pp. 13–38). Charlotte, NC: Information Age Publishing.

Johnson, D. & Johnson, B. (2005). *High stakes: poverty, testing, and failure in American Schools* (2nd ed.). Lanham, MD: Rowman & Littlefield.

Kaestle, C. F. (1983). *Pillars of the republic: Common schools and American society, 1780–1860.* New York: Hill and Wang.

Keddie, N. (1971). Classroom Knowledge. In M. F. D. Young(Ed.), *Knowledge and control: New directions for the sociology of education* (pp. 133–160). London: Collier-Macmillan.

Kerckhoff, A. C. (1986). Effects of ability grouping in British secondary schools. *American Sociological Review*, *51*, 842–858.

King, J. E. (1991). Dysconscious racism: Ideology, identity, and the miseducation of teachers. *Journal of Negro Education*, *60*(2), 133–145.

Kinsey, A. C., Pomeroy, W. B. & Martin, C. E. (1998). *Sexual behavior in the human male.* Bloomington, IN: Indiana University Press.

Kinsey, A., C., Pomeroy, W. B., Martin, C. E., & Gebhard, P. H. (1998). *Sexual behavior in the human female.* Bloomington, IN: Indiana University Press.

Klaczynski, P. A. & Reese, H. W. (1991). Educational trajectory and "action tendency": Grade and track differences. *Journal of Youth and Adolescence, 20*(4), 441−462.

Kliebard, H. (1995). *The struggle for the American curriculum.* New York: Routledge.

Kulik, J. A. & Kulik, C. L. (1987). Effect of ability grouping on student achievement. *Equity and Excellence*, *23*, 22−30.

Lagemann, E. C. (1989). The plural worlds of educational research. *History of Educational Quarterly*, *29*, 185−214.

Larson, S. M. (1980). Proletarianization and Educated labor. *Theory and Society*, *9*(1), 132−175.

Laumann, E. O., Gagnon, J. H., Michaels, R. T., & Michaels, S. (1994). *The social organization of sexuality: Sexual practics in the United States.* Chicago: University of Chicago Press.

Lee, V. E. & Bryk, A. S. (1988). Curriculum tracking as mediating the social distribution of high school achievement. *Sociology of Education*, *62*, 78−94.

Lemert, E. M. (1972). *Human deviance, social problems, and social control* (2nd ed.). Englewood Cliffs, NJ: Prentice Hall.

Lesko, N. (2001). *Masculinities go to school.* Thousand Oaks, CA: Sage.

Lesvtik, L. S. & Tyson, C. A. (2008). *Handbook of research in social studies education.* New York: Routledge.

Levstik, L. & Groth, (2002). Scary thing, being an eight grader: Exploring gender and sexuality in a middle school U. S. history unit. *Theory and Research in Social Education, 30*(2), 233−254.

Lightfoot, S. L. (1983). *The Good High School.* New York: Basic Books.

Linn, R. L., Baker, E. L. & Betebenner, D. W. (2002). Accountability systems: Implications of requirements of the No Child Left Behind Act of 2001. *Educational Researcher*, *31*(6), 3−16.

Little, J. W. & McLaughlin, M. W. (Ed.) (1993). *Teachers work: Individuals, colleagues, and contexts*. New York: Teachers College Press.

Longstreet, W. S. (1985). Citizenship: The phantom core of social studies curriculum. *Theory and Research in Social Education*, *13*(2), 21−29.

Lortie, D. C. (1975). *The schoolteacher: A sociological study*. Chicago: University of Chicago Press.

Mac an Ghaill, M. (1994). *The making of men: Masculinities, sexualities and schooling.* Buckingham, PA: Open University Press.

Marker, G., & Mehlinger, H. (1992). Social studies. In P. W Jackson (Ed.), *Handbook of research on curriculum* (pp. 830-851). New York: Macmillan.

Massialas, B. G. (1992). The "new social studies"—Retrospect and prospect. *The social Social Studies*, *83*, 120–124.

Massialas, B. G. & Cox, C. B. (1966). *Inquiry in social studies*. San Francisco: McGraw-Hill.

Martorerlla, P. H. (1996). *Teaching social studies in middle and secondary schools*. Old Tappan, NJ: Prentice Hall.

Masterman, L. (1985). *Teaching the media.* London: Routledge.

Mathison, S., Ross, E. W., & Vinson, K. D. (2010). Defining the social studies curriculum: Influence of and resistance to curriculum standards and testing in social studies. In E. W. Ross(Ed.), *The social studies curriculum: Purposes, problems, and possibilities* (pp. 99–114). Albany, NY: State University of New York Press.

McLuhan, M. (1964). *Understanding media: The extensions of man*. New York: McGraw-Hill.

McLaren, P. & Hammer, R. (1995). Media knowledges, warrior citizenry and postmodern literacies. In P. LcLaren, R. Hammer, D. Sholle, & S. Reilly (Eds.), *Rethinking media literacy: A critical pedagogy of representation* (pp. 171–204). New York: Peter Lang.

McNeil, L. (1986). *Contradictions of control: School structure and school knowledge*. New York: Routledge & Kegan Paul.

McNeil, L. (2000). *Contradictions of school reform: Educational costs of standardized testing*. New York: Routledge.

McNeil, L. (2005). Faking equity: High-stakes testing and the education of Latino Youth. In A. Valenzuela (Ed.), *Leaving children behind: How "texas-style" accountability fails Latino youth* (pp. 57–111). New York: State University of New York Press.

McNeil, L. M., Coppola, E., Radigan, J., & Heilig, J. V. (2008). Avoidable losses: High-stakes accountability and the dropout crisis. *Education Policy Analysis Archives, 16* (3). Retrieved from http://epaa.asu.edu/epaa/v16n3/

McNeil, L. & Valenzuela, A. (2000). The harmful impact of TAAS system of testing in Texas: Beyond the accountability rhetoric. In G. Orfield & M. Kornhaber (Eds.), *Raising standards or raising barriers inequality and high stakes testing in education* (pp. 127–150). New York: The Century Fund.

Merryfield, M. M. (2001). Moving the center of global education: From imperial world views that divide the world to double consciousness, contrapuntal pedagogy, hybridity, an cross-cultural competence. In W. B. Stanley (Ed.), *Critical issues in social studies research for the 21st century* (pp. 179–208). Charlotte, NC: Information Age Publishing.

Metz, M. (1978). *Classrooms and corridors: the crisis of authority in desegregated secondary schools*. Berkeley, LA: University of California Press.

Meyer, J. W. & Rowan, B. (1978). The structure of educational organizations. In M. Meyer & Associates (Eds.), *Environments and organizations* (pp. 78–109). San Francisco: Jossey-Bass.

Meyer, J. W. & Rowan, B. (1983). Institutionalized organizations: Formal structure as myth and ceremony. In J. W. Meyer & W. R. Scott (with the assistance of B. Rowan and T. E. Deal), *Organizational environments: Ritual and rationality* (pp. 21–44). Beverley Hills, CA: Sage.

Munroe, A. & Pearson, C. (2006). The Munroe multicultural attitude scale questionnaire: A new instrument for multicultural studies. *Educational and Psychological Measurement*, *66*(5), 819–834.

National Commission on Excellence in Education (1983). *A nation at risk: The imperative for educational reform*. Washington, DC: U. S. Government Printing Office.

National Council for the Social Studies (2010). *National curriculum standards for social studies: A framework for teaching, learning, & assessment*. Washington, DC: National Council for the Social Studies.

Natriello, G. & Pallas, A. M. (2001). The development and impact of high-stakes testing. In G. Orfield & M. Kornhaber (Eds.), *Raising standards or raising barriers inequality and high stakes testing in education* (pp. 19–38). New York: The Century Fund.

Nelson, J. L. & Michaelis, J. U. (1980). *Secondary social studies: Instruction, curriculum, evaluation*. Englewood Cliffs, NJ: Prentice-Hall.

Nelson, J. L. (2001). Defining social studies. In W. B. Stanley(Ed.), *Critical issues in social studies research for the 21st century* (pp. 15–38). Charlotte, NC: Information Age Publishing.

Newmann, F. M. (1993). Beyond common sense in educational restructuring: The issues of content and linkage. *Educational Researcher*, *22*(2), 4–13.

Noddings, N. (1994). Does everybody count? Reflections on reforms in school mathematics. *Journal of Mathematical Behavior*, *13*, 89–104.

Noddings, N. (2004). High stakes testing why?. *Theory and Research in Education*, *2*(3), 263–269.

Nystrand, M. & Gamoran, A. (1988). *A study of instruction as discourse*. Madison, WI: Wisconsin Center for Education Research.

Oakes, J. (1985). *Keeping track: How schools structure inequality*. New Haven, CT: Yale University Press.

Oakes, J. (1990). *Multiplying inequalities: The effects of race, social class, and tracking on opportunities to learn mathematics and sciences*. Santa Monica: Rand.

Oakes, J., Gamoran, A., & Page, R. N. (1992). Curriculum differentiation: Opportunities, outcomes, and meanings. In P. W. Jackson (Ed.), *Handbook of research on curriculum* (pp. 570–608). New York: Macmillan.

Oliver, D. & Shaver, J. P. (1966). *Teaching public issues in the high school*. Boston: Houghton Mifflin.

Orfield, G. & Kornhaber, M. (2001). *Raising standards or raising barriers? Inequality and high stakes testing in public education*. New York: The Century Foundation Press.

Page, R. N. (1991). *Lower-track classrooms: A curricular and cultural perspective*. New York: Teachers College Press.

Pang, V. O. (2005). *Multicultural education: A caring-centered, reflective approach* (2nd ed.). New Work: McGraw Hill.

Parker, W. C. (2004). *Social studies in elementary education* (12th ed.). New York: Allyn & Bacon.

Parker, W. C. (2010). *Social studies today: Research & practice*. New York: Teachers College Press.

Pate, P. E., Homestead, E. R., & McGinnis K. L. (1997). *Making integrated curriculum:*

Teachers, students, and the quest for coherent curriculum. New York: Teachers College Press.

Pinar, W. F., Reynolds, W. M., Slattery, P. & Taubman, P. M. (1995). *Understanding curriculum: An introduction to the study of historical and contemporary curriculum discourses*. New York: Peter Lang.

Piner, W. F. (1975). Currere: Toward reconceptualization. In W. Pinar (Ed.), *Curriculum theorizing: The reconceptualists* (pp. 396–414). Berkeley, CA: McCutchan.

Plummer, K. (1992). Speaking its name: In venting a lesbian and gay studies. In K. Plummer (Ed.), *Modern heterosexualities: Fragments of a lesbian and gay experience* (pp. 2–25). London: Routledge.

Ponterotto, J. G., Baluch, S., Greig, T. & Rivera, L. (1998). Development and initial score validation of the teacher multicultural attitude survey. *Educational and Psychological Measurement*, *58*(6), 1002–1016.

Popkewitz, T. S. & Maurice, H. St. (1991). Social studies education and theory: Science, knowledge, and history. In J. P. Shaver (Ed.), *Handbook of research on social studies teaching and learning* (pp. 27–40). New York: Macmillan Publishing Company.

Popkewitz, T. S. (1986). Research Paradigms and the Purposes of Educational Research. In C. Cornbleth (Ed.), *An invitation to research in social education*. Washington, DC: National Council for the Social Studies.

Popkewitz, T. S. (1991). *A political sociology of educational reform*. New York: Teachers College Press.

Provenzo, E. F. Jr. & McCloskey, G. N. O.S.A. (1996). *Schoolteachers and schooling: Ethoses in conflict*. Norwood, NJ: Ablex Publishing Corporation.

Ravitch, D. (2000). *Left back: A century of failed school reforms*. New York: Simon & Schuster.

Ravitch, D. & Finn, Jr. C. E. (1987). *What do our 17-year-olds know? A report of the fist national assessment of history and literature*. New York: Harper & Row.

Roh, K. (1997). *An understanding of higher order thinking in social studies: A naturalistic case study of a Korean middle school classroom*. Unpublished doctoral dissertation, University of Illinois at Urbana-Champaign.

Ross, E. W. (1987). Teacher Perspective Development: A study of Preservice Social Studies Teachers. *Theory and Research in Social Education*, *15*(4), 225–243.

Ross, E. W. (2006). The struggle for the social studies curriculum. In E. W. Ross (Ed.), *The social studies curriculum: Purposes, problems, and possibilities* (pp. 17–36). Albany, NY: State University of New York Press

Ross, E. W., Cornett, J. W., & McCutcheon, G. (1992). *Teacher personal theorizing: Connecting curriculum practice, theory, and research*. Albany, New York: State University of New York Press.

Rugg, H. O. (1936). *American life and the school curriculum: Next steps toward schools of living*. Boston: Ginn & Company.

Santora, E. D.(2000). Interrogating privilege, plurality, and possibilities in a multicultural society. In W. B. Stanley (Ed.), *Critical issues in social studies research for the 21st century* (pp. 149–178). Charlotte, NC: Information Age Publishing.

Schlesinger, A. Jr. (1992). *The disuniting of America: Reflections on a multicultural society*. New York: Norton.

Schön, D. A. (1983). *The reflective practitioners: How professionals think in action*. New York: Basic Books.

Schön, D. A. (1987). *Educating the reflective practitioners: Toward a new design for the teaching and learning in the professions*. San Francisco: Jossey-Bass.

Schwartz, F. (1981). Supporting or subverting learning: Peer group patters in four tracked schools. *Anthropology and Education Quarterly*, *12*(2), 99–121.

Seidman, S. (1996). Introduction. In S. Seidman (Ed.), *Queer theory/sociology* (pp. 1–29). Cambridge, MA: Blackwell.

Shade, B. J. (1997). Culture and learning style within the African-American community. In B. J. Shade (Ed.), *Culture, style and the educative process: Making schools work for racially diverse students* (pp. 12–28). Springfield, Ill.: Charles C. Thomas.

Shulman, L. S. (1986). Paradigms and research programs in the study of teaching: A comtemporary perspective. In M. C. Wittrock (Ed.), *Handbook of research on teaching* (pp. 3–36). New York: Macmillan Publishing Company.

Siegel, H. (2004). High stakes testing, educational aims and ideals, and responsible assessment. *Theory and Research in Education*, *2*(3), 219–233.

Sirotnik, K. A. (2002). Promoting responsible accountability in schools and education, *Phi Delta Kappan*, *83*(9), 662–673.

Siskin, L. S. (1994). *Realms of knowledge: Academic departments in secondary schools*.

Washington, DC: Falmer Press.

Slavin, R. E. (1990). Achievement effects of ability grouping in secondary schools: A best-evidence synthesis. *Review of Educational Research*, *60*(3), 471–499.

Sleeter, C. E. and Grant, C. A. (2009). *Making choices for multicultural education: Five approaches to race, class, and gender*. New York: John Wiley & Sons.

Spindler, G. (1982). *Doing the ethnography of schooling: Educational anthropology in action*. Prospect Heights, IL: Waveland Press.

Stanley, W. B., & Nelson, J. L. (1994). The foundations of social education in historical context. In R. Martusewicz & W. Reynolds (Eds.), *Inside/out: Contemporary critical perspectives in education* (pp. 266–284). New York: St. Martin's.

Stodolsky, S. S. & Grossman, P. L. (1995). The impact of subject matter on curricular activity: An analysis of five academic subjects. *American Educational Research Journal*, *32*(2), 227–249.

Stodolsky, S. S. (1988). *The subject matters: Classroom activity in math and social studies*. Chicago: University of Chicago Press.

Stodolsky, S. S. (1993). A framework for subject matter comparisons in high schools. *Teaching and Teacher Education*, *9*, 333–346.

Terman, L. (1923). *Intelligence tests and school reorganization*. New York: World Bank Co.

Thoman, E. (1999). Skills and strategies for media education. *Educational Leadership*, *56*(5), 50-54.

Thornton, S. J. (1988). Curriculum consonance in United States history classrooms. *Journal of Curriculum and Supervision*, *3*, 308–320.

Thornton, S. J. (1991). Teacher as curricular-instructional gatekeeper in social studies. In J. P. Shaver (Ed.), *Handbook of research on social studies teaching and learning* (pp. 237–248). New York: Macmillan.

Thornton, S. J. (1993). Toward the desirable in social studies teaching. In J. Brophy (Ed.), *Advances in research on teaching, Vol. 4: Case studies of teaching and learning in social studies* (pp. 157–178). Greenwich, CT: JAI Press.

Thornton, S. J. (1994). The social studies new century's end: Reconsidering patterns of curriculum and instruction. *Review of Research in Education*, *20*, 223–254.

Thornton, S. J. (2002). Does everybody count as human? *Theory and Research in Social Education*, *30*(2), 178–189.

Thornton, S. J. (2004). *Teaching social studies that matters: Curriculum for active learning*. New York: Teachers College Press.

Thornton, S. J. (2008). Continuity and change in social studies curriculum. In Levstik. L. S. & Tyson, C. A. (Eds.), *Handbook of research in social studies education* (pp. 15–32). New York: Routledge.

Tyack, D. B. & Cuban, L. (1998). *Tinkering toward utopia: A century of public school reform*. Cambridge, MA: Harvard University Press.

Tyack, D. B. (1974). *The one best system*. Cambridge, MA: Harvard University Press.

Tyack, D. B. (1988). Ways of Seeing: An Essay on the History of Compulsory schooling. In R. M. Jaeger (Ed.), *Complementary methods for research in education* (2nd ed., pp. 35–69). Washington, DC: American Education Research Association.

U.S. Department of Education. (1991). *America 2000: An education strategy*. Washington, DC: U.S. Department of Education.

U.S. Department of Education. (1994). *The Goals 2000: Educate America Act (Public law 103–227)*. Washington, DC. Retrieved from http://www2.ed.gov/legislation/GOALS2000/TheAct/index.html

U.S. Department of Education. (2002). *No Child Left Behind Act (Public law 107–110)*. Washington, DC. Retrieved from http://www2.ed.gov/policy/elsec/leg/esea02/107-110.pdf

U.S. Department of Education. (2007). *State and local implementation of the No Child Left Behind Act: Volume I—Title I school choice, supplemental educational services, and student achievement*. Washington, DC: U.S. Department of Education. (ERIC Document Reproduction Service No. ED497259).

Valli, L. (1986, April). *Tracking: Can it benefit low-achieving students?* Paper presented at the annual meetings of the American Educational Research Association, San Francisco, United States. (ERIC Document Reproduction Service No. ED269382).

Valli, L. (1990). A curriculum effort: Tracking students in a Catholic high school. In R. N. Page & L. Valli (Eds.), *Curriculum differentiation: Interpretive studies in U.S. secondary schools* (pp. 45–66). New York: State University of New York Press .

Van Manen, M. (1990). *Researching lived experience: Human science for an action sensitive pedagogy*. New York: State University of New York Press.

Vanfossen, B. E., Jones, J. D., & Spade, J. Z. (1987). Curriculum tracking and status maintenance. *Sociology of Education*, *60*, 104–122.

VanFossen, P. J. (2005). "Reading and math take so much time.": An overview of social studies instruction in elementary classrooms in Indiana. *Theory and Research in Education*, *33*(3), 376-403.

Vinson, K. D. (1998). The "tradition" revisited: Instructional approaches and high school social studies teachers. *Theory and Research in Education*, *26*(1), 50–82.

Vinson, K. D. & Ross. E. W. (2001). In search of the social studies curriculum: Standardization, diversity, and a conflict of appearances. In W. B. Stanley (Ed.), *Critical issues in social studies research for the 21st century* (pp. 39–72). Charlotte, NC: Information Age Publishing.

Vogler, K. E. & Virtue, D. (2007). "Just the facts, ma'am": Teaching social studies in the era of standards and high-stakes testing. *The Social Studies*, *98*(2), 54–58.

Vogler, K. E. (2005). Impact of an accountability examination on Tennessee social studies teachers' instructional practices. *Research in the Schools, 12*(2), 41–55.

Wehlage, G. Smith, G., & Lipman, P. (1992). Restructuring urban schools: The new futures experience. *American Educational Research Journal*, *20*(1), 51–93.

Weick, K. (1976). Educational organization as loosely coupled systems. *Administrative Science Quarterly*, *21*, 1–19.

Weick, K. (1982). Administering education in loosely coupled schools. *Phi Delta Kappan*, *63*(10), 673–676.

Wesley, E. B. (1937). *Teaching social studies in high school*. Boston: D. C. Heath.

Wheelock, A. (2003). Myopia in Massachusetts: The state's focus on scores harms students and ignores crucial indicators of school quality. *Educational Leadership*, *61* (3), 50–54.

Wilson, S. M. & Wineburg, S. S. (1988). Peering at history through different lenses: The role of disciplinary perspectives in teaching history. *Teachers College Record*, *89*(4), 525–539.

Wineburg, S. S. & Wilson, S. M (1991). Subject Matter Knowledge in the Teaching of History. In J. Brophy (Ed.), *Advances in research on teaching: Vol. 2* (pp. 305–347). Greenwich, CT: JAI Press.

Woods, P. (1983). *Sociology and the school: An interactionist viewpoint*. New York: Routledge & Kegan Paul.

Woods, P. (Ed.) (1980). *Teacher strategies: Explorations in the sociology of the school*. London: Croom Helm.

Yeager, E. A. & Davis, O. L. (2005). *Wise social studies teaching in an age of high stakes testing*. Greenwich, CT: Information Age Publishing.

Index

찾아보기

저자 약력

차경수

서울대학교 사범대학 사회교육과를 졸업하고, 미국 동서문화센터(East-West Center)의 초청으로 하와이대학교에서 교육학 석사(Ed. M.), 조지워싱턴대학교에서 미국학 연구, 시라큐스대학교에서 교육학 연구로 철학박사(Ph. D.) 학위를 받았다.

서강대학교 및 서울대학교 사범대학 교수를 역임하고 현재 서울대학교 명예교수로 있다. 주요 저서로 『사회과교육』(동문사, 2008, 공저), 『한국의 청소년정책』(양서원, 2000), 『교육사회학의 이해』(양서원, 1995, 공저), 『현대사회의 제문제』(한국방송통신대학교출판부, 1991, 공저) 등이 있다.

조대훈

서울대학교 사범대학 사회교육과를 졸업하고, 미국 풀브라이트장학재단(Fulbright Foundation)의 지원으로 하버드대학교에서 교육학 석사(Ed. M.), 컬럼비아대학교에서 교육학박사(Ed. D.) 학위를 받았다.

현재 성신여자대학교 사범대학 사회교육과 교수로 재직하면서 '사회과교육론', '사회교과교재연구및지도법', '문화와사회', '사회과학방법론' 등을 가르치고 있다. 다문화 시민교육, 교사교육, 교실수업에 관한 연구에 관심이 있으며, 주요 저역서로 『Social Education in Asia: Critical Issues & Multiple Perspectives』(Information Age Publishing, 2008, 공저), 『21세기 사회과교육 연구의 핵심 쟁점들』(교육과학사, 2005, 공역) 등이 있다.

저 자
인 지

사회과교육의 도전과 전망

2012년 2월 25일 초판 인쇄
2012년 2월 28일 초판 발행

공서자 / 차경수 · 조대훈
발행인 / 이 중 수
발행처 / **동 문 사**

서울특별시 서대문구 홍제동 137-8
Tel : (02) 736-3718(대), 736-3710, 3720
Fax : (02) 736-3719
등록번호 : 제9-17호
가격 : 16,000원

ISBN : 978-89-8251-522-4 (93370)
E-mail : dong736@naver.com
www.dongmunsa.com